百年佛缘

01 生活篇

星云大师 口述
佛光山书记室 记录

生活·讀書·新知 三联书店

Simplified Chinese Copyright © 2017 by SDX Joint Publishing Company
All Rights Reserved.
本作品中文简体字版权由生活·读书·新知三联书店所有。
未经许可,不得翻印。
台湾佛光山宗委会独家授权

图书在版编目(CIP)数据

百年佛缘/星云大师口述;佛光山书记室记录. —2版. —北京:生活·
读书·新知三联书店,2017(2017.1 重印)
ISBN 978-7-108-05839-3

Ⅰ.①百… Ⅱ.①星…②佛… Ⅲ.①星云—传记 Ⅳ.
①B949.92

中国版本图书馆 CIP 数据核字(2016)第 265636 号

责任编辑	麻俊生
装帧设计	储 平
责任印制	黄雪明

出版发行 生活·讀書·新知 三联书店
　　　　　(北京市东城区美术馆东街22号)
邮　　编　100010
印　　刷　上海中华商务联合印刷有限公司
版　　次　2013年10月第1版
　　　　　2017年1月第2版
　　　　　2017年1月第5次印刷
开　　本　880毫米×1230毫米 1/32 印张 117.625
字　　数　1600千字
印　　数　38,000—43,000套
定　　价　860.00元(全九卷)

推 荐 序

吴伯雄

大师弘法半个多世纪了,我个人也跟随他学佛行佛数十年;真正说来,从我的父亲吴鸿麟老居士到我的孙侄辈,我们四代都是佛光人。信仰不只让我的家人有了心灵的依止,更是我们家族重要的传承,走遍世界各地,我一直以身为一个佛光人为荣!

在我从政的生涯中,得益于大师的开示良多,让我时时刻刻不忘记以人民为中心,以大众的需要为需要。也因为人间佛教的信仰,使我的生命更加欢喜、充实,我深信佛教具有安顿人心的力量,绝对可以辅助政治及世间一切知识之所不及。

最近,大师将出版《百年佛缘》增订本,身为在家信徒的我们,无不感到欣喜雀跃。虽然大师现在眼睛看不到,但是他的弘法脚步从未曾停歇。听他的弟子告诉我,大师写这套《百年佛缘》时,每天都是抓紧时间口述历史,请徒众们为他逐字记录下来,哪怕是十分钟、半个小时、一个小时,心心念念就是要为佛教留下历史,为人间留下美好善缘。

我有幸拜读阅览,立即爱不释手,特别将其特色归纳出十点:

一、这是大师在近百年的岁月里,以八十七岁高龄,细腻地叙述他的生命过程,如:他接触到的世缘,与他往来过的高层领导人,以及他与一般普罗大众同在的缩影。

二、书中呈现百年来,海峡两岸社会、宗教、生活的经验,读者可以直接感同身受,这个时代两岸人民的同源血脉关系。

三、透过大师生动地宣讲出来,可以了解近百年来,中华民族的历史、中华民族的动态、中华民族的荣辱苦难。尤其历史中的人物、场景,仿佛从书本里一个一个跳跃而出,令人有身临其境之感。

四、我们可以看到一个国家地域在百年之间,从昔日贫穷艰难的岁月,走向今日的富强康乐,这也是历史的重要见证。

五、可以见到中华民族在百年当中,从纷乱的局面,走向今日的和谐和平,显示人心向善的提升。

六、可以让经历过那个时代的人,回忆往日生活的共同风貌,以及苦难岁月里的甜美滋味。

七、有兴趣研究佛教的人,可以读到台湾佛教百年来的发展,以及世界佛教的动脉,从而得到正确的认知。

八、年轻一辈的人,可以看到近百年来,社会经济的变迁、文化思潮的演进、时代背景的差距。

九、我们可以看到大师与佛教长老、民间各界人士的往来互动,以及佛教对当代社会的影响,还有佛光山在世界各地推行人间佛教的宏愿。

十、令人感动的还有大师对生命的尊重,对人、对动物的有情有义,让人看到人间的光明与善美,友情与道义。

感谢大师慷慨分享他的人生历程和智慧结晶,让我们有幸能获得这一份无价的"传家之宝"。我谨在此衷心祝福所有的有缘人等,人人都能从阅读此书中回顾历史、展望未来;并且透过此书,与佛结缘,增长自己的生命能量。

郝柏村先生函

星云大师：

久违雅教，驰念正殷，即接华翰"龙天护佑"，及口述大著《百年佛缘》，欢喜赞叹。大师出自吾乡，渡海来台，宣扬"人间佛教"，集慈善、文化、教育等事业于一身，功在中华，余心深佩。敬以素笺，聊表谢忱。

即颂

  体健

郝柏村　敬启

二〇一二年十二月二十一日

记录者感言

佛光山书记室

若说《百年佛缘》是二十一世纪上半叶出版的一部奇书,应该无可争议。

本书在时间上纵深百年,从辛亥革命(一九一一年)说起,直到现在,星云大师可以说为百年历史做了见证。大师今年八十七岁,顾盼前人与来者,他具足条件将一个世纪里的脉络及轨迹,深入浅出地呈现在当今读者眼前。

在空间上,大师云水行脚全球五大洲,一生接触的层面横遍十方,涵盖世界各国、海峡两岸。在与众结缘上,他与各界人士,包括教育、艺文、政治、企业、宗教、传播等,甚至一般普罗大众,无不有广泛的往来。因此,星云大师可说是一座真人图书馆,一部活历史。由他口述的这套书,事件现场历历在目,古今人物栩栩如生,具有高度可读性,更能打破一般人认为历史书枯燥无味的刻板印象。

书中,他提及百年来的耆硕,如:太虚大师、于右任、居正、赵恒惕、张大千等,与他们有着同声相应、理念相合的交往。至于台湾政坛人士,从蒋经国、马英九等,一直到连战、吴伯雄、吴敦义,以及黄信介、余陈月瑛、许信良、游锡堃等,不分党派,均平等地互有往来,或回应他们的请益,或适时建言。他虽不喜欢政治,却展露了"问政不干治"的高度与风范。

他还在书中忆及自己人生历程,小故事大道理,发人深省。例如,他以"贫穷淡泊"为荣,尽管在全球创建了二百多间寺庙,创办多所大学、中学、小学以及电视台、报纸等等。别人觉得他财力雄厚,但他内心深处认为,"这一切都是大众的","不据为己有","天下为公","利益归于常住","功德归于信徒"。他享受安贫乐道,更是一个"以无为有",坐拥太虚万有的富人。

他座下有一千余位比丘、比丘尼徒众,追随他的信徒数百万。但他说,他是一个寂寞的孤独老人。这也是不错的,在他认为,这一切都不是他的,他把一切来自社会的交还给社会,不沾染不执着,所谓"处处无踪迹,声色外威仪",这就是星云大师独特的美学人生。

在他"不堕悄然机"的弘化里,仔细观察体会,仍看得见他思想体系的蛛丝马迹。诚然如是"文学为佛法之翼,佛法为文学之核",大师以文教为根底、佛法为基石,怀抱文学人的悲悯情怀,开显佛陀的权实之教,可以说不论讲经说法、写书论述,言谈间、字句里,处处散发文学善美的馨香,诗书芬芳的气质。

以下是与大师交往的各界友人对他的评价。

> 大师六十年来在自己的著述及实践中,所提倡的"人间佛教"已经改变了人们的生活,也已经改变了这个世界;像一场"宁静革命",已在海内外和平地崛起。这是台湾"经济奇迹"之外的另一个"星云奇迹"。
> ——美国威斯康星大学讲座教授　高希均

大师将行止之间的涵养和省思,举手投足的从容有度,皆化为至情至理的字字句句,启迪人的心念,更了然这大千世界。

——统一集团总裁　林苍生

大师形象大、格局大、气魄大、心胸大、理想大,愈与大师有机会亲近的人,愈会有这种"大"的体会。

——作家　余秋雨

这是大师处世心法的巨著,是人人皆可获益良多的心灵高汤。尤大师的文字优美,引人入胜,话语幽默风趣,充满赤子之心,读来令人心生欢喜。

——金钟主播　沈春华

外在的万缘,对大师来说皆是浮云流水,于心不住不碍,但他所传达的精神是栩栩的永存于他的声音、文字,汲取一滴就有一滴温润,舀取一瓢就有一瓢甘美。

——国民党荣誉主席　吴伯雄

大师说:"生命在事业中,不在岁月上;在思想中,不在气息上;在感觉中,不在时间上;在内涵中,不在表相上。"这是我所看到谈生命的意义最透彻的几句话。

——"中央大学"教授　洪兰

大师是出家人,但他比一般人更入世,对人生的各种命运,各种苦难都悟透了,所以才能将抽象的生命,当然包括死亡,谈得那么具体,让人看了可以内化成心中的一股力量,活得更踏实,不再彷徨。

——作家　黄春明

大师之谆谆教诲者,在正人心,祛私欲,弘公德,从治身之道走向济世之道,与梁启超从"新民"以兴国的宗旨,若合符节。所以他的言词沉稳而婉约,如潺潺之清溪流过人心,洗净污垢却不着痕迹。

——《联合报》社长　张作锦

他的一生弘扬佛教不遗余力,以佛为心、以法为命;又有着广大胸怀,尊重友善其他宗教。他与天主教单国玺枢机主教相知相惜,也欢喜迎接神明到佛光山佛陀纪念馆礼佛,他为妈祖林默娘作词征曲,他与国民党、民进党、共产党党员都能成为好友,在他面前都能化对立为祥和,可谓奇人也!

大师一生积极开创利生事业,从来都先想到大众,自己却不积蓄,没有跑过商场,没有买过物品;他一生没有用过锁匙,没有办公桌,没有开过抽屉,他有什么吃什么,到哪里都随遇而安,甚至只要一张椅子就能过一宿。从他书中的文章《我的衣食住行》里,可以看得出他平淡却不改其乐的生活。

在平凡的生活中却酝酿出不平凡的智慧。他结合社会的力量,在浊世红尘里高举光明火炬,在世界一百三十余个国家地区,不分国籍、文化、族群,为无数彷徨的心灵点燃明灯、指引方向,启蒙了多少迷茫的生命。

他经常说他没有进过学校读书,但各地名校赠予他近二十个荣誉博士学位,例如:香港大学、澳门大学、辅仁大学、中山大学(高雄)等;至于荣誉教授、讲座教授、客座教授、荣誉院长等就更多了,如大陆的北京大学、中山大学、南京大学中华文化研究院等等,都曾颁予他聘书。而他通达世事、了然人性的慈悲智慧,更没有一所学校或是任何一个学位可以概括。

大师个性沉静内敛,本不喜繁华。半个世纪前,他舍离台北大都会,到偏远的高雄山郊,默默兴学建寺,在荒山棘地中擘画佛教的未来,历经万难,开创了佛光山。他更不是攀缘上位的人,虽有达官显贵从他学法,但身边的常随众多是缁素布衣、法侣道友。他相当低调,很少人知道他开设的育幼院、老人院、云水医院等已有四十多年历史,至今仍在照护老人、孩童。这些在佛光山长大的孩童,已有一千七百多人成家立业,在社会各个角落踏实奉献。

二〇一二年十一月,他又发起"云水书坊——行动图书馆",当五十部云水书车浩浩荡荡地开到僻静的乡村、山间穷苦的学校,满车的书香带来无限的希望,让那村民、学子的弦歌,唱得更为动听了。

近年,因为糖尿病引起眼底钙化,他的眼睛已经看不清楚事物,但他仍以"一笔字"与各界结缘,将版税所得全部捐出,成立"公益信托星云大师教育基金",奖助鼓励媒体、文学、教育、艺文等等优秀人士,发扬社会真善美,注入向上提升的力量。

星云大师说,这本书或许有文字上的不妥,或者一些人间事物的讹误,但是在他心里,都是赤裸裸真实的告白,没有一点虚情假意,一切都是本来面目。

这套书初版本是在二〇一二年九月,由"国史馆"发行,后来,又由大师口述,弟子们记录增订本,合计一一〇篇,于二〇一三年五月由佛光出版社出版。

记录大师口述的百年历史时,由于我们徒众年纪尚轻,人生经历有限，大师口中的种种人事，各自独立、兀自发光，百千人物的故事如湍流直袭而来，有欢笑有悲愁，有怀念有遗憾，有惊奇有失落，不经意就身陷历史洪流，难以拔出；然而转头看看大师，他早已云淡风轻，行之远矣！原来"菩萨于法，应无所住"，大师一生，行佛行法，法尔如是。

《金刚经》中，佛陀问："如来有所说法否？"须菩提白佛言："世尊，如来无所说法。"这部《百年佛缘》，与大师其他著作最大的不同，是大师将一己化作灯蕊，以一生的磨难点燃自身，去照亮这百年中的佛教人事物；以自己为布幕，映照书中的每个生命、每一事例，暧暧含光，念念分明。

记录整理的同时，我们发起徒众们写下对大师的看法，每个人用一百字，搜罗成为《师父其人》。又邀请各界与大师有特殊因缘的人士共襄盛举，结集成《名家看〈百年佛缘〉》一册，希望可以作为补遗。并且收录从一九六七至二〇一三年，大师在每年开春时写给护法朋友的《新春告白》共四十七篇，是记录前一年弘法内容、对来年的期许，也是大师生命中的留步，为人间佛教写下一页历史事迹，可以说是高山仰止，景行行止。

萤光，可以为小，可以为大，一念三千，只要发心，萤光也能遍照三千大千世界。在时间无涯无尽的轴心，大师这百年里的百篇佛缘，必能无量寿无量光，在一刹那里，展现其人其事的至真；在一微尘中，示现人间佛教的真谛。

佛光山书记室全体书记　敬序
二〇一三年三月

自　序

星　云

二〇一一年八月二十三日，国际佛光会在佛光山佛陀纪念馆举办一场宗教界联合庆祝辛亥革命百年的祈福活动，定名为"爱与和平"，引发我想写一些百年来的佛教，作为这个时代的见证。加之回忆历史可以增加生命的长度，我便在八十五岁之际，以残障老人之身，口述这部《百年佛缘》，作为中华民族百年来最繁盛时代的贺礼。

我出生在江苏扬州一个贫苦的家庭，历经北伐、中日战争以及国共内战。记得母亲告诉我，我出生的那一天，适逢国民革命军总司令蒋中正率军北伐和五省联军总司令孙传芳在江苏会战的时候，军队正在家门口杀人，我就呱呱坠地了。

十岁那一年（一九三七年），卢沟桥事变爆发，抗日战争开始，由于年幼，不懂得国家大事，也不知死亡何事，对于生死并不感到畏惧。在战乱里，每天跟随许多小朋友穿梭在枪林弹雨之中，甚至观看两军作战，以数死人的尸体为游戏。所幸，国军和日军知道儿童与战争并无关系，便任由我们在沙场上、街头巷尾里奔跑，彼此也相安无事。

是年冬天，日军趁势又在南京制造大屠杀事件。当时，在我家乡的门口,远远地,就能看到南京城的上空火光冲天,顿时,把整个冬夜的雪地映得通红。残忍的战争,竟然也可以成为一幅美丽的景色。

严冬腊月的夜里,在雪花飘飘之中,我肩上扛着棉被跟随难民潮,漫无目的地向苏北方向逃亡。"逃亡、流浪,流浪、逃亡,逃亡到哪里?流浪到何方?"我一点儿都不知道。总之,战争真不是人过的日子,但经过枪炮子弹洗礼过的人生,自然别有一番体验。

当时,我不但日食三餐都很困难,也没有钱读书,连学校都没有看过。所幸,父母生养我一个健全的身心,赐给我福德因缘,十二岁的时候,因缘际会,我就在南京栖霞山出家做了沙弥。

出家最初十年,我在栖霞和焦山两地过着关闭的生活,谈不上受什么教育,只记得老师每天大声地喊叫:"不准东张西望!""不准讲话!""不准窜寮!"这个不准,那个不行,一天之中,除了早晚课诵以外,唯一准许的,就是搬柴运水、打扫环境、打坐参禅。在这样的环境下,度过了我不看、不听、不说的青少年时期。

不过,偶有一点时间,我还是偷偷地阅读从南京乡村师范学校撤退到大后方后,散落在满街满路上的书籍。其中,我拾到一本《精忠岳传》,因为认不得多少字,只能似懂非懂地看。好在幼年的时候,听过家中长辈们经常谈起岳飞和他的儿子岳云、女婿张显、结拜兄弟牛皋等忠义之事,心中大为佩服,也就依样画葫芦效法起来,自觉人生就应该要这样尽忠报国。

尽管寺院里有一些没有读过什么书的老师,成天只教导我们不看、不想、不说、不听,但这并不能让我们心悦诚服地接受。偶尔,我们还是会悄悄地看看天空的云彩,听听树上的鸟叫,感受一点外面世界的音声色彩。

这样过了多年眼不看、耳不闻的日子之后,一九四一年左右,我终于辗转听到人说太虚大师在重庆弘法的讯息,耳闻印光大师在苏州灵岩山主持念佛道场的情况,也得知上海圆明讲堂圆瑛法师、镇江金山寺霜亭法师、超岸寺震华法师在佛教界活动的情形。

之后,我又再从年纪较大的一些学长口中,听到太虚大师的弟子,如:大醒、芝峰、法舫、法尊、苇舫、常惺、乐观、会觉、尘空法师等,后来我也都有亲近他们的因缘。我也获悉许多在家居士,像杨仁山、欧阳竟无、唐大圆、吕秋逸、王济同、虞愚、张圣慧、吕碧城、章太炎、梁启超、康有为等大善知识的信息。另外,一些较年轻的法师,比方:竺摩、巨赞、通一、慈航法师等,往后我也有机会和他们学习。

一下子之间,这些大德、居士们都进入到我的思想、生活、心灵、脑海里,在我心底树立了形象,放大了光明。我沐浴在这许多大善知识们为法为教的热忱之中,也感觉到自己出家学佛,似乎时时都有诸佛菩萨、护法善友在向我招手,要我跟随着他们的脚步向前迈进。

一九四七年,我在宜兴担任短期的国民小学校长,翌年担任南京华藏寺住持。不久,徐蚌会战(淮海战役)发生,因为不忍生灵涂炭,一介僧侣又不知如何报效国家,便想到帮忙收埋死尸、照顾伤患,为乱世做一些功德。但这个时候,忽然接获指示,要受过训练的人,才可以参与救护工作,训练的地点要在台湾。不得已,我只有和年轻的老师们,如:介如、普莲、慎如、圆湛、合尘,以及我的剃度师父志开上人,以及几位有为的学长,像智勇、惟春、能培等人告别。忽然间,我竟也依依不舍起来了。

我在大陆没有什么亲人,母系的亲友只有几位舅舅、舅母,由于自幼出家,疏于往来;在父系的亲人,也只知道有一位姑母,动荡的时代里,已不知流落何方,直到两岸解冻后,才知道他们住在上海。或许是因为这样,我对亲族并无多大的思念之情,反而对佛门的法系、师长、法侣相当怀念。

一九四九年,大批军民纷纷渡海来台,我竟然在发生太平轮船难事件,两千多名受难的冤魂沉入海底之后,幸运平安地抵达台湾。可以说,来到台湾初期的我,既无强近之亲,亦无同参道友,靠着诸佛菩萨的加被,一切也都逢凶化吉了。

尤其,那一段苦难的岁月里,我虽然遇上一些外缘,好比《自由青年》杂志社社长钱江潮教授要我参与编辑、"中央社"希望我担任记者等,都被我一一辞退了。为什么?主要的就是为了"不忘初心","我要把一个和尚做好!"特别是在那个时候,太虚大师等许多记忆中大善知识们的影像,一直在我的脑海里浮现,似乎是在告诉我:"你怎么能舍弃当初那份'为了佛教'的发心呢?"

来台之初,人地生疏,渐渐地,我也结交了台湾佛教各县市支会的领导人;之后,又认识了一些寺院的住持,他们在地方上都是具有一定力量的人物。同时,从外省来的许多大德,如:大醒、东初、慈航、南亭法师等,也纷纷向我招手,提出邀请,希望我能帮助他们从事佛教的工作。

就这样,我曾为大醒法师主持过"台湾佛教讲习会",也为东初法师编辑过《人生》杂志。而在中坜圆光寺,为妙果老和尚看守山林这段期间,特别要感谢的是,得力于中国国民党荣誉主席吴伯雄先生的父亲吴鸿麟老居士的协助,帮我报了户口,从此,我终于能在台湾落脚弘法了!

一九五二年,宜兰士绅李决和、林松年、马腾等居士,邀请我前往宜兰讲经弘法。由于当地迟迟没有一位出家人正式驻锡寺庙,因此在他们的盛情邀约之下,所谓"蜀中无大将,廖化做先锋",我也就应允,跟随他们前往一间龙华派的小寺庙"雷音寺"弘法,并且成立"念佛会"。期间,我依然没有忘记自己对弘扬人间佛教的使命,陆续组织青年会、歌咏队、弘法队、文艺班等,接引青年学佛。感谢这座小寺庙里六七十岁的老住持妙专尼师和老太太金梅姑,容许我这个外省青年法师利用寺庙的走廊、庭院、佛殿当为教室,做起弘法的道场。

在青年日益增多之后,感于教育对佛教发展的重要性,进而又兴起了创办佛教学院的念头,于是有寿山佛学院、东方佛教学院的成立,乃至现在的丛林学院、海内外十余所佛学院,以及高中、"国中"、小学,西来、南华、佛光、南天等大学,就在这样的因缘下应运而生了。

除了亲近佛教界的大德之外,日后,我和台湾主持政治的一些重要人物也有过一些往来。例如:"救国团"执行长宋时选、国民党中央党部秘书长李焕、"教育部长"蒋彦士、创办中国文化大学的张其昀与一级上将何应钦先生等,甚至在这之前,和服务于警务处的陶一珊、陈仙洲等几位处长,也都曾经做过朋友。

只是我生来"和尚命",想到古德所说"为僧只宜山中坐,国事宴中不相宜",也就告诫自己要和他们保持一定的距离。虽然遭遇许多苦难挫折,我也不曾向他们请托,寻求帮助,一心只想安住在佛教里面,凭着自己的点滴愿心,勤勤恳恳地服务奉献,让佛教发光发热。

但这个社会是由不得我们独善其身的,后来吴伯雄、陈履安、黄启瑞、高玉树、陈武璋、林洋港、邱创焕、高育仁、陈洎汾,接着钟荣吉、潘维刚、赵丽云、丁守中等多人,纷纷邀约我到"中央党部"、"省训团"、"救国团"、"社工会"等单位讲演,乃至"三军各司令部"郝柏村、高魁元、蒋纬国、王昇等人,也都曾经邀约我到金门、马祖、兰屿、绿岛、成功岭、东沙群岛、"三军大学"、"联勤总部"、"陆军官校"等地弘法。由于这许多因缘,彼此也就有所往来了。

台湾的社会信仰多元,国民党来台之初,民间宗教、日本佛教、蒋宋美龄夫人所信的基督教盛行,我们初来乍到,没有任何背景,弘法自是困难。虽然如此,在复杂的大环境中,我们对于推动人间佛教仍然深具信心,一心一意要让当时台湾的佛教从山林走向社会、从寺院走入家庭、从僧团普及到信众、从谈玄说妙进而能够落实在生活之中。

有人问我,什么是"人间佛教"?佛陀出生在人间,修行在人间,成道在人间,弘法在人间,都是对人说的法,这不就是人间佛教吗?因此,只要是佛说的、人要的、净化的、善美的,凡有助于增进幸福人生的教法,都是人间佛教。人间佛教在台湾,早年曾经获得孙立人将军的夫人张清扬女士、赵恒惕、李炳南等人的护持,后来又有赵朴初、吴伯雄、柴松林、高希均、刘长乐等有识之士的肯定,一时之间,台湾成为二十世纪全世界弘扬人间佛教的典范。

目前,佛教在台湾之兴盛,光是佛教组织就有:"中国佛教会"、"国际佛光会中华总会"、"中华佛教居士会"、"中华佛寺协会"、"中华佛教比丘尼协进会"、"中华国际供佛斋僧功德会"、"佛教青年会"等。此外,佛教还有很多的杂志出版、慈善救济、养老育幼等利生事业,尤其佛教创办的大学,像佛光山创办西来、南天、佛光、南华等大学,以及佛光山丛林学院和许许多多中小学、幼稚园的开办,都让佛教在教育事业上的成就蔚为奇观。

总说,台湾光复以来,六十余年,台湾的佛教得以从取缔拜拜到改良拜拜,从新寺不准建、旧寺不准修到自由修建;戒严期间,从不准集众讲演弘法到开放弘讲,从寺院驻兵到迁离还寺;从取缔佛学院到佛教大学林立;从限制僧尼出访到海内外自由行脚;从三更半夜调查寺院户口到现在不再听闻此事;从寺院功德箱须由乡镇公所开启到现在不管不问；从寺庙求助乡镇代表，到现在县市长、"立委"等公职人员选举，都要争取寺庙选票；从在家众担任管理人到出家众主持管理；从限制传戒到开放任由大家自由传戒。

乃至在佛教人口结构上，从老年到青年，从香客到义工，从私塾读书到硕博士生，从台湾不重视女众，到现在比丘尼撑持起佛教半边天，主持佛教会，担任住持、大学教授，负责编辑出版等。在信仰修持方面，从求神赐予到服务大众，从一盘散沙到教会组织，尤以国际佛光会海内外数百万佛光人担当起护法弘法的使命，从化缘求助到喜舍行佛，从庵堂到学校，从佛殿到讲堂，从拜拜到法会，从诵经赞颂到歌唱舞蹈，从寺庙道场到"国家殿堂"，从台湾本土到国际弘扬等等。这些都是所有佛教徒致力于推动人间佛教的改变，也可以说是我勤为用心之处。

当然，现在台湾佛教还是存在许多问题尚待解决，例如："宗教法"的订定、寺庙灵骨塔收费课税问题、佛学院资格的认定、外域僧尼在台湾不易取得居留等；这些都还有待政府诸公放宽限制，以便让佛教慈悲的精神，在台湾这块土地发扬光大，造福广大人群。

佛教讲到时间，都说"无量阿僧祇劫"；讲到空间，则说"无量无边的世界"；讲到生命，即是"十方法界众生"。希望人间佛教的发展，在空间上，能把佛教带到"此世界、他世界、十方诸世界"；在时间里，能把佛教从过去、现在，带到"此时、彼时、无限的未来"；在生命间，能够广度一切，让十方法界众生"早登彼岸，脱离苦海"。

在缅怀佛教往事之际，心中也不禁生起，佛教并不只有这百年，打从佛陀在菩提树下发出"人人皆有佛性"的宣言开始，人间就已经有了佛教。这一部口述历史，虽然在无穷无尽的时空里，只是大海的一沤，但希望能在久远的生命长河里，留下些许的贡献。

自 序

　　本书乃为辛亥革命百年献礼而做，由于年纪老迈，诸多往事不复记忆，许多人物仅述片爪鸿泥，但所记之事皆真实不差；而有更多仁者、好友的高风亮节、美好行谊，也非此小书能全部触及。此外，由于当局缺乏正确的宗教政策，让佛教自生自灭，以致发生宗教的歧视、民政对寺庙法权的无知、治安单位对佛教的误解、各界对佛教文化的忽视，乃至缺少对宗教正当的辅导等问题，匆促完成而没有触及探讨，实为遗憾。

　　这套书的内容由我口述，法堂书记室记录，并且由蔡孟桦小姐等担任编辑。

　　口述匆匆，必有遗漏之处，尚祈各位见谅。二〇一三年三月十二日（农历二月初一），正逢我出家七十五周年纪念；而五月十六日为佛光山开山四十六年、国际佛光会成立二十周年，此书出版之际，千言万语，都在此化为心香一瓣，献上祝福。尤其现在，两岸在"九二共识"之下，大家要好自为之，珍惜和平、友好之不易，彼此尊重包容，融和古今文化，共同努力，创建新的未来。

　　是为序。

谨识于佛光山开山寮
二〇一三年三月

目录

百年佛缘 ❶ 生活篇

001	推荐序/吴伯雄
003	郝柏村先生函
004	记录者感言/佛光山书记室
010	自序/星　云
001	我的乡土情
023	我的外婆
043	我的母亲
	——徒众们口中的老奶奶

065	苦乐童玩记
085	我的衣食住行
111	我的交通工具
131	我的老幼善缘
155	我与佛门亲家的因缘
177	我的侍者群相
197	我的讲演缘
217	我的翻译人员
241	我可爱的动物们
	——谈与我有关的小动物
259	僧情不比俗情浓
	——我对感情的看法

279	我就这样忍了一生
317	我的医疗团队
341	黄金不动道人心
	——谈我不为金钱诱惑的想法
359	我的人间性格
379	与佛菩萨感应记

一树花果
万千因缘

我的乡土情

说到我的乡土情,大概是我受外婆影响,
加上有了佛教信仰的因缘,
从小就不拘泥于一人、一事、一地。
当我一九八九年在时隔四十年后首度回到扬州,
那时我六十三岁。
有人问我:"你的感觉如何?"
我说:"看到了老太太,
我仿佛就看到了外婆的影子;
看到了女士、先生,
仿佛就看到了父亲、母亲的影子;
看到了年轻人,
仿佛就看到了我当年同学的影子,
我想这就是踏上扬州回家的感觉。"

前言

说起我的乡土情,实在讲,我的乡情很淡薄,因为我出生在中国江苏扬州的一个小镇——仙女庙镇,离扬州城十八华里。我出生的那一天,正是一九二七年五省联军总司令孙传芳和国民党蒋介石北伐军,双方军队正在我们家乡会战,我母亲说:"外面在杀人,你出生了。"记得我还跟母亲说:"我会不会是被杀的人,死后来投胎转世的?"

我就是在那战火四起、街巷多毁、满目瓦砾的年代出生,我只在那里生活了十二年。母亲带我到南京寻找父亲下落时,遇到一位栖霞山寺的师父问我愿不愿意出家做和尚,我头也没抬地回答"好",于是我就出家了。

我在南京栖霞山寺以及其他地方参

我的乡土情

我出生在仙女庙镇(一九二七年)

学,也花了十二年的时间,一九四九年我二十三岁来到了台湾。来到台湾,我这才感觉到,我的出生地——扬州,扬子江畔的水土,长养了我扬州人的语言及个性,而台湾的海水米粮,也滋养了我,让我"立足台湾、心怀大陆、走向世界"。

我五十年前都是在亚洲各个国家地区活动,如马来西亚、新加坡、泰国、菲律宾、印度、日本以及香港等地;五十岁以后,才到美国去筹备建寺安僧;七十岁到了欧洲、大洋州、南美洲、非洲。就这样,我的乡情越来越淡薄,常有人问我:"你要到哪里去?"我都回答说"我要回大陆","我要回台湾","我要回香港","我要回美国","我要回欧洲","我要回澳大利亚",甚至于地球上的每一块土地,都是我要回去的故乡。

元朝人耶律楚材曾经说过:"从征万里走风沙,南北东西总是家。"所以出家人是"处处无家处处家",这也就养成了我一生的个性"在一家保一家,在一国保一国"。

确实是如此,我每走到任何一个国家,我都希望对那个国家有所贡献。记得我有一位年轻的弟子,我把他带到美国去留学,希望他从小在那边学习英文,受美国教育,将来能做一个国际的弘法人才。但他出口不逊,常常一讲到什么事情就"死美国、死美国的","死美国的飞机票很难买","死美国的高速公路太多了","死美国的房子都不好看","死美国的太阳很大"等等。

我听到了深不以为然,就警告他:"你再讲一次'死美国',我就送你回台湾。"

我的意思是,我们吃人家的、住人家的、人家给我们因缘,我们却诅咒它,恶意地中伤它,这太不合情理了。

另外,我也常常不敢说自己是"扬州人",因为大陆具有影响力的江泽民主席是扬州人,说了,恐怕人家说我攀龙附凤;刚刚退位的胡锦涛先生,泰州人,只离我的家乡三十公里的地方,我也不敢跟他攀亲拉故;周恩来先生是近代二十世纪伟大的中国人,他是淮安人,是与我住的扬州隔壁县,我也不敢提淮安跟我们的关系。郝柏村先生是扬州盐城人,他在"十万青年十万军"的号召之下从军,在他当了"参谋总长"的时候,我也不敢说他是我们扬州人。

此外,汉朝淮阴侯韩信,他曾受胯下之辱,受漂母一饭之恩,然后成为筑台拜将之人,淮安还立"汉韩侯祠"纪念他,所以韩信的事迹,常常让我津津乐道。民初文学家朱自清,他的文章《背影》、《荷塘月色》广为人知,他也是扬州人。其实,扬州人不扬州人并不重要,只觉得他们是伟大的人物。

此外,其他尚有唐宋八大家的欧阳修、苏东坡,唐朝的鉴真大师、白居易,宋代大家范仲淹、词人秦观,元朝意大利人马可·波罗,扬州八怪郑板桥等,都与扬州有因缘,都算是扬州的天生异才,都是我的乡亲。

说到我的乡土情,大概是我受外婆影响,加上佛教信仰的因

我的乡土情

仙女古庙街景（扬州市政府提供）

缘，从小就不拘泥于一人、一事、一地。当我一九八九年在时隔四十年后首度回到扬州，那时我六十三岁。有人问我："你的感觉如何？"我说："看到了老太太，我仿佛就看到了外婆的影子；看到了女士、先生，仿佛就看到了父亲、母亲的影子；看到了年轻人，仿佛就看到了我当年同学的影子，我想这就是踏上扬州回家的感觉。"

其实，现在的我老了，过去曾行脚遍及世界，但对我来说，娑婆世界就是我的乡土。甚至我也常常想到佛陀的净土、佛陀的世界，阿弥陀佛的净土、阿弥陀佛的世界，佛国世界才是我们的故乡。

历史上的扬州

事实上，我是扬州人，出生地对一个人的影响，还是相当深远的。因为我从小离开扬州，因此我对扬州并不太了解。我虽是扬州人，但是并没有进过扬州城，一直到六十三岁（一九八九年），我

扬州的城徽——五亭桥（慧延法师摄）

从美国组织"国际佛教促进会弘法探亲团"返乡探亲的时候，第一次有机会到扬州城内大明寺吃饭和大家讲话，那时候才觉得，我终于到了扬州城的核心。扬州在历史上是九州之一、中国的古城。我虽然身为扬州人，却对扬州城不甚了解，一直到近年来，才慢慢恶补扬州的历史。因为我从故乡来，故乡的历史都不知道，实在不好意思见人。

历史上，从春秋时期吴王夫差消灭长江北岸小国筑城墙开始，至隋炀帝下扬州，开拓了运河，繁荣了扬州城，扬州就流传着这么一句话："隋炀帝，下扬州，一心看琼花，陆地行舟去，到头来，万里江山一夕丢。"历史就这样走到了唐代，扬州的繁荣也到了巅峰。

《资治通鉴》记载："扬州富庶甲天下，时人称扬一益二。"当时漕运繁荣，扬州成为盐商赚钱的集中地，一些才高八斗、风流倜傥的文人墨客随之至此，留下许多名诗，成了风花雪月的扬州。

唐朝张祜：

> 十里长街市井连，月明桥上看神仙；
> 人生只合扬州死，禅智山光好墓田。

清人黄慎：

> 人生只爱扬州住，夹岸垂杨春气薰；
> 自摘园花闲打扮，池边绿映水红裙。

清朝龚自珍：

> 春灯如雪浸兰舟，不载江南半点愁；
> 谁信寻春此狂客，一茶一偈到扬州。

还有韩琦、王安石、欧阳修、苏轼、李绅、施耐庵、吴敬梓、曹雪芹等文学巨匠或政客，在扬州当官，理当事少，倒是闲情逸致多了。

明末清初的"扬州十日"，是扬州最凄惨的历史。当初扬州人史可法奋力抗清，死守扬州，被恼怒的亲王多尔衮允许清兵在扬州城内大肆屠杀掠夺十天，城内死伤无数，沦为一片废墟。可怜的扬州人不胜唏嘘。所以，在清朝的历史上，这可以说是扬州最不光彩的史实，扬州也从此变得沉寂下来了。

吃在扬州

扬州的吃，天下闻名，所谓"吃在中国"，中国的吃就在扬州，扬州菜名冠全国。可能是因为周恩来先生故乡的关系吧！现在叫"淮扬菜"。

扬州有名的是小吃，我虽然家境贫穷，但是偶尔也尝过江苏小吃的美味。过去台湾有句口头话："家有鲜大王，清水变鸡汤。"但比起扬州的酱油来，还要逊色很多。其他的还有：小笼包子、扬州炒饭、扬州干丝、扬州粽子、扬州水饺。扬州的"阳春面",不下于对岸镇江的"锅盖面"。尤其扬州的烧饼油条,在当初是不亚于今日台湾永和豆浆的烧饼油条声誉的。

此外,扬州的桃酥烧饼真是一绝,扬州的元宵、麻团让人齿颊留香,扬州的萝卜干、扬州的芝麻饼、扬州的金秫粉就更不用说了。在扬州城内住个几天,不需要花费很多,就能吃到那许多的名菜、名小吃、名糕饼。这是我童年的时候就知道的许多事件,但是到现在,不知道扬州的吃,还能维持当初的声誉吗?

住在扬州

扬州的美,古代有很多名人做了诗词歌赋来歌咏,常常借大自然来形容赞扬。如唐诗人杜牧的"二十四桥明月夜,玉人何处教吹箫",特别是唐朝徐凝的"天下三分明月夜,二分无赖在扬州",你看这多美啊!天上的明月,在每一个有水的地方,都能映现其中,而扬州就占了这样的美景两分。

今日,扬州的市领导,一直在打造扬州城成为"幸福扬州",扬州已不只是风景美、月亮美、山河美,扬州的俊男美女很美,扬州人的笑容很美,扬州人的心更美,扬州真美。

二〇〇六年,扬州市举办了一个"烟花三月国际经贸旅游节",我还邀请刘长乐先生他们的凤凰卫视去做实况转播。后来,又办了一次"烟花三月下扬州"的活动,领导们又邀请我去参加,我觉得我应该对故乡扬州尽一点心意才是。二〇〇七年,我参加扬州烟花节,想起李白《送孟浩然之广陵》的诗句:"故人西辞黄鹤楼,烟花三月下扬州;孤帆远影碧空尽,唯见长江天际流。"多美的境界啊!现任的扬州书记谢正义、市长朱民阳,都在为扬州的开发打拼努力。

此外,扬州的园林之美名满天下。如:何园、个园等。这些园林,非得我们自己走一趟不可,你才会发现扬州美景确实不同凡响,名不虚传。

"何园"原是一平地,经过嶙峋山石、逶迤曲折的复道回廊,让整个园林错落有致,山水、建筑,浑然成为一体,山外有山,小桥流水,美不胜收。

"个园"一走进去,最大的感受就是竹子多。苏东坡曾说:"宁可食无肉,不可居无竹,无肉使人瘦,无竹令人俗。"园子主人就为此,在园林中种了上万竿的竹子,因为竹叶的形状像"个"字,"个"字是"竹"字的一半,所以取名"个园"。

前几年,曾到佛光山访问的山东大学马瑞芳教授,应扬州鉴真

天下三分明月夜,二分无赖在扬州(扬州市政府提供)

图书馆邀请,登上"扬州讲坛"讲说"扬州走出了蒲松龄"。马教授告诉我,蒲松龄曾经在扬州居住过,他是在康熙十年(一六七一年)元宵节过后,与孙树百一起坐船到扬州,写下了一首《元宵后与树百赴扬州》:

> 沽三白酒供清饮,携芥山茶佐胜游。
> 分赋梅花漾轻桨,片帆风雪到扬州。
> 我到红桥日已曛,回舟画桨泊如云。
> 饱帆夜下扬州路,昧爽归来寿细君。

你看,扬州的清新秀丽,也赋予了蒲松龄文学创作的灵感和素材,写下了巨著《聊斋志异》,里面也有不少扬州的民间传说。

扬州丛林二十四

历史上的扬州,虽有道教武当行宫、基督教翠园礼拜堂、天主教耶稣圣心堂、伊斯兰教仙鹤寺等等的各种宗教场所,但是可以说,扬州人自古以来大部分崇信佛教。为什么呢?据统计,到了清朝,扬州的寺庙多达数百座,因此扬州素有"扬州丛林二十四"之说,以"天宁寺"为首刹。另外尚有重宁寺、高旻寺、大明寺、静慧寺、福缘寺、建隆寺等,皇帝均曾前往参拜,可见扬州佛教的盛况。

首刹天宁寺,原是东晋太傅谢安的宅第,他将宅第捐出为寺,在扬州成为丛林道场。清朝曹寅曾受御赐,在这里编撰《四库全书》、《古今图书集成》,他的孙子曹雪芹在这里写出了中国四大名著之一《红楼梦》。

天宁寺有一副对联写着:"一寺五门天下少,两廊十殿世间稀。"可见扬州的寺庙不但多,而且大。只可惜,寺庙虽然有名,但是扬州出过多少高僧,我并不是非常了解。我能知道的,就是唐代

从扬州出发，走向世界的我们的师父

弟子李自健恭绘

2003年春 李自健 敬绘于美国

李自健油画

　　世界著名油画家李自健先生，作品以呈现人性的善美为主。一九八八年移居美国后，为谋生计，从事人物肖像绘画。我感其才华深厚，主动提供房舍，邀请他闭关作画，并以"人性与爱"为主题进行一系列创作。李自健先生油画作品栩栩如生，加诸作品蕴含人间真性情，深受大家喜爱。如今已是世界知名画家的李自健，仍不忘当年知遇之恩，每回我赴大陆弘法，他总是排除万难，赶抵探望，可谓人如其画，是有情有义之人！

鉴真大师圣像从日本返乡,供奉在扬州鉴真图书馆,供人瞻礼

法净寺(大明寺)的鉴真大师、近代高僧来果禅师,以及现任高旻寺的德林长老,都是扬州伟大的出家人。

说到鉴真大师,他是中日佛教的桥梁,在唐玄宗天宝元年(七四二年),日本僧人荣睿、普照,礼请鉴真大师东渡日本传授戒法,经过十二年的岁月,六次的失败,最后鉴真大师以六十五岁的高龄,在双眼失明的状况之下,终于到达日本奈良。当时,日本孝谦天皇及圣武太上皇、光明皇太后之下的皇族和僧侣约五百人,都跪在他的座前,求受菩萨戒。所以现在日本尊称鉴真大师是日本"律宗之祖"、"文化之父",他所创建的唐招提寺,一直到现在都是日本律宗的总本山,古都奈良的文化财。

因为鉴真大师对中日文化交流作出巨大贡献,他的弟子们就为他塑像,一千二百多年来,始终受日本人敬仰。二〇一〇年十一月,扬州政府再次迎请"鉴真大师坐像回扬州省亲",就供奉在我所捐建的扬州鉴真图书馆。日本人能不忘这段因缘,远渡重洋,将日本东大寺、唐招提寺的鉴真大师圣像送回到大师的故乡,供人瞻仰,实在意义重大,礼拜参观者络绎不绝。

近代的高僧来果禅师,他十八岁割肝疗父,后来出家为僧,在扬州高旻寺创下"天下丛林不止单,守禅制者,独有高旻寺耳"的名号。

高旻寺的德林长老,十九岁依来果和尚出家,是临济宗第四十七代传人,现年九十九岁,身材伟岸、气宇轩昂。他为了表示对我的友好,二〇〇五年,在扬州高旻寺传授三坛大戒时,邀请我当得戒和尚。这么崇高的名义,应该是他自己做,不能叫我,我再三跟他推辞,他还是在戒会资料上印上我是"戒主和尚",可见这位长老的谦冲祥和。

扬州的名人轶事

扬州不但佛教的寺院闻名、风景闻名、美女闻名,扬州名人也很多。尤其扬州八怪的书画名闻天下,称为扬州画派,如金农、郑燮(郑板桥)、黄慎、李鱓、李方膺、汪士慎、罗聘、高翔等,他们画风新潮,作品素有"三绝"之称,现代艺术大家齐白石、徐悲鸿、潘天寿等也都受到他们的影响。除了扬州八怪之外,石涛擅长画山水画,他是一位出家人,画风也是独树一格。

儿童时期,经过茶楼饭馆,由窗口飘出说评《三国演义》、《水浒传》、《西游记》的声音,我总是停下来趴在窗口上听。看着他们生动细腻地说着种种故事,越说越吸引听众,总在紧要关头才缓缓道出"欲知详情,下回分晓"。扬州说书的祖师爷柳敬亭,是明朝泰州人,出师后,就到扬州落脚说书,受到扬州人的喜爱,弹词、清曲也是一绝。

除了文人雅士、山水美景，扬州最有名的，恐怕就是扬州三把刀：第一把刀是厨刀，第二把是剃头刀，第三把就是修脚刀。扬州人靠着这三把刀与扬州小吃走遍天下，我在世界各地常常遇到有特殊技艺的扬州人。我们别以为扬州三把刀是低下行业，实在讲，他们的专业水平在社会上可说一绝，更是生存的一大绝活。

第一把刀"厨刀"。家父李成保就是业余素菜厨师，或许受父亲的遗传影响，我也很乐于做素菜与人结缘，总之扬州人与吃脱离不了关系。

第二把刀"剃头刀"。话说乾隆当初下扬州时，在辕门桥闲逛时，看到一家店堂，门板对联上写着"操天下头等事业，做人间顶上文章"，乾隆觉得有意思，就进去试一试。老师傅不在，小师傅在，乾隆就身子笔直地往凳上一坐，等着剃头。十七八岁的小师傅，不疾不徐地拿着大围往乾隆身上围去，并在肩膀上轻轻一抓，乾隆身子马上一松，小师傅迅速地把头剃好，辫子也绑好，跟随乾隆的太监进行检查，拿出棉团往头上一擦，一点儿也不起毛，光滑无比，乾隆不由得说，扬州剃头师傅果然身手不凡啊！

谈到第三把"修脚刀"。修脚刀可以挑鸡眼、修指甲、去老皮，你只要一上躺椅，三两下，就帮你把脚修剪清洁。

扬州人不但对于吃很重视，对于洗澡，扬州人也很重视。人们惯称的"早上皮包水，晚上水包皮"，说明了扬州人惬意的生活习惯。

扬州教育

江南有四大名校，其中一所在扬州，扬州中学已有百年历史，办得比大学有名。许多人从名大学毕业,但他都不说,都说自己是扬中毕业的。扬中毕业的优秀校友如朱自清、江泽民、毕季龙,还有许多科学家、中国科学院院士、革命烈士等等。由于战乱中,家里贫穷,我没有上过学,也没有读过书,更没有见过学校,所以等我有能力时,我就去办教育。我希望人人都读书,"读做一个人,读明一点理,读悟一点缘,读懂一颗心"。

在扬州,我曾受邀到扬州大学做过讲演。过去,外国人到中国来办教育,现在中国人也应该要走出去办教育,要与时俱进,这样礼尚往来才不失礼。所以,我也有意把我在美国创办的西来大学,交给扬州大学去办理。西来大学通过"美国西区大学联盟"(WASC, Western Association of Schools and Colleges)评鉴审查,是华人在美国创办的第一所综合性高等学府。但这也要等到扬州大学派人前往探勘后,再待因缘了。其实,如果与大陆有缘分的学校,我都希望交给他们办理,让我们中国能有一所在西方办的名校。

另外,我花了两亿多的人民币,在扬州平山堂捐建了一座"鉴真图书馆",它是集教育、研究于一体的多功能图书馆,希望教授学者、出家学僧可以在这里专心做研究。因此我也为了捐建工程,跑了几十次大陆和台湾,并且派慈惠法师负责,带领慧峰法师(新西兰籍,工程师,香港大学博士,佛光大学教授)、慧宜法师(台湾新竹人,电子科技工程师,佛光山丛林学院)、慧炬法师(澳大利亚籍,资讯管理工程师,香港大学佛学系)、慧是法师(马来西亚人,室内设计师,澳大利亚柯汀大学)一起建设鉴真图书馆。历届执行长江芳妮小姐与慧宽法师,也按照我的意思把鉴真图书馆办得有声有色。

尤其每一个月举办两次的"扬州讲坛",五年来已有"北有百

捐建扬州鉴真图书馆

家（百家讲坛），南有扬州（扬州讲坛）"的美誉。受邀登坛讲演的老师，涵括了两岸文化大家、著名学者、媒体人等等。如：名作家二月河，中国艺术研究院宗教艺术中心主任田青教授，中国艺术研究院院长余秋雨，复旦大学教授钱文忠，山东大学教授马瑞芳，北京大学教授王邦维，北京社科院研究员阎崇年，北京师范大学教授于丹，厦门大学教授易中天，中央民族大学历史系副教授蒙曼，上海师范大学教授方广锠，新加坡南洋理工大学教授陈达生，中央电视台新闻评论家白岩松，文学家余光中、林清玄、张晓风，表演艺术家张铁林、濮存昕，名主持人崔永元、杨澜、胡一虎，名嘴周立波，电影导演蔡明亮，企业家潘石屹、严长寿，神探李昌钰，漫画家蔡志忠，创作艺术家杨惠姗，京剧表演艺术家迟小秋，亲子教育专家卢勤等教授、名家。

另外，还有国务委员唐家璇、外交部部长李肇星、海协会副会长张铭清、国家宗教事务局局长叶小文、国民党主席吴伯雄、天下远见创办人高希均教授、社会统计学家柴松林、上海博物馆馆长陈燮君、《人间福报》符芝瑛社长、南华大学执行董事依空法师及鉴真图书馆执行长慧宽法师等。

我希望鉴真图书馆的建立，能为我的家乡"弘扬中国传统文化，建设人文扬州"略尽绵薄之力。除了鉴真图书馆，我也鼓励慈容法师出资人民币五百万捐献江都聋哑学校；又鼓励萧碧霞师姑出资十万美金给仙女庙作修复建设。有历史以来，仙女庙之名更甚于江都，地图上没有江都的名字，却有仙女庙。它虽然是一座道教的庙观，但也是我儿时游乐的地方，不晓得目前已修复到什么程度了？

我的扬州亲族

我既是扬州人，应该有很多亲族。说来惭愧，在当时贫穷的社会中，纵有亲族，也是甚少来往，与他们并不熟悉。有一次，我在江都演讲，我的侄儿李春来被公安人员挡在门外，李春来告诉公安他是大师的侄儿，怎知对方却回他说"星云大师的侄儿多了"，还是把他拒之门外。

其实，我真正的侄儿只有两个人，一个叫李春来，一个叫李春富。我的父系人丁单薄，母系的亲族比较多。父亲是单传，没有兄弟，祖父在生养家父二十八天便去世了，病因为何就不得而知了。我知道父亲上有位姐姐是我的姑母，嫁到离我们十华里以外陈家店这个地方。应该也属于扬州辖内，但由于贫穷，这一点路程就阻碍了我们的往来。

我姑母的两位儿子，徐必荣、徐必华都居住在上海。我虽与他们见过几面，但不算很亲。或许我的母亲与兄弟都与姑母有来往，但我因为出家一直在外，甚少听说他们的名字。两岸开放交流后，我在上海为他们一家各买了一栋房子，聊表亲人的关心。当然，其他如收音机、电视机、冰箱、手表等就不在话下了。我的母系亲族比较多，母亲刘氏，外公叫刘文藻，外婆王氏，没有名字，王氏就是她的名字。我外婆是一位虔诚的佛门弟子，非常勤劳。刘家应该是小康人家，家族里大概有数十人之多吧，我也叫不出他们的

弟弟李国民(中)以及姑母的两个儿子徐必荣(右)、徐必华(左)(萧碧霞师姑提供)

名字。

我的外婆跟我母亲一样,生了三个儿子,一个女儿,女儿就是我的母亲,另外有三位舅舅。大舅刘雨庭,做过村里的保长,二舅刘贵生是位务实的农夫,三舅刘玉华,做过乡长、自卫队队长。他们四位都高龄往生。

我父母生养我们四个子女,大哥叫李国华,大姐叫李素华,我叫李国深,小弟叫李国民。两岸开放探亲后,我和他们不断来往,改善他们的生活,这是他们第一需要的。幸好,我的稿费收到后,就转为供给他们的生活费了。

我大哥很聪明,一样没有进过学校读过书,他看的书,比我还多,但是只看不用,也是没有发挥作用。我的弟弟,听说还做过扬州政协委员,性格有时候傲慢自大,我也深不以为然。姐姐是在兵荒马乱的时候,跟随一群难民到广西落脚,八十七岁去世,大哥也活到近九十岁,弟弟李国民则在近八十岁的时候去世了。我们李

母亲刘玉英(右二)、大舅刘雨庭(右一)、二舅刘贵生(左二)、三舅刘玉华(左一)(萧碧霞师姑提供)

家与我同辈的亲族目前仅剩我一人,哥哥、弟弟的孩子们与孙子们,十九人都要我帮忙他们移民去美国,我都已经满他们的愿,一一照办。

现在世间上,我只晓得自己是一个孤独老人了。不过,说是孤独老人,也不尽然,因为我有出家的弟子一千多人。我就想起了"人生如球"的故事:

在儿女小的时候,大家都把父母当成"篮球",都是"My ball"(我的球);但是到了父母老年的时候,五六十岁不能工作了,儿女也不孝养了,就把他推给老大、推给老二,就像"排球"一样,推来推去;父母到了七八十岁,更老或病了,没有人要,儿女都把父母当作"足球",一脚踢得远远的。

我想到,我已八十岁以上,但是我的出家弟子都把我当作"橄出家是我心甘情愿的，我一生最大的幸福是当和尚，弘法利生是我此生的使命，人是一个，心是一点，命是一条，愿将身心奉尘刹，是则名为报佛恩。

一半一半
Half and Half
70~80岁

永不退票
No Returns
51~60岁

有佛法
就有办法
Where there is
Dharma,
there is a way
81岁以后

有情有义
Sentiment With
Righteousness
61~70岁

我一生的九个时期

我把自己一生走过的路，以每十年为一个时期，分为九个时期：

第一个十年是 1 岁~10 岁：成长时期；

第二个十年是 11 岁~20 岁：学习时期；

第三个十年是 21 岁~30 岁：参学时期；

第四个十年是 31 岁~40 岁：文学时期；

第五个十年是 41 岁~50 岁：历史时期；

第六个十年是 51 岁~60 岁：哲学时期；

第七个十年是 61 岁~70 岁：伦理时期；

第八个十年是 71 岁~80 岁：佛学时期；

第九个时期是 81 岁以后的人生：随缘时期。

我一生推动人间佛教，对佛教多所兴革；一生自奉慎谨，给人信心、给人欢喜、给人希望、给人方便。

于香港祝贺母亲(中)九十岁生日。大哥李国华(右一)、大姐李素华(右二)、三弟李国民(左一)(一九八七年)

榄球",可见得,出家在家子孝孙贤都不一定。出家人诸上善人聚会一处,三分师徒七分道友,天伦之乐也不亚于一般世俗。人生如幻,世事沧桑,不需要那么牵挂执着。

其实,我总把世界所有人都看成是我的眷属,所以在佛光山,每两年都会为徒众办一次"亲属会"。徒众的父母就是我的亲家,因此就以"亲属会"为名,每次相聚,特别亲切热络。我确实有这个心愿,一切男子是我父,一切女子是我母,唯愿天下人都能像亲族一样互相结缘,互相帮助,共同成就因缘。

结语

除了我的出生地与参学的道场,与我一生相依的,就是我出家的道场——我的祖庭"宜兴大觉寺",它更是我的故乡。五十年

俯瞰座落于江苏宜兴的佛光祖庭大觉寺

来，我在世界各地兴建了二百多所佛教寺院，弘法安僧。在台湾，我为佛教建了佛光山寺为总本山，北美洲的洛杉矶西来寺、南美洲的巴西如来寺、非洲的南华寺、欧洲巴黎的法华禅寺、澳大利亚的南天寺、新西兰的奥克兰佛光山、日本的本栖寺、马来西亚的东禅寺等，都是各地的本山道场。

感谢各种因缘，尤其大陆政府，让我回到江苏宜兴西渚镇来恢复我出家的祖庭。我把它命名为"佛光祖庭大觉寺"，意思是我们全球佛光人共同的慧命之家，我们共同的祖庭，信仰传承的根本发源地。

这些年来我感到欢喜与荣幸的是,扬州市的许多领导们都到过台湾佛光山访问,他们送了我一些江苏省市的历史文件、扬州八怪艺术文物品、扬州的漆器、剪纸等,这也算是让我对扬州故乡做个补习了解吧!

一九四九年,我二十三岁,从大陆到了台湾,台湾人说我是大陆来的外省人;一九八九年,我六十三岁,从台湾回到大陆,大陆人却说我是台湾来的和尚,到底我是大陆人还是台湾人?

因缘际会的人生,行履至此,我想,"地球人"更能表达我此刻的心情吧!

花開四季
香傳十方

我的外婆

我的外婆虽渺小如宇宙的微粒浮尘,
但在我的心里,如巨星的光辉;
她陪我走过战火,祖孙两人相依为命,
四处流浪逃难。
我感谢我的外婆,抚养教养我的恩德,
她的慈善言行,她的正义勇敢,
她的不和人计较的宽大心量,
让我看到传统妇女,
她们勤练忍耐里是洋溢着大智慧;
在为亲人家族的付出中,
她们所持守的是无怨无悔,
不求回报的菩萨心肠。

> 摇啊摇,摇到外婆桥。外婆叫我好宝宝,
>
> 外婆问我爸妈好?我说爸妈好,外婆微微笑。

在记忆的摇篮里,摇啊摇,摇回我童稚无忧的时光。外婆是我人生中第一个尊敬的人,她如同万能的天神,口袋里变化出糖果饼干;她温柔的话语,如同温暖烛光下那尊观音菩萨,抚慰我幼小的心灵,陪伴我走过兵荒马乱,亲人离散,而能身心安然,无有恐惧。

我一生最怀念的是外婆,现在只要眼睛闭起来,外婆礼佛的身影,脸上慈祥的笑容,都非常清晰。太虚大师也是由他的外婆带大的,他在《五十生日感言》的文章中提及"我母之母德罕俦",对外婆的感念,我颇有同感。

我的外婆——刘王氏（李自健绘）

人都有偶像的观念，而外婆是我一生最敬重的人，也是我的偶像。她没有读过书，甚至没有名字，她贤良、勤奋、温顺、敦厚、慈祥、助人、和蔼可亲，从不说人的闲话……这许多美德，影响了我的一生。外婆是集合中国女性美德的缩影，更是我记忆中最温馨的回忆，最美丽的一道彩虹，人生旅途上，一颗最闪亮的明星。

这些年中国大陆、欧美等地区，都曾传出雪患的灾情。雪，对我是不陌生的，弘扬佛法云游一甲子，世界各地的雪景，我都有幸观赏过。但生命中有一场雪景，是再美的风景都比不上的。这场绝美的雪色，那是七十多年前在故乡的扬州，外婆还在我身边的日子。即使昔日物资如此简约，环境如此鄙陋，但外婆给予我的一切却是丰盛无比。

冬天雪花飘飘,外婆到菜园里锄菜。勤奋的外婆,天还未亮就安静地下床,怕吵醒沉睡的我,一个人到菜园采收,再挑到街市买卖。感觉光线透进窗口后,外婆笑呵呵地带回热热的烧饼油条。

"快趁热吃!"屋外的雪花在飘,我口里的烧饼油条胜过山珍海味,坐在板凳的小人儿,像个王子快意地享受外婆给我的疼爱。

夜晚一灯如豆,外婆轻轻地吟唱经文,向她心目中崇敬的神明跪拜祈祷着。外婆吟唱经文比河流更悦耳,她虔诚的身影,散发的光彩,就像肃穆的神明,就像慈悲的观音。

严冬酷寒,细心的外婆,会用暖炉烘暖被子后,再唤我钻进去睡觉。

数十年后,我住过五大洲舒适的旅馆,看过全世界最棒的雪景,但我多么希望再回到童年的小屋子,那里有外婆。屋外的雪花纷飞,屋里的外婆,用她的爱,为我挡住所有的风雪。

记忆里听外婆说过,她姓王,嫁给外公时十八岁,以后就以"刘王氏"为名。她笃信佛教,一生茹素,到现在,连我都搞不清楚她信的佛教是什么宗派,也不是净土,也不是禅宗,现在想起来,应该属于民间的善门社团。她也拜过师父,但师父不是出家人。

记忆里,外婆每个月都会多次去参加各庵堂的信徒集会,叫做"上供"(在一个厅堂里举行,供碗堆叠起来像一座山一样叫一供),有一堂一供、一堂三供,或是一堂五供,几堂几供,任人随喜发心。主要的斋主就跪在供桌前,其他的人,就站在两边。外婆带我去参加过,念什么也记不得了,印象中是些善书诗偈,念着"叫你修来你不修,变个老牛拉轭头";"善似青松恶似花,看看眼前不如他,有朝一日遭霜打,只见青松不见花";"前生穿你一双鞋,今生驮你十里来"等等,庵堂里回荡着善诗的吟诵,像海潮似的声音,听起来很好听。

我最初信仰的启蒙,外婆是最重要的因缘。

当时很少看到出家人,但是外婆很尊重出家人,她常常告诉我:"三宝最好,三宝最重要,三宝功德无边,做人要尊敬三宝。"我当时根本不懂三宝,只知有观音老母。

外婆去参加上供,我偶尔会跟随她去参加,也因为这样,在四五岁就学会了《般若心经》,也懂得要吃素,我的性格和外婆比较接近。有时候,没有跟随外婆出门,她从外面回来会带一包的饼食回来,我就在门口等,所以我知道台湾话"等路"(伴手礼)是什么意思。能够分得到一点供果,也算是有一点地位的,就等于是现在说的"功德主"。给我的印象是,她带东西回来,没有给我感觉到她盛气凌人,她是高高在上的施主,她很伟大。感觉她是很慈祥,很体贴安详地拿给我们吃,让人吃得很有尊严、很温馨,不是一种赏赐。她的劝善不是买卖性的,是没有条件的。她不会说:"你吃了要用功,吃了会开智慧,吃了会很有功德,吃了会消灾,吃了会健康⋯⋯"她带回供果,就是很欢喜地分给我们。日后,我才稍稍懂得,外婆为我示现布施要做到"自他欢喜"的身教。

七八岁时我与外婆长住的时候,她已经五十多岁了。她二十岁生我的母亲,我的母亲二十五岁生我。为什么会去跟外婆住?因为我很喜欢我的外婆。

从小我学到外婆的勤奋、正派、勇敢、不计较。在家里,虽然不是排行长男,但是家里的人都重视我,对我的发言,对我的意见,都会尊重。现在回想起来,是由于我的正派,我的懂事,我不顽皮,才让家人接受。我母亲喜欢打打小牌,赢了钱,是春风满面,输了钱就不是了。她身体不好,所以从小我就会煮饭、煮菜给家人吃,没去计较谁要去煮。对于家事,我自认我是认真用心地学习。像煮早餐,早上起来,一把米放到锅里煮,煮得快烂了,再把面糊放进锅里头,吃起来也有几粒米,叫"糁籽粥"。配一点萝卜干等咸味的东西。假如"糁籽粥"馊了、坏了,我也会处理,就到田里割一些韭菜回来,洗一洗,混到锅里,把异味消除掉。

到了中午,没得东西吃,就继续吃"糁籽粥"。如果妈妈上街,就买一些菜、饭回来。虽然我不到十岁,煮饭给家人吃是难不倒我的。这项乐意为人服务的个性,也是遗传自我的外婆。不过大部分都是外婆买来煮给我们吃,因为,外婆疼爱我们,小孩吃饱了,外婆要离开时,我就跟着回到她的家了。

外婆离我妈妈家很近,很早就一个人独居,但她没有独居老人的悲观落寞,每天精神奕奕,天未亮就到菜园工作,帮街坊邻舍排忧解难,到善堂去共修……屋里屋外,始终是窗明几净,我常常感觉在外婆的家,像童话故事仙人的住处,四周飘着有五色的云彩。

一九三一年左右,我的大舅母被大水淹死了,后来大舅又讨了一个后舅母,性格凶悍,后来就分家出去了。外婆和二舅住,二舅不大在家,他是个牛贩子,现在的话叫做"牛的经纪人",就是牛在买卖的时候,专门帮人家评鉴这头牛值多少钱。在那个时代,牛是一家的财产,人家要买牛,就找他看一下。他为人敦厚,是一个老实人,我比较喜欢他。

三舅能活到近九十岁,实在了不起。他先在国民党,后来在"和平军",再后来又在日本兵里工作,之后又在游击队,跳来跳去。我记得他最高做过"乡队长",很神气,但我不喜欢和他亲近。

外婆与二舅的感情好一点,二舅也比较孝顺外婆,基本上当时外婆等于没有儿女了。因为外婆三个儿子,各自成家立业,也各有各的路要走,因此,外婆离开他们的依附,早早就独立。不过她本来就是一个独立的人,也许由于我外公的早逝,让外婆看透人间的无常,内心坚强起来。外公是做裁缝的,在我五六岁时,外公就逝世了,当时不懂,还在玩闹,不知道什么叫做死亡,只觉得他怎么老是在睡觉?记忆中,外婆面临外公的死亡,并没太激烈的惊慌,只记得她轻声地哭唱着,像悠悠的祭文:"你为什么狠心抛下我,叫我一个人怎么办?"哀而不伤,但让人感受夫妻之间情深义重的想念。我会和外婆住,是祖孙两人习性相近,她也是得其所哉。

不识字的外婆,是个有见识的人,坚持让我受教育,送我去念书。

记得,第一天到私塾书馆去念书,念了一个字:"人"。这个"人"字,对我一生影响很大。我把"做人"列为最重要的课题,试想,一个人做得不像个人,说的话也不像个人,再严重一点,礼义羞愧之心都没有,所谓的"人面兽心",人到了已经不像个人,那多没有价值呀!第二天,再学"手、足、刀、尺、山、水、田、狗、牛、羊……"这些念诵的单字,都是生活上具体可见的实物,先生从我们看过的东西教起,这样的教育方式很有成效。

外婆送我去念书,一天要给四个铜板。十个铜板一角钱,也就是每天交四分钱。外婆每天给我四分钱交给老师,四分钱给我吃早餐,二分钱一个烧饼,要吃二个才饱,天还没有亮就去念书了。

那时候念书念的是《三字经》、《百家姓》、《千字文》等等,都要背书。由于战乱,时常要更换上课的场所、老师,课本也是有一课没一课地学习。由于学习无法连贯,加上也没有大人可以温习课业,课文就不容易会背,经常记不起来。我记得有一次,明天要背书了,老师也没有教内文,教了也记不得,吓得晚上睡不着。我就慢慢体会睡觉前回忆所念的书,嘴不动,苦思,醒来起床之前回想一下昨天晚上所想的,就记得了,这是我发明的"睡眠记忆法",百试不爽。

那时候,战乱贫穷是社会的普遍写照。有钱就拿四个铜板去念书,没有钱就去不了。老师也谅解,他不会问你昨天为什么不来,他知道你家里没有钱。外婆给过我几次钱去读书,因为后来战乱、打仗、迁徙……难以有完整的学习环境和进展,但不论迁徙到哪里,她都会想办法找到私塾供给我读书。那时候,我不大懂,有读、没读无所谓,因为我喜欢做家务,扫地、洗碗、抹窗子、整理厨房……

外婆独立自足,从没在她的口里听到过她怨儿女的不孝,叹时局命运的不好,不论环境人事如何的险恶艰难,外婆总是安忍如一座山,平静如一泓泉……外婆的"忍功",潜移默化了我的性格,让我在青年时,只身渡海来台,只为一腔弘法的热血,不畏茫茫的未来,这个"忍得住"的性格,我想,是外婆影响了我。

外婆从不疾言厉色,好像也很少睡觉的。她对任何人都是轻言细语,每当夜晚我睡觉了,她还在做晚课,有时候我还没有睡着,她端坐在床上打坐运功,肚子就"哗啦哗啦"翻江倒海地响着,有时候还会给声音吵醒。我就问她:"外婆,您肚子的声音为什么这么响?"她说:"这是功夫啊!"

我离开大陆前曾回到家乡去看她,问她:"外婆,功夫有在吗?"外婆说:"当然,功夫怎么能丢了?"那时候外婆应该已经六十几岁了。我自以为懂得一些佛法了,刚刚有日本的飞机从空中飞过,我说:"外婆,飞机引擎声更响,那生死能了吗?对烦恼能解脱吗?对道德能增加吗?"外婆听完,脸色都变了。那时候的我,洋洋得意,自以为是受过新式教育的人,念了佛学院,并且在外面参学,我所知道的大和尚们的肚子都不会叫,他们都是讲究要道德、要慈悲、要有智慧。

数年后,我才惊觉,我的无知,我的残忍。外婆的"功夫"是她几十年一生努力所成,我摧毁她心目中信仰的"成绩单",我的得意换来她的失意,是很不应该的,我对外婆感到很抱歉。

信仰是超越言语文字的,外婆虔诚礼敬,举头三尺有神明,有善恶报应的观念,能行善助人,我想,比一个知识分子自私自利、只想图利自己的心高尚神圣多了。外婆,她到底是一个有信仰善根的人,虽然不识字,但《金刚经》、《普门品》、《阿弥陀经》都会背诵。很多的偈语,她也都会唱,也唱得很好听。

她对我们的教育,是一种鼓励的教育。她也不会指使我们要怎么做事,但是在我们工作中,例如:我扫地的时候,她就会说:"有志没志,就看烧火扫地。"让人听了很欢喜,觉得要扫得更好、更干净。一般人认为洒扫是"鄙事",外婆视为是一种"品人"的方法,能不能成就,要从小地方着手。近年大企业在用人时,也都是从小细节观察一个人有没有用。有个公司在应征新人,以摆放在门口的鞋子有没有整齐,作为录用的标准。他们的观点是:"连双鞋子脱下来都摆不正的人,如何放心交给他重要的任务?"

外婆经常带糖果回来,有时候我也会拿一颗糖给别的小孩,她见了也很高兴,会满面笑容地说:"能分一点给别人吃,你很好啊!懂得结善缘!"外婆鼓励我把拥有的分享给别人的教育,我觉得现代的父母如果能教小孩把玩具、糖果,甚至把故事书、零用钱也分给贫穷的孩子,培养小孩"给"的性格,那么,我们的社会是个温暖互助的人间净土。

有时候,卖小鸡的来了,她鼓励我:"你买一只!黑的、白的、花的,给你选。"帮我出钱,让我自己养。我养了几次小鸡、小鸭,细心地照顾它们。她看出我对小动物的爱心,告诉我:"你要爱护它,不要给它饿肚子哦,要给它有地方住,给它睡觉。"她教我要爱惜生命,外婆的"生命教育"是成功的,让我看到一只缺嘴小鸡,会替它

邻家有个小女孩患有小儿麻痹症,外婆叮咛我不可以欺负小女孩,她说残缺也是一种美丽(沈祯绘)

心疼流泪。如果我们的生命教育培养出的小孩心地柔软,懂得爱惜小动物,那么自然对人不会侵犯,不会去伤害人的。

记得,邻家有个小女孩患有小儿麻痹症,常被一些顽皮的孩童欺负,嘲笑她,甚至用石子丢她。外婆叮咛我:"你不可以欺负她,不可以看不起她哦!残缺也是一种美丽。"是呀,外在的残缺还可以补救,心灵的残缺,像贪嗔痴,忘恩负义,对人的苦难没有慈悲心,这样的心灵残缺比肢体的缺陷,更让人痛心。

卢沟桥事变后,南京发生大屠杀,波及故乡扬州,日本军人四处放火杀人。外婆家很大,必定成为战火下摧残的目标。她召集家族说:"不要同归于尽。"意思是说:"你们都往后方逃难吧,让我留下来,我来看家。"她已经计划要牺牲了。外婆一介弱女子却不输巾帼英雄的气概。当时,我感觉,外婆像大厅堂的神明,那样地伟大、崇高。

日本人轰炸家乡,把房子都烧了,四处有很多的破铜烂铁,外婆从废墟里把它捡回来,重新再使用。她叫我们要爱惜、要节俭。外婆说:"破铜烂铁也能成钢!"她教我不要只看到表相上的"无用",要能看到"无用的大用"。外婆的"慧眼",看出破铜也具有钢铁的质地,让我在日后课徒或弘法度众的历程中,不轻易舍弃一人。

一九三七年十二月十五日,年冬岁残,我扛了一条被单,在大雪飘飘中随着人潮逃难,第一站到兴化。第一天就住在一个善人的寺庙里,没有出家人,蛮清幽的。里头挤满了逃难的人,已没得地方住,就给我们住在水车棚里,我们几十个人,就在那里安身,棚里的空间很大,绰绰有余。逃难的人如惊弓之鸟,有栖身处,大家都万分感念这份萍水相逢的恩情。至于当时厕所、洗澡的问题怎么解决的,已经不复记忆了。

当时,我们随身都带一个锅,随地两块砖头一放,随便抓点草啊什么东西来煮,填饱肚皮不为难也。冷天,大伙拾柴烤火取暖,还算能度日。遥望一百华里以外的南京城,火光冲天,布满整个天空。

就像杜甫的诗句:"烽火连三月,家书抵万金。"这场战火不知要延烧到何时？留在家乡的外婆可否平安？虽有母亲在身边，但小小的心灵，我还是时时记挂着外婆的安危。只是不敢开口询问，怕给母亲担心。不知过了几天，外婆找到我们，来到水车棚。

劫后余生的外婆，告诉我们她一路惊险的情况，她怎么逃出日本兵的枪炮刺刀。她说，日本人一到，就烧我们的房子，在门外围满了稻草，眼看就要把她烧死。那个日本人正要擦火柴时，刚好另一边有个日本兵大声地叫唤他，他赶紧放下火柴，跑上前去。外婆就趁"千钧一发"之际，逃开这场火劫。

两天后，外婆不放心家里被烧得怎么样，想回家看看。那时候我十岁，我跟外婆说，我跟您去。外婆最初不答应，禁不起我的央求，我和外婆一起回到家。家里的屋子还在烧着，都过了大半个月后，为什么？因为有黄豆、米谷在焖烧。

后来日本人又来把外婆抓去，我在后面追赶，日本人就踢我、打我。她近六十岁的老人，日本人抓她去煮饭，我二度和外婆失散，认不得路，回不去逃难的栖身处，自此过着流浪乱走的日子。

当年我才十岁，和外婆走散了，心里很想念外婆，但很奇怪的是，我并没有害怕。因为，只要回想和外婆住在一起的清晨夜晚，外婆买回的烧饼油条，外婆在如豆的灯下，安详地诵着经文，这些画面和声音具有强大的力量，让我感觉外婆还陪在我的身边。

这一路上，我看了很多的死人，人间无数悲惨的情况。你问我吃什么，我现在也不记得了，可能沿路有善心人，给我一点米粥吧。乱世的悲歌，不是现在太平岁月的我们可以想象的。那时候，我看到一条狗，狗子在吃死人，把整个死人掏出来，啃着咬着，肚子的肠子都没有了，只剩下两只手、两条腿、一个头。江面上，露出一具尸体，头朝下，两只脚朝上，心里想，怎么会这样？再看下去，看到一堆一堆的尸体，也不腐烂，因为是冬天，都冰冻了。

过了几天，外婆找到我了。外婆说，日本人把她丢到河里去，好在外面穿着棉袄，沉不下去。流着流着，抓到一条船的铁链，就在三民桥的地方，看到一个帮日本人翻译华语的同乡，她急忙地向他挥手，那个人看到浮沉在大运河里的外婆，赶快向日本人示意，说外婆是他认识的长辈，日本人就帮忙把我外婆拉上来了。

抗战时期，外婆为了爱护家族，誓守家园，差点葬身火窟。逃出家乡后，找到我们的水车棚，后来，又被抛到大运河。外婆逃开"火劫水难"两大灾祸，似乎冥冥之中有神明的保佑，而我想，这是外婆平时助人为善，才可能有奇迹的发生。这些点点滴滴的往事，多年后我才悟到，外婆在诉说时，平静无奇，好像在说别人家发生的故事，一个不识字的妇女，却具有无比的勇敢和智慧。为了家庭，为了亲情，走过暗暗的长路，如果不是她的信仰给她依靠，她对家庭的责任，她怎能当下决断，要疏散家族，要我们不要"同归于尽"。现在忆想起来，对外婆除了有深重的敬佩，还有一份感恩不舍的心情。

日本人在我们家乡见人就杀，后来由地方上的士绅组成的"维持会"，出来跟他们交涉、协调，要他们不要再杀人，答应供给日本人所需，这样才停止无辜的杀戮。

战火稍微平息后，眼见住房都烧掉了，母亲卖了一块田，建了一排大约六间的草屋。家里没几个人，外婆就跟我们一起住。

我应该是在那个时候，学会了"不怕"。不怕鬼，怕人；不怕死人，怕活人。我在死人堆里都能够跟他们睡觉。我的勇敢、沉稳，除了时代的洗礼，战争的磨炼之外，应该还要再加上外婆的"身教"。

面对这种艰苦的生活，或者是受了外婆的影响，我很勤奋。

最初是捡铁钉来卖,还能卖一点钱。后来就捡桃核、杏核,可以卖给药房做药。也捡洋片(香烟盒里的纸片,可以把香烟撑持住),洋片上都画了一些历史故事。现在"金玉满堂"教材卡片的构想(为弘法布教的图文教材,有十二套,一千二百张卡,有法语、古德语录、佛光菜根谭、佛光祈愿文等),也是有一点来自这洋片的构想。

那时候儿童的游戏,就是把桃核、杏核拿来玩,还有像丢手帕、老鹰抓小鸡,官兵抓强盗……小孩总会贪玩,有时候迟归了,心也会慌会怕被大人责怪。外婆总是站在门口等我,昏暗的天色下,我的外婆像黑夜的灯塔,指引着我。

"洗手,吃饭去!"

外婆没一句责骂呵斥,从未疾言厉色,只问我吃饱,关心我的衣服穿得够暖否。

外婆的长处是腌酱菜,因此经年累月家里都不用去外面买菜。那时候,生活贫瘠到甚至看到油就想喝一口,现在生活富裕,没有油水是怎样的日子,大家是想象不到的。没有油水,吃什么都会刮到胃,涩涩的不好吃。

我早晨捡狗屎,傍晚去拾牛粪,狗屎做肥料,牛粪做燃料,卖给人家。那时候能赚钱,心里也很高兴。我赚的钱,外婆要我交给母亲,因为母亲要供应全家生活所需。外婆教我要报答父母恩,要我懂得母亲的辛苦。

以前我不敢告诉人,觉得拾牛粪、捡狗屎,是在做一些卑贱的事;现在敢说了,因为,以现代人的角度来看,这也是一种环保,更是教导小孩如何懂得"人间生活不易",能为家庭分担,能自立工作,才是有尊严的人生。

外婆为人公平公正,人家有什么事,都来请她评个理。她有这种能量,人家跟她讲什么,她讲一下,大家都能欢欢喜喜地回去。尤其我印象深刻,我的大舅母很不孝顺,常常对外婆大声、忤逆、无理,邻居看不下去,和她说:"你的大媳妇非常不孝哦!"外婆很温和地回答说:"不会啊!她对我很好呀,有时候我去她家里吃饭,她会请我上座,还帮我夹菜。"此时,我的大舅母正在门外,听到了外婆的话深受感动,后来脾气改了很多。因此,我在佛光山大悲殿外刻《普门品》的壁画:"或值怨贼绕,各执刀加害;念彼观音力,不能损一毛。"若人持刀枪来了,慈悲对她,刀枪就没有了,说的就是我外婆的故事。

我的外婆是大脚,穿青布衣。一个何其平凡渺小的老太婆,她虽渺小如宇宙的微粒浮尘,但在我的心里,如巨星的光辉。

外婆陪我走过战火,祖孙两人相依为命,四处流浪逃难。看见那些尸体,就想起一句话:"当初永定河边骨,都是深闺梦里人。"路边的死人,都被野狗吃了,很可怕。外婆怕我心灵受伤害,就告诉我"面对死亡,不要惊慌"。

外婆的一生,她从信仰里得到安住身心,从慈悲里面找到自己存在的价值。

外婆常常赞美我,"从小一看,到老一半","李家的这一棵树,就看你这颗李子红了。"意思是,看一个人小的时候怎样,就知道长大以后是什么样子了,也是鼓励我要上进的意思。

我十二岁出家后,十八岁时曾和外婆见一面,这五十年来就没有再见过外婆。一九八一年,我和弟弟国民在美国见面,他说,外婆在我离开大陆不久后就往生了。料想不到,十八岁那年一会,竟是和外婆天人永隔。

记得,最后一次看到外婆,她坐在一棵树下,手里一面做着针线,那么年老了,还是闲不住。一面跟我讲:"我的身后事,靠你那几个舅舅是没有指望了,希望我把后事都交代给你。"我那时候年轻,不懂什么叫后事。不过心里想,外婆交代的事我一定照做。想不到,海峡两岸一相隔就是数十载,十年生死两茫茫,不思量自难忘,外婆就算隔了多久的岁月,她安详的面目,她慈悲的言行,都清楚地浮现在我的眼前。据大陆的家人说,外婆是在一九四九年后的三四年往生的。

我当时以五千元美金,托国民弟返乡时为外婆建塔纪念。一九八九年回乡探亲,国民弟没有遵守我的托付为外婆建塔,只盖个纪念堂。纪念堂中间挂着他刚逝世的妻子秀华的遗像,我为外婆感到委屈,外婆疼爱我们的情义,帮助多病的妈妈照顾我们的三餐,难道这个恩惠,我们可以不回报吗?记得有首诗写着:"记得当初我养儿,我儿今又养孙儿;我儿饿我由他饿,莫教孙儿饿我儿。"这是天下父母心,难道后代儿孙,连起码反哺亲恩的心都没有了吗?

外婆唯一一次入梦来。我对着来来往往的路人,焦急地询问:"有看到我的外婆吗?"我到了一间宽大而破旧的屋中,一个壁橱里见到了外婆。她面黄肌瘦,好像不愿再看这世事沧桑,双目紧闭,面无表情。我向前握住外婆的手,外婆微微地张开眼,像是很意外的样子,从橱柜里一步一步走出,沉默地对我,只是摇头叹息。我想,外婆心中一定有很多话要说,只是旁边站了人,那是慧龙、道悟、杨慈满等,我支开他们。外婆说:"人间有不同的人,树上结不同的果子……"再没说什么,就快步在云雾里飘散了。我立即大叫:"外婆!外婆!"醒来,才知是一场梦。

二〇〇七年,寒山寺赠送"和平钟"时,我写了一首诗:"两岸尘缘如梦幻,骨肉至亲不往还;苏州古刹寒山寺,和平钟声到台湾。"写这一段,不禁想到与外婆杨柳树下一别竟成永诀,不禁泪眼潸潸。至于外婆葬在哪里？只有一句"踏破茫海无觅处,不知何处葬外婆"来说了。现在回想起来,如果我们没有外婆,我们都要饿死的。

我的父亲应该是在我十岁时外出经商,卢沟桥事变后,在南京大屠杀中殉难。那时候,如果没有外婆的扶助,多病的母亲是养不活我们的。

我外婆有一弟二妹,其中一位妹妹是出家的比丘尼,我们叫她"师公",我也曾在她的庵堂住过一个月。还有我出生不久后,拜一位庵堂的比丘尼做师父,因为按照家乡习俗,小婴儿拜个"师父"比较容易平安长大。

十八岁那年,这位我婴儿期的比丘尼师父,请托外婆,一定要和我见一面,我不肯,我和外婆说:"我是比丘,不能认比丘尼做师父。"外婆似乎听不懂我的说明,还是再三地要我和这位比丘尼师父见一面。我无法推辞掉外婆的好意,只好退让一步,告诉外婆说:"我可以和她见面,但不要和她说话。"这段和婴儿期的比丘尼师父十八年后再见的情景,已渺渺不复记忆了,因为我的心中装满了外婆温厚的话语,还有她信守对人承诺的诸多忍耐,当然是装不下其他人事印象了。

我出生后"拜师",应该也是我外婆的意思吧！外婆有所用意地为我"穿针引线",我想,这是外婆希望把我接引到三宝门中,可免受战争无情的苦难,远离人间无常的折磨。

外婆是万能的,让我童年的夜晚,不惧怕鬼怪野兽,有了外婆,我什么都不怕。

初出家那几年,佛堂供奉的观音菩萨常常变换成外婆的面貌,外婆安详温暖的话语,常常让我想念,使我在午夜梦回时,泪湿枕巾,不知何年何月能与外婆重逢?

现在我八十多岁了,外婆去世已经近一甲子,外婆笑容可掬的神态,至今还刻在我的心版上。外婆并没有离我而去,她温顺、谦恭、柔和、勇敢、承担,她的与人为善,她的给人欢喜……这些精神思想,都流入我的身心血液了。

我想起外婆腌渍的酱菜,坛口封得紧密的渍物,经过时间的等候,入口最为香脆,人又何尝不是如此,沉得住、耐得住,才会有所成的。外婆从善堂带回果品,让我稚嫩的心灵种下佛缘。因此,我鼓励佛光山派下的别分院道场,在法会或活动时,要备办结缘品分给大家带回去。因为带回的不是糖果、饼干,而是有礼佛敬佛心意的芳香,这若干的果品,散到哪里,哪里都会为众生种下妙因善缘。

我想念外婆肚子"哗啦哗啦"的声响,那是她引以为傲用信仰成就的神功。当我写这篇文章的时候,深深地生起对外婆忏悔的心情。当年自以为了不起有学问,无的放矢的轻率言语,伤害了外婆的信心,也让温柔敦厚的外婆黯然神伤。

我感谢我的外婆,抚养教养我的恩德,最要紧的是,她的慈善言行,她的正义勇敢,她不和人计较的宽大心量,让我看到传统妇女,她们勤练忍耐里是洋溢着大智慧。在为亲人家族的付出中,她们所持守的是无怨无悔,不求回报的菩萨心肠。

"偶像"是内心崇拜的圣贤,外婆的慈悲,从不疾言厉色的温柔,她贤惠勤劳,是我幼年时的偶像;她的仗义执言,常为左邻右舍排难解纷,更是我童年时的英雄。

童年扬州的雪景不复再现,我与外婆共住的小屋已人事全非:外婆当年被抛入的河流今日犹在,立在桥边的我,望着流不断的水流,遥想那时候外婆豪迈的语气,述说她逃过日本兵的英勇经过。今日忆及,除了缅怀感念,还有一份对外婆的疼惜与不舍。

六十年悠悠过去,外婆的形体虽遍寻无踪,但我视每位长辈为我的外婆,让外婆活在我的心里,长长久久的……虽然我与外婆已生死隔绝,长大成年后,我不断有新的偶像群,但外婆永远是我生命中第一个偶像。一座森林,如果没有最初小小根芽支撑着、呵护着,提供它们所需的养分,怎能有希望长成枝繁叶茂、绿意遍洒的丛林呢?

外婆的音容、形象、精神已深植在我的心田,感谢有外婆,让我结下深厚的佛缘;感谢有外婆,让我童年时学习到爱护生命,懂得勤奋精进,无私地奉献自己的热心热情,六十多年来,无怨无悔地弘法利生。

滴水之恩,湧泉以報

我的母亲
——徒众们口中的老奶奶

二十五岁的母亲,
怀胎十月生下了我的身体。
现在,七十年后,不到一分钟,
母亲归于熊熊火光中。
母亲好像一艘船,载着我,
慢慢地驶向人间,
而我却像太空梭,
载着母亲,瞬间航向另一个时空世界。
母亲,在风火光中,
青色青光、黄色黄光、赤色赤光、白色白光的圣莲,
请您稳稳地坐好,
不要挂念这个世界,
不用担心您的儿孙。
跟随着光明步向莲邦佛国。

我的母亲,大家的老奶奶,于一九九六年五月三十日凌晨,于美国惠提尔医院安详辞世,享年九十五岁。虽然时隔十余年,但母亲的气度、慈悲、智慧、侠义的行谊,至今仍是我最初与最佳的老师。她曾说,平生她最引以为傲的,就是她把我送给了佛教,送给了大家。

　　回忆未必都是怅然与苦涩的,我的母亲留给我的回忆始终充满着美好的思念。由于要编写《百年佛缘》,帮我记录的徒众希望记下一些有关我的生活,我的情感,我的学习,我的信仰,乃至我个人数十年的琐碎忆往,让大家可以近距离,看到更真切、如实的我。我这一生没有上锁的抽屉,没有不给人知道的去处,没有不可告人的事情,这样坦荡荡的性格,我想,应该是源自我的母亲的身教。

　　记下这些零碎的忆往,述说我的母亲,

我的母亲——徒众们口中的老奶奶

在美国为母亲拍摄的生活照

大家的老奶奶,也是向天下的母亲及伟大的女性致敬,因为有您们,这世上增添许多善美与感动。

母亲迎接我出生,我为母亲送行

> 历经民国缔造,北伐统一,国共战争,吾母即为现代史;
> 走遍大陆河山,游行美日,终归净土,慈亲好似活地图。

这是我在一九九六年,为母亲写下的一副挽联。

我虽是个和尚,但也是个人子,想要尽孝的心与天下所有的儿女是一样的。守在灵前,我深深地凝视着母亲:皤皤的银丝,整齐地衬托着她安详的容颜,使我忆起小时候守在床边,等待母亲起床的情景。

于南京雨花精舍为母亲讲书

这一次,我的母亲,她终于放下了一生的苦难,一生的牵挂,一生的辛劳,和我们告别了,她完成教养儿孙的责任,她要永远地休息了。

我的母亲,刚毅里有其为人设想的温柔。就在她往生之前二十分钟——一九九六年五月三十日凌晨四时,在美国洛杉矶的惠提尔医院中,她不放心地叮咛陪伴在身边的时任西来寺住持慈容法师:"谢谢你们为我念佛,我现在要走了,千万不要让二太爷知道,免得他挂心。"("二太爷"是母亲对我的昵称。)

我经过十几个小时的飞行,看着飞机窗口的白云,母亲,我来了,您要等等我。从台湾赶到母亲的身边,我看着闭着双眼的母亲,请求母亲的谅解,请原谅孩儿的不孝,虽然您苦心吩咐不要让我挂心,但我也知您的心:您是多么渴望在一生的最后一刻,让我握着您的手送您一程。

记得我曾和母亲报告,在台北佛诞的法会上,有两万多人听我讲话。她露出骄傲的表情,高兴地笑说:"两万人听你讲话,但是你得听我一个人讲话。"现在,我只有用"心灵传真"说给她听了。

我遵照她的遗愿,不让人知道。四天后,六月三日星期一上午九点,我们把她送到西来寺附近的玫瑰岗公墓火葬。

在众人诵经念佛声中,我轻轻地按下了绿色的电钮,一阵火、一阵风、一阵光,永远地送别了母亲。

当初,二十五岁的母亲,怀胎十月生下了我的身体。现在,七十年后,不到一分钟,母亲归于熊熊火光中。

母亲好像一艘船,载着我,慢慢地驶向人间;而我却像太空梭,载着母亲,瞬间航向另一个时空世界。

母亲,在风火光中,青色青光、黄色黄光、赤色赤光、白色白光的圣莲,请您稳稳地坐好,不要挂念这个世界,不用担心您的儿孙。跟随着光明步向莲邦佛国。

我心中默默地念着:

娑婆极乐,来去不变母子情;
人间天上,永远都是好慈亲。

从玫瑰岗回西来寺,突然觉得少掉了很多什么,又增加了很多什么。在心理上,虽然我早有预备,但仍免不了浓浓的怀念。生死是世人解不开的谜,佛陀当初领导着信仰他教法的弟子,要解开生死的秘密。很多徒众、信徒关心我丧母的悲伤,但我感觉:生者何尝生?死者又何尝死?一世的生死不过是永久生命的某个段落而已。那一年,我记得心定法师捧着母亲的灵骨,我抱着母亲的遗像,回到佛光山,举行了怀恩法会之后,那个夜晚,母亲一生的语笑,慈爱的影像不断回旋于脑海。为了纪念母亲,我想要谈谈几件母亲的行谊。

勤俭知足的母亲

母亲出生于江苏扬州一个乡村的贫苦家庭,也因此养成一生勤俭的习惯。没有念过书、不识字的母亲,却经常口诵一些令人深思的诗句,例如:"荷尽已无擎雨盖,菊残犹有傲霜枝",就是数十年前听她诵念的苏东坡诗句。事实上,不只口念、心念,母亲甚至以一生的生命来实践这些诗句。所以上至天文,下至地理,她几乎都能随口说来,也就不足为奇了。

童年跟着母亲过苦日子,乐观的母亲,虽贫穷却也不苦,我从未见过她为贫穷烦恼忧愁。她常告诉我们:"一个人要能'贫而不穷',见到琳琅满目的物品,只要你不想买,你就是富有的人。"基于这样的理念,她一生不好买,也不好添置物品。有几次,家里的钱比平时多了些,她立即拿去换了很多零钱,随缘施舍,以施舍为富。她的理由是:"一文逼死英雄汉,一文也可救英雄。"

经常,家里都是家徒四壁,无三日之粮,但她一点都不挂碍,照样到处为人排难解纷。只要听到某人有困难,或有人上门诉苦,她立即胸膛一拍,保证为对方效劳。有一次,邻居的媳妇被婆婆欺负,哭闹着要回娘家,母亲告诉她:"你婆婆刚才来过,都说你好话,说你贤惠,说你勤俭,说你会持家,怎么你现在倒怀恨起婆婆来?"媳妇听得目瞪口呆,从此婆媳和好,再也没有类似的问题发生。

母亲对饮食的需求很淡薄。童年时期,家中因为经济能力无法购买大鱼大肉,但在多年前母子联络上时,七十七岁的母亲,看来仍健壮高大。很少人相信,在"文革"时期被定为"黑五类"(因我在台湾的关系),每个月收入只有人民币十一元,三餐不饱的母亲,她依然是健康良好。

我想,应该是母亲不贪求饮食为生命的养分,她以对人的热心相助、见义勇为、乐善好施为营养。

二十多年前,有机会把母亲接到美国奉养,我满心欢喜地准备各式素菜孝敬她老人家,谁知每一餐她的筷子动来动去,永远只是豆腐乳、酱瓜两样,配上稀饭,偶尔加上一杯茶,这就是她最中意的佳肴美膳。如果要让营养专家来检验母亲的养生方式,如此简单的菜肴,她还可以健康长寿,恐怕成为医学难解之谜。

她常训诫儿孙:"一个人要知福、惜福,才有福。福报就像银行存款一般,不可随意花用。"对于这些话,她一生力行不渝。在她房间四处取用方便的卫生纸,抽出来之后,她首先把薄薄的两张分开,再撕成四等分,这样至少可以使用八次以上。所以对于有些人竟然丝毫不知疼惜,随意把洁白柔软的卫生纸,轻忽地一抽,就用来抹桌子,真是让她看在眼里、疼在心里,难怪她要皱眉了。

安贫、知足,甚至"以贫苦为气节",是母亲一生最好的写照。

母亲说:她把我送给了大家

母亲一生中有几件得意的事情:其一是她虽自奉十分勤俭,却乐善好施。一九九〇年,终于来到她儿子创建的台湾佛光山,在两万人的信徒大会上,大家热烈地对着她高呼:"老奶奶好。"她一生未曾经历过这样的场面,但她既不怯场,也不慌张,高兴而热络地挥着双手与大家打招呼。接着又用扬州话给大家做了一段"开示",我也临时充当了母亲的翻译员,她说:"佛光山就是西方极乐世界,天堂就在人间,希望大家好好地修行。过去观音菩萨在大香山得道,我希望大家在佛光山得道。大家对我这么好,我没有东西给你们,我只有把我的儿子送给大家。"

佛光山举行信徒大会，我亲自开车送母亲到会场与大家见面，在近两万人"老奶奶好"的问候声中，母亲开心地说："我没有东西给你们，我只有把我的儿子送给大家。"（一九九〇年二月二十五日）

　　亲自把儿子"送"给大家之后，母亲打从心底高兴了起来。我想，如果她年轻时就知道有"器官捐赠"这种事，恐怕连头目脑髓、五脏六腑，统统都会签下捐赠同意书，可能也是因为这一片舍己的慈心。母亲另一件得意的事情就是：外祖母生下她们四个兄弟姐妹，直至外祖母往生，她们四个人都健在，加起来的年龄有三百六十多岁。母亲自己生了四个孩子：长子国华、长女素华、我和小弟国民，平均都有七十多岁，四个合起来也有两百八十几岁。尤其历经"文革"时期，多少人妻离子散、饿死、吊死、自杀、被枪毙……我们这样"黑五类"的家庭，竟然能够每个人都无恙，母亲认为这是仗着佛菩萨的光明,才能平安无事。

除了安贫、知足、惜缘、惜福、能舍,信仰就是母亲一生最深厚的财富。而端庄的威仪、当仁不让的勇敢,则可说是她与生俱来的两种特性吧!

母亲是一部"人学"的经典

可能是受到外祖母身教的影响,母亲一生都注重威仪,所谓"站有站相,坐有坐相",站着,从不晃动身体,坐下来绝不跷腿,而且一生从不依靠椅背,即使坐在床上,也不依靠枕头、棉被。

把母亲接到美国奉养,为她备置一套沙发靠椅,希望她可以坐得舒服些,但是多年来从未见她使用过。

不管任何时候见到母亲,她总是衣着整齐。对于衣服,无论如何破旧缝补,她都不计较,但是一定要穿着整洁。慈庄、慧华等人曾经热心地为她添置了许多新衣,但是她从不轻易更换,母亲念旧与惜物之情,可见一斑。后来我又发现,母亲不重视外形,只重视心意。

有一次,我陪伴着她走到西来寺,我说:"母亲,我们今天改走后门,上去比较近。"母亲回答:"上等人,主人迎上门;中等人,有人接待人;下等人,求人都无门。前门后门不要紧,只要到了西来寺可以看到人。"

在西来寺的佛殿,我说:"我来点香给您拜佛。"母亲回:"不要紧,佛祖哪里要我们的香?哪里要我们的花?佛祖只要我们凡夫的一点心。"

和母亲在一起,通常都是她在演说佛法,我在旁洗耳恭听。有一次我讲《金刚经》,不知道母亲就坐在后面听,等我下来了,她批评我讲得太高深了,怎么可以告诉大家"无我相、无人相、无众生相、无寿者相"呢？"无我相"倒也罢了，如果"无人相"，心中眼中都没有他人，还修什么行呢？

我听了母亲这一席话，哑口无言。同时也领悟到母亲坚持要"有人相"，正是我努力推行人间佛教的注解。母亲随时为我们说法，可以说她是一部"人学"的经典，要我们目中有人，心中怀有众生。

母亲具有勇敢的特性

母亲一生历经许多战争，多次的悲欢离合，几度面临国破家亡，我们兄姐弟四人，没有人看过母亲掉眼泪。

七七事变，日军在卢沟桥发动战争。这一年冬天，战事蔓延到南京，母亲站在扬州的一条公路上，看着自己的家遭日军恣意焚烧，当时还年幼的我，紧紧跟随在她身边，亲眼见她若无其事的样子。

就在中日战争期间，国军部队极力搜寻壮丁，几乎每天都要应付好几次这种事情。当时二舅父刘贵生正好在我家，那天又来了一批抓壮丁的人，他立即到厨房的稻草堆中躲藏，可惜一条腿露在外面，还是被拖出来带走。

过了一两天，母亲找到了当地的警察局长，提出申诉："我兄弟上有老母，如果你抓走了他，一家孤儿寡母，生活无人负担，只有统统到你家生活。"那位警察局长是个通情达理的人，很快释放了二舅父。旁人见了这一幕，以为母亲是有办法、有后台的贵夫人，朝她面前一跪，请求搭救亲人，后来竟也让她救了出来。

这类事情很多，母亲也以此自豪，但有一次却发生人命关天的无妄之灾。一位母亲尊为义父的邻居，竟然在家里被水桶的绳子

与母亲在老家畅谈(一九八九年)

一绊,跌了一跤,死了。这家姓解的邻居家贫无力负担丧葬费,有人建议母亲设法代买一副棺木料理后事,母亲当下点头同意,并即刻搭船上街去备办所需。

谁知解家的儿子解仁保,竟找了很多人将尸体抬到我家里来,说我家打死人了。人多口杂,一下子闲言四起,群情哗然,议论纷纷。当时正是盛夏季节,家家户户农田缺水,经常发生抢水事件,被水桶绳绊死的人,被说成是因抢水被人打死,许多人也就顺理成章地相信了。

扬州派了很多人来验尸,母亲在回程船上听说这件事,立即将棺木、寿衣退回,准备面对这场官司(由于这起事端,后来尸体直至腐烂、滴血,仍无人闻问)。当晚家里来了好多人,要把父亲抓走。当时年幼的我,被这群扰攘的声音惊吓得躲在床下探看,不敢出来。父亲被逮捕送到扬州,两天后,父亲经过初审回来了。随后案子被送往苏州高等法院审判,父母亲是被告,所以都去了苏州,而原告的解仁保不知何故没有到庭。可能因为苏州是个大城,而邻居解家诬告我们,原来只希望图个小利,没想到现在却要备办经费,万一输了,更是不堪设想,所以缺席了。

法官问母亲:"原告为何没来?"

母亲答:"不知道。"

法官再问:"人是你们打死的吗?"

母亲答:"不是。"

由于母亲神态自若,不像个没见过世面的乡下人,所答也都清楚明了,所以当下宣判无罪。

后来,母亲一生都很自豪于"很会打官司"。

我出家以后,在佛学院读书,母亲还热心地托我为解仁保找工作,一点都不以当年解家的诬告为忤。母亲实在是个宽厚、豪爽的女中英雄。

在战争期间,每场战役后都死了好多人,我们儿童就等打仗后以数死人为游戏。有一次,我数到一位阿兵哥还活着,赶紧跑回家告诉母亲。母亲宽慰他:"你不要动,让我来帮助你。"并且找了一块门板,请邻居将这位阿兵哥带到后方。过了一段时间,我还亲见这位阿兵哥升了官,身上带了一把手枪,到我家来感谢母亲的救命之恩。

在这样的枪林弹雨中讨生活,我们这些不知人间悲苦的战争儿童,竟以点数死人为乐,母亲虽然三令五申警告我们兄弟不准去,但我们还是时有溜去。有一次在牌桌上,母亲听说有两个小孩在点数死人时被临时引爆的炮弹炸死了,她立即匆匆忙忙出来寻找,见到我们安好无恙,才放下心来。这是我记忆中,母亲最着急紧张的一次。

时时心存报恩的母亲

一九八九年，母亲第一次在西来寺过年，我陪伴在她身边。说起当年她嫁给父亲，只凭着外祖母的一句话——因为父亲是个忠厚的老实人。父亲曾经营过香烛铺、成衣店，但都经营不善，家里的田产也都赔了进去。唯有经营素菜馆时，一流厨艺受到远亲近邻的赞美。在中日战争南京大屠杀时，父亲失踪，当时未满四十岁的母亲，带着十二岁的我到城里寻找父亲，因此路过栖霞山，无意之中，因为一句话，成就了我出家的因缘。

我曾问过母亲，当时怎么答应我出家呢？母亲说："我看你是一个有前途的孩子，母亲没有力量培养你，你能在佛教中读书上进，有什么不好呢？"真感谢母亲开明的观念。

母亲受人点滴之恩，都是涌泉以报。当年唐山大地震，唯恐受波及，不得不由扬州前往上海表兄家避难，暂住数月。我和她相逢后，她就不断地要我给表兄家送去收音机、电视机、电冰箱等各种物品，以答谢当年收容之恩。由于母亲重视怀恩报德，后来我在佛光山台北道场、南台别院等处都设立"滴水坊"，除了感念师父志开上人的"半碗咸菜"，也是与母亲这种"滴水之恩、涌泉以报"的精神有关。

聪明机智的谈吐应答

常有人赞叹，与我说话如沐春风，心开意解，但是在母亲跟前，我几乎没有说话的机会。只要母亲开口，大家都自然地屏息倾听，往往从三皇五帝定乾坤开始，一直到孙中山、蒋介石、毛泽东，乃至邓小平、江泽民等，她都能津津乐道，侃侃而谈。

有一次，我到大陆去探望她老人家，一阵寒暄过后，我打开皮

与高龄九十四岁的母亲、大哥李国华（右二）、大姐李素华（左一）及三弟李国民（右一），分离四十余载后的团聚（一九八九年）

箱，将送给母亲的衣物奉上，母亲看了说："你买衣服给我，我也要给你一些东西。"说完，从枕边拿出十几双袜子放在我手中。我对母亲说："我一双袜子要穿一两年，您买了这么多袜子给我做什么？"母亲回："儿子啊，你可以活到两百岁。"

过一会儿母亲又如数家珍般，将她搜集的名片，一一翻出来给我看。这时，我也从口袋里摸出了一张我的名片递给她，母亲笑眯眯地说："哦，这是佛陀的名片啊。"母亲就是这么一位幽默风趣的人。

有一年春节前夕，她为孙子李春来买了一双新鞋。谁知在回程的路上，看见一个穷人在寒冬中赤足而行，她自然而然就将鞋子送给了那个人。春来回家听说奶奶为他上街买新鞋，雀跃欢喜，但奇怪的是到处都找不到，看见孙子找得愈来愈心焦，母亲连忙说："找得到，是好兆，找不到，是佛光普照。"春来听了，觉得"禅机隐隐"，知道奶奶向来乐善好施，于是他穿着旧鞋，也过了个愉快的年。

一九四九年，我随"僧侣救护队"来到台湾，从此与母亲音讯隔绝。当时，大陆谣传我在台湾已易服从军，位居师长高位，从此一家人都被打入"黑五类"，母亲也因此连累受苦，每天都要靠做工换取口粮。"文革"期间，公安人员将母亲抓去，严厉地威吓她："你儿子在哪里？快说出来，坦白从宽，抗拒从严。"

母亲回答："天下父母养育儿女，都希望能留在身边孝顺。腿长在他身上，我怎么知道他在哪里？"

"你儿子写给你的信我都收到了，你怎么会没跟他联络呢？"

母亲并没有被公安人员咄咄逼人的话吓到，镇静地说："我儿子的信你既然收到了，你就应该知道他在哪里，我不知道。如果你真的要找他，你拿路费给我，我去找。"接着还"劝告"他说："我生儿子没享福，反倒惹来了一身霉气，所以我奉劝你以后不要养儿子。"

母亲的聪明、机智，从她与公安的从容应答，让我不得不佩服，也感念天下的母亲为了保护儿女，她们不得不"逆境求生"。

不识字的母亲教我识字

一九九〇年，她来到台湾佛光山，有记者问她："您觉得台湾好，还是大陆好？"对于这样的问题，我当时在旁边为她暗暗地捏了一把汗。没想到，母亲神色自若地回答："台湾经济繁荣，民生富裕，但是我年纪大了，比较习惯在大陆居住。"她自然而得体的应对，折服了在场所有的人。

母亲来台湾,在佛光山菩提路上(萧碧霞师姑提供,一九九〇年二月)

母亲虽然没有读过书,但是因为事事留心,再加上从香火神的戏码里得知许多中国民间忠孝节义、因果报应的故事,也学会不少成语诗句,所以不但出口成章,而且还常常纠正我念错的字。直至今日,我经常告诉徒众:"我是从不识字的母亲那里,认识许多国字的。"曾经有位徒众问她:"奶奶,出家有什么好处呢?"母亲信手拈来,自然地顺口诵出:

> 一修不受公婆气,二修不受丈夫缠,
> 三修没有厨房苦,四修没有家事忙,
> 五修怀中不抱子,六修没有闺房冷,
> 七修不愁柴米贵,八修不受妯娌嫌,
> 九修成为丈夫相,十修善果功行圆。

一九八〇年代初,母亲于江都老家门前

说完,爆出一阵热烈的掌声。连我也想象不出,为何母亲能出口即刻成章。

来山的信徒问她修持法门,她说:"我一个老太婆有什么修持?我只知道本住一心,从善心出发,地狱、天堂随心转,当下发心,即是天堂。清净佛道、荣华富贵全在我们一念之间。"

母亲虽不识字,她饱含禅机的言语,为她赢得广大的人缘,她自己也很得意,不只大家听她说话,连平时要说话给人听的儿子,也是欢喜听她谈今说古。

慈悲的老奶奶

母亲是一个天生"老婆心切"的人,我到各地弘法时,母亲还帮我教育弟子。有一次,她向就读西来大学的法师们说:"你们在僧团里人多,可以有意见,但要懂得融和哦,因为你们师父事业大、佛法大、发心大,你们也要跟着他,把心发得大起来。"

有一年,胜鬘书院的同学正好到西来寺游学参访,母亲见到她们,又换另一种语气:"小姐在家也可以修行,以前我常鼓励一个做法官的朋友,告诉他,公门里好修行。后来他把死刑犯改判为无期徒刑,无期徒刑改为有期徒刑,十年的改判五年。这些受刑人得到恩惠,都改过向善,真是功德无量。带发修行,更方便在各行各业中积德。"

有一次,我赞美她说:"您老人家好慈悲啊!"她回答,"如果我不慈悲,你会投胎到我这里来吗?"

我回想起来,在扬州老家时,七十多岁的老母亲每天都到运河挑水回家,将水煮开以后,亲自倒在碗里(当时没有茶杯),一一放在凳子上,供附近小学的师生们饮用,后来大家一致称呼她"老奶奶"以示尊敬。没想到"老奶奶"三个字,也可以跨越海峡两岸,甚至响遍世界。

记得有一年,我在香港红磡体育馆主持佛学讲座,母亲特地从上海远渡关山到九龙看我。在前往会场前,她告诉我:"我知道你今天要去演讲,怕你分心,我就不去了,在家里等你回来。我们是'多年枯木又逢春',你要用心把大家带到极乐世界去。"

每次我到美国弘法,尽管十分忙碌,每天仍抽空到母亲那里晨昏定省,略尽孝思。每次见到她对我那种殷切盼望的神情,总是心中不忍,所以虽然身边有许多事情还未处理,我也都坐上一两个小时,和她闲话家常,有时甚至谈到深夜时分。

后来儿孙辈知道了,就常提醒她:"二太爷该去睡觉了。""二太爷还没吃饭。""二太爷等会儿要开会。""有客人在等二太爷。"母亲十分体贴人意,每次一听到这些话,她再如何不舍,也会开口催促我赶快回去。母亲的慈悲、体贴,为人设想,让我至今仍感到不忍。

母亲有她自己的人生观:"人要存好心,给人欺负不要紧。你看,我经过北伐,经过抗战,经过'文革',多少的磨难,多少的艰辛,我还不是照样活到九十几岁?"

母亲来到台湾佛光山那一年,万国道德会正在编写《贤母传》,想采访母亲。我征询她老人家的意见,问她要不要让人家写?母亲连忙摇头说:"不要,人愈小愈好。"然后不胜怜惜地对我说:"你这样'大',不苦吗?"真是天下父母心。

这一切,言犹在耳,而母亲已经离开了。

满树桃花犹向春

记忆带着我重回到一九九四年四月,那是我在两岸开放探亲后第三次赴大陆。从扬州来的兄弟,从广西来的姐姐,从上海来的表亲多人,都来到南京的雨花精舍,挤在母亲的床前。母亲看到三四十位子孙济济一堂,围绕在身边,沉思了一下,若有所感地说出一句:"满树桃花一棵根。"

这句话表面的喻义是说:儿女们虽然散居各处,但都来自同一个家庭。再深一层的意思,是希望子孙们做人处事都能够懂得饮水思源的道理,注重根本,因为唯有根本稳固了,才能枝叶繁茂,花开果成。

虽然母亲已经过世十多年了,但每次想到那一年,母亲对大家说的那句"满树桃花一棵根",我的内心仍充满无限的追思与启示。树有根,人有本,身为人子的我们,要努力为世人增添温和的春天,也要让生命开出如桃花般灿烂的光辉。

记得小时候,常看到母亲一大早起来,第一件事就是烧一大壶茶,而且每一餐一定会多烧两人份的饭菜,以备不时之客来到。直

两岸开放探亲后第三次赴大陆时,母亲看到三四十位子孙济济一堂,围绕在身边,沉思了一下,若有所感地说出一句:"满树桃花一棵根。"

到年老,母亲还是很注重待客之道,尽管一大堆儿孙围在她的身边,只要有客人来到,不管对方的辈分是尊是卑,她都会嘘寒问暖,亲自招呼你坐这、坐那,生怕忽略了任何一个人。

在物质不是那么宽裕的时代,母亲每餐多留饭菜的待客情意,深深影响我的为人处世,也让我领悟出:给的人生哲学,给得起的人,才是真正的富有。

近年,承蒙徒众大家的好意,为我的母亲在宜兰佛光大学设立"老奶奶纪念图书馆",让大家继续把人间的情意,把人我相互的感恩美德传承下去。母亲是每个人生命的源头,也是每个人初涉

我的母亲——徒众们口中的老奶奶

人世所依存的根基,天下的母亲慈悲处世、持家有道的行谊,都让我们心生惭愧。

我的母亲经历过战争、贫穷及世局动荡不安时,她处乱世淡定气闲,临危从容不乱,她不只是我的母亲,还是大家心目中幽默、机智、慈悲、智慧的老奶奶。

苦乐童玩记

每年春夏产果实之季,
我们小孩就去树下捡取杏核、桃核,
尤其杏子的核很平、很宽大,
假如说把它洗干净,
玩这个游戏,
也如"战钉"一样先猜拳,
输家就摆一个杏核在石头上,
我们用另外一个杏核,
把在石头上的杏核打出石头外就赢了。
就会很神秘地从口袋中,
慎重地请出"如来佛",
口中并大声叫喊:
"如来佛来了!"

二〇一二年七月,我的皈依弟子"中华篮球队"总教练刘俊卿居士,与曾任国际篮球联合会主席程万琦先生来访,他们说我爱好篮球,希望赞助我的公益信托基金,于是邀约世界的名手来打一场义赛。

其实,我并不如社会人士所知道的只喜爱篮球,我是一个喜爱体育运动的人,凡是球类的,我都喜欢。如在栖霞山那么严格的丛林生活,我就有打乒乓球的习惯,对于棒球、垒球、排球,我都打过,也都有兴趣。不过,球类是我成长以后,有兴趣的活动。

在我幼儿的时候,谈不上运动,那时所有的童玩、儿童游戏,都是在我家门前,或者在仙女庙门口的平地进行,对于儿童在乡下农村的一些游戏,自己也都耳熟能详。现在要对一些幼儿玩的各种游戏叙述一点,如此也能增加一些我对童年的回忆和因缘。人说老小、老小,像我现在这样八十七岁的高龄,也算是童心未泯吧。

小时候的游戏是什么?十岁以前的已经不复记忆,现在能记忆的就从卢沟桥事变那一年(一九三七年)开始。当时我十岁,我就依前后两三年中的游戏,来做个叙述吧。

卢沟桥事变,中日战争开打以后,很快地,日本人就进攻上海,十二月中旬打到南京,在南京掀起了举世皆知的南京大屠杀。这一场战争就一直沿着我们江都打来,所以江都的房屋,尤其是运河的北面房子全部都被日军烧毁。因为这些盘踞在运河南北两侧的房屋,是他们战略视线的障碍物,所以他们把屋子烧得只剩破瓦颓垣。

房屋烧毁了以后,虽是木造的房子,都还有一些铁钉残留,这些"铜属",也就是破铜烂铁锡、五金等,我们儿童就去捡拾这许多铁条铁器,收集起来后,就彼此来"战钉"一下。

所谓"战钉",就是用铁钉来交战。一开始,先剪刀石头布来猜拳,输家就得把一个铁器,哪怕是一根铁钉,摆在一个方形石头中间,由猜拳的赢方,用他自己选出的铁器往方形石头上的铁器打去,并把它打出石头界限外,那你的铁器就输给他了。

相反地,如果他的铁器没有把你的打出去,他的铁钉反而掉在石头板上,那就换你选出你自己认为适当又强大的铁条或铁钉,把它打出去。这个游戏名称就叫做"战钉"。玩的过程,就是又想保护自己的,又想要赢人家的。我们那时候还小,不太懂得收集这许多的玩具,这大概都是十五六岁小孩玩的游戏,所以我们偶尔只有在旁边,为他们喊加油、看热闹。游戏中,看到某一个人把人家的铁器赢回去了,也会为他雀跃不已,就好像是英雄凯旋。

小朋友为了玩战钉,身上穿的衣服口袋都装了一些铁钉,这铁钉的重量,常常把身上口袋弄坏,家长一看,小朋友又再玩这个游戏,就来把家里的孩子叫回去,不由分说就给他一顿责打,并且下令不准玩,这都是常有的事。后来大家也觉得身上装了很多的铁器,感觉好像不是很雅观,就慢慢地不玩了。

不玩战钉,我们年纪小的孩子就玩"打洋片"。

过去香烟盒内都会附上一张洋片,大小就像现在的信用卡、厚纸片,上面都会印有一个人物。有时候印的是《水浒传》的黑旋风李逵,打虎的武松,豹子头林冲;也有时候印的是《三国演义》中骑千里马的关云长,或是张飞、刘备、赵子龙等等。大家有的时候也搞不清时代,你出李逵,我就用张飞吃了你。就这样,大人吃香烟,有些小孩子就顺着大人嗜好,说:"我去帮你买烟,你要把洋片给我。"所以有些孩子就收集到好多的洋片,在我们认为,哪一个孩子收集到的洋片多,他就是富贵之人,是英雄人物,令人崇拜。

这洋片的游戏怎么玩?就是有一个人先把一张洋片平行拿在左手,再用右手把它弹打出去,弹得越远越好。对方也照样的动作,看谁弹得最远。弹打了以后,最远的那张洋片,就可以吃掉近的洋片;如果他打在我的后面,只要我的手够得到他的洋片,那我就赢了他的洋片了。这就像是篮球比赛,两边都有输赢。有的人打洋片是很有技巧的,一天可以赢人家几十张,洋片积聚越多,这个小孩就让人越崇拜。

有的孩子认为打洋片不够刺激,他就玩"老虎归洞"。

何谓"老虎归洞"?就是说在三到五公尺的地上,挖两三个洞,两个人用玻璃珠,一个人拿自己的玻璃珠,从这个洞打到那个洞,再进到第三个洞,然后再打回来。哪一个人先回到自己的洞

苦乐童玩记

"打洋片",把一张洋片平行拿在左手,再用右手把它弹打出去,弹得越远越好。看谁弹得最远,最远的那张洋片,可以赢得所有距离近的洋片(施金辉绘)

来,就赢了对方一颗玻璃珠。小孩子虽然贫穷,假如一天赢个三五颗玻璃珠,也是洋洋得意的。

在那时候,一毛钱可以买一二十颗玻璃珠,我们那时候也很奇怪,大人都不准小孩子玩游戏,知道小孩子在哪里玩,他都把你的这许多游戏的玩具没收。我记得我母亲也没收过我的玩具几次。但那个时代,大人也没想到过要买玩具给孩子。我想,男孩从来没有摸过球,或女孩也没得到过洋娃娃的,这是很普遍的事情。

不过,孩子会自己想出游戏来玩。大人为什么会没收?总之,那时候的管教,觉得孩子"勤有功,戏无益"吧。

从"老虎归洞"再玩到"打梭"。

"打梭"的原理,跟现在的棒球或高尔夫球差不多的内容。将一根十公分长的木头,把两头削尖放到地上,然后再用一个木棍子对准尖的一头用力一敲,让梭弹到空中去。等到要掉下来时,再像打棒球一样挥棒,把它打出去,看谁打得远,谁就是赢家。

"打梭"必须要找到一个广场,没有行人的地方,不能在路上玩,因为玩的这个"梭"打伤了别人,有时候会造成村庄、邻居、家庭的不和,我也曾看过母子或父子常常到人家的家里,大兴问罪之师,都是为了"打梭"造成的伤害引起,所以必须由父母带小孩子去道歉。

打梭,应该是我除了戏水游泳之外,最喜欢的游戏。所以后来我在佛光山会喜爱棒球,大概与童年喜爱打梭的习惯不无关系。另外,佛光会经常举行高尔夫球赛,都要我去开球。我每次开球的时候,一杆下去,把高尔夫球打得很远,他们都说我的姿势很标准,就问我:"大师,您常打高尔夫球吗?"

很惭愧,我对高尔夫球,什么十八洞、七十二杆,几杆进洞……我完全都不懂,那是有钱人的玩意儿,我哪里会打高尔夫球?其实这是我们打梭的基本训练。

到了阴雨的天气,或是到了冬天风雪季节来临的时候,就不能出去打梭了,那孩子还可以玩什么呢?玩"踢毽子"。

这个毽子,可以是用羽毛做成,也可以用鸡毛,或是纸做成,里面再绑上铜钱或是有重量的东西,我们就可以用脚把它踢到空中去。上去了,掉下来,再把它踢上去,有的人单脚不动,用另一只脚踢,一次可以踢几百下之多。或是还有其他花样,从右脚踢到左脚,左脚踢到右脚,甚至于还有朝两边踢,就是从右脚的右边踢到

"踢毽子",用羽毛、鸡毛或是纸做成,据说是轩辕黄帝发明的,里面再绑上铜钱或是有重量的东西,我们就可以用脚把它踢到空中去,有各式各样的踢法(施金辉绘)

左脚的左边,就这么来来去去,也可以踢好多个。甚至,有的是文踢,有的是武踢。

踢毽子,据说是轩辕黄帝发明的,但是那个时候人类还没有穿鞋子,都是赤脚踢,脚底有弓形凹处不平,大家也踢得不亦乐乎。经过上千年的演变,人类也慢慢发展到穿鞋子,毽子渐渐演变到现在有纸毽子、鸡毛毽子等各种样式。中华文化历史的渊远流长,从踢毽子可以看得出来。

在我们家乡扬州,踢毽子有好多的花样,各有不同名称。勾,是把腿子向前一跨,一脚在前,一脚在后,前脚不动,用后脚子踢;

"放风筝",风筝的种类有多种,从一片瓦再到四角风筝、六角风筝、八角风筝、灯球及百足(施金辉绘)

另外还有跳、跷、跪、踩、蹦、剪、跃……好像有九级之多。现在那许多内容,我都已记不清楚了。在冬天寒冷的时候踢毽子,可以加强御寒,有温暖的感觉。

说到寒冬严冷,如果是大雪飘飘的日子,儿童都好高兴,可以出去堆雪人打雪战,这也是一种嬉戏。但是身子弄脏了以后,回家来,又会给父母一阵打骂。假如说天气很好又有风的时候,那就可以放风筝了。

放风筝大部分都在秋冬的时节,蔚蓝的天空、秋天的凉风,我们年纪小的孩子没有能力做大风筝,只有放"一片瓦"。大概像屋顶上琉璃瓦那样子大小的纸,把两端的角弯一下,弄根竹子黏起来,成为像瓦一样弧形的风筝,再加上尾巴飘飘然的样子,很是好看。因为风从两旁走,装上尾巴,能有平衡作用,避免风筝东倒西歪。但一片瓦都是小小孩玩的,只能飞个三五丈高,就已经相当不错了。如果风大,一吹,把线吹断,它就飞了走,最后落在人家的屋顶上,就还跟人家要求爬上去拿下来,这不免又是要吵架了。

风筝的种类有多种,从一片瓦再到四角风筝、六角风筝、八角风筝,灯球等于现在的气球,百足则像蜈蚣一样,一节一节的很漂亮,这得要风很大的时候才放的上去。

大人放大风筝的时候,要用大的麻绳捆在树上,或是几个人捆在腰上,因为风筝的力量是很强的,它甚至可以把人拉到好远的地方去。当风大的时候,线就放长一点;风小的时候,线就缩短一点。风筝上到了空中,在空中摆动,非常好看。有的人会在蜈蚣的上面系上哨子,放到天空去,风一吹,就出现响声,好像奏乐一样。风筝一放上天空,儿童们就跟在蜈蚣的后面,奔前奔后地帮大人们拉线,找寻风筝落下来的地方,或收线,或收风筝,都听那许多大孩子的吩咐。

除了上述的这许多游戏以外,"滚铁环"是最没有输赢了。滚铁环,就是用一个铁的圆圈,然后用另外一根铁条撑持,让这个铁环滚动不要让它倒下来。这就等于拍着篮球走路,而不让篮球丢失是一样的功夫。

还有其他像一般在台湾各地都有的"老鹰抓小鸡"、"丢手帕"等,但这都要有好多小孩子聚会的时候,才玩得起来,一个人或两三个人不好玩。

每到下午,我们小孩自然就到广场集合起来玩,大家围成一圈,一个人就站起来丢手帕,拿到手帕的人,就要站起来追赶丢手

帕的人。其他的小孩,嘴巴大声念着歌谣:

> 丢手帕、丢手帕,让你不知道,
> 等到他回来,你就吃不消;
> 丢手帕、丢手帕,轻轻放在你后面,
> 大家不要告诉他,
> 快点快点抓住他,
> 快点快点抓住他。

如果没有注意被抓到,就会罚他唱歌或做怪动作,如让他在地上爬等等,游戏趣味不减。这许多游戏,其实都是训练儿童智慧的,小孩子这样玩,可以把聪明智慧创意玩出来,而这些穷苦的儿童不这样子玩游戏又怎么办呢?

还有,当时的父母他们没有教育的方法,只想到小孩子不可以玩,其实玩游戏是孩子的天性啊!像现在的孩子真是有福气,父母都带他们游公园、逛百货公司、去迪士尼乐园,都是为了满足小孩的玩乐。所以我说,童玩,可以玩出人格、玩出道德、玩出智慧。

再说到"拔河",其实拔河也不容易,一个人从家里要找到一条禁得起双方孩子拉扯力的绳子,在那个物质生活贫瘠时代,并不容易有的。如果有,也要小心地从家里面偷一条麻绳出来,如果给家里的大人知道了,也是要挨一顿打骂的。所以,在那个穷苦的乡村里,要想找一些童玩游戏,着实是真的不容易。

可是孩子们有时没有书可读,没有学校可进,就是靠着这许多游戏养成合群的习惯。在我们那个时代,小孩子都会想得出不花钱也可玩的游戏,好比"打陀螺",你只要把一个木块削尖了,然后弄一条绳子围紧它,再往地下一甩,它就滚啊转啊,一直旋转,配上

"打弹珠",几个人拿玻璃珠相互对打,谁打到玻璃珠就归谁(施金辉绘制)

"嗡"的声响,这时候就会觉得自己很厉害,很有艺术感。

"弹玻璃珠"它是一个对打追赶的游戏,拿出自己的玻璃珠相互对打,我的打到你的,你的就是我的。假如打不到,但刚好掉在你的旁边,你可以来打我,打到珠子,就归你所有了。跟前面提到的"老虎归洞"一样,拥有最多玻璃珠的人,就是我们的英雄。

还有"地嗡"(扯地嗡子)也就是现在说的"扯铃"。扯铃有多种,可以拉出双边的、单边的,带着扯铃跳高,也可以拉出蚂蚁上树、金鸡上架等等,厉害的小朋友,可以拉出好多的花样来,跟踢毽子一样,变化很多。但是扯铃还是要用钱买,有的时候人家拿出来拉着玩,我们在旁边就跟人家借玩一下,玩过之后再还给人,要自己出钱买是不可能的,因为要铜板就买不起了。

除这个以外,"打杏核"、"打桃核"也是不用花到铜板就可以玩的游戏。我们家乡的桃树、杏树很多,每年春夏产果实之季,我们小孩就去树下捡取杏核、桃核。尤其杏子的核很平、很宽大,假如说把它洗干净,玩这个游戏,也如"战钉"一样先猜拳,输家就摆一个杏核在石头上,我们用另外一个杏核,把在石头上的杏核打出石头外就赢了。有的杏核大到上面可以写起字来,有人写哪吒、二郎神、托塔天王等等,有的时候在最大的杏核上,我们会写"如来佛"三个字,甚至把这个杏核挖一个小孔,把锡灌进去让它很沉重,别人就不容易欺负它。如果我们要赢人家,就会很神秘地从口袋中,慎重地请出"如来佛",口中并大声叫喊:"如来佛出来了!"旁边的小朋友,总是屏气凝神地等待"如来佛出马",一出手,假如如来佛输了,那一夜睡觉就睡不着,遗憾自己连如来佛都输了,觉得很难过。

在我小的时候,各种的游戏玩过了,都感觉到不够刺激,日本人来了,对我们儿童的文化有了重大的改变。例如日本人和国军,或者游击队,经常会战或是巷战,我们儿童就等这场战争完了以后,以数死人为乐,看哪一队死了多少,比赛谁数的数字最多。

我记得有一次会战,我最多数到两百六十七人,数着数着有时候倒下的人不会全死,我曾经数到一个活的生命,他轻轻地跟我讲:"救我!救我!"

我一听,就赶快跑回家告诉大人,因为他们是国军。于是大人们赶快趁没有日军的时候,弄个门板把他抬到大后方去,也就救了一条生命。记得这一位先生后来还到我们家中感谢过。

在战争的时候,真是人命如草芥,有时民间的爱国人士,例如

"大刀会"、"花兰会"等,都会对日本人进行骚扰。有时,他们会说他们是有神护身,不怕枪炮子弹,但是也不见得。

有一次,我在家里的房子内,听到外面有四个大刀会的人在巷子口喊:"杀喔!杀喔!"我们小孩子从门缝里看出去,见到日本人在另一端瞄准他们,一枪射出,这两人就倒下来了。那两人死去,但另外两人仍然不畏惧,还是往前冲,口里一样喊:"杀喔!杀喔!杀小鬼喔!杀小鬼喔!"接着又是一枪,再倒下一个,再补一枪,四个人通通倒下来,我们这条巷子归于宁静。

由于战争的关系,也是造成儿童们开始好斗的时候。我记得我们一些儿童们就分东头及西头两边,东头的儿童就向西头的儿童挑衅,或西头的儿童就组织队伍要向东头的儿童进攻,也好像两军战斗一样,这就等于打群架,也没什么是非也没什么仇恨,只想打来玩并分个胜负。不过大家都是小孩子。在我的记忆里面,并没有什么重大的受伤,偶尔有的说手骨打断了,受伤的儿童父母就带着小孩,到打人的小孩家里大兴问罪之师,当然这打人的孩子,也被父母一阵打骂,才能消灾解决问题,甚至父母还要把小孩抓来打给对方看,以解对方心头上的愤怒。好像这个战争给人类的影响就这么大。

除了东西战斗以外,我们运河北面的孩子,对南面的孩童也是常常叫阵,河南面、河北面,中间隔了一条河,声音要传到对岸,当然火力不及。大家有方法,那些烧掉的房屋,到处砖瓦很多,大家就以砖瓦、瓦片作武器投掷,或者武器不够,就用绳索做成一个像橡皮筋一样的弹力线,把瓦、石头甩得很远很远,还能从河的北面打到河的南面。我们住在河北面的,武器子弹很多,河南面的因为比较没有受日本人烧毁房屋,对于找寻瓦片不容易,只有石路上的碎石子,所以并不能发挥很大的攻击力量。就在这样的情况之下,我忽然出家了,那个儿童的游戏我也没有再参与,不知道后来他们究竟是怎么样子结束的,我想,儿童在那样的情况下成长,利弊应该都是有的。

由于我从三四岁起自己就经常在水里游戏,家人叫我到河的对岸买东西,经常来回走路就要一两个钟头,还要花上一两个铜板搭乘摆渡。自己很舍不得,我就想要用游泳的方式过去。

我到岸边,先把衣服脱下放到头上,就游泳过去;到了对岸,穿好衣服再去买东西。买好了东西以后,再把衣服与东西绑在头上,又再游泳回来。如此就可以节省了一两个钟头及铜板,我的衣服与东西也不会湿掉。这就是穷苦家庭的小孩所需要的生活技能。

此外,我还欢喜与小狗、小鸡、鸽子这些动物玩在一起。记得有一回,我养的鸽子跑到别人家里去,找不回来了。当时,我极为难过,母亲给我面包,我连面包都不要了,就跑到扬子江投水自杀。我从河的这一边跳下水去,大概是由于不怕水的关系,我又从另一边浮了上来,自杀不成,只有自己再爬上岸,悻悻然地走回家。

我因为水性很好,就邀约一些小朋友,到河边没有人的地方戏水,当然也有危险的事故发生。我自己也遇到过这样的情况。

有一次,在一条河的地方,我先游过去,再叫对面小朋友,我说:"过来啊!过来啊!"其中,有一个小朋友他并没有力量从彼岸游到此岸,但是他给我这样一激,他就真的要过来。可是还游不到很远,他就沉到水底去了。沉下去的同时,他抓住另外一个在他旁边的小朋友。就这样,你抓我,我抓你,两个人一起在水中上上下下,载浮载沉。

我一看急得不得了,这样下去他们会淹死的。我赶快向前去救他们,当然我不懂救人的方法,我一去,他们也把我抱住,因为在水中落水要命,只要有一点可以抓的地方,就会紧紧抓住,希望能有得救的机会。两个小朋友在挣扎中抱住我,我这力量也很有限,哪里可以把他们带到岸边?所以只有自己挣脱他们上岸,穿起衣服来就想逃。

但是还没有举步,就想到:"不行啊!我只要一走,这两个小朋友肯定会淹死的。"我只有又再回头下水去救他们。

这一次是有预备来的,我游到他们的后面,把他们两个一起抱住,慢慢地把他们拖到岸边。那时候他们已经脸色苍白,口吐白沫,因为在江河中喝了很多的水,幸亏没有死。他们躺在地上,我想,假如再慢个两三分钟不能把他们拖到岸边的话,他们两个必死无疑。

本来我是个扬州水乡泽国的孩子,小时候经常在扬子江潜水,我的水性很好,能在水底换气,也能在水面上睡觉,也能在水面平躺,也不会移动或沉下去,我可以从此岸潜水游到对岸。可惜十二岁出家以后,就没有机会游泳了。栖霞山是一个连小池塘都没有的地方,我哪里去游泳呢?可以说,那一段时光,也算是最辛苦最需要忍耐的时光,没有水玩,没有水游戏,比没有童玩更加辛苦。

记得后来隔了十多年的时间,我二十三岁到台湾后,那时,台北的新生北路还是"琉公圳"的时代,只要大雨滂沱,台北一淹水,所有新生北路都在水中,看不到水沟。有一次,我也不小心一脚踩空跌到琉公圳里面去了。那时候,水流相当湍急,但由于我的水性好,虽说落水要命,但我没有喊救命,因为我不怕丢命,一下子就爬上岸,爬上岸后才发现我身上小布包的钱不见了,那是维持今后生命的钱,总共二十块银圆。沿着水流看、找,我的布包顺着水流浮浮沉沉,我赶紧又跳回去捡回来。

三十多岁的时候，有一次，我和朱斐居士同游澎湖，那时候应该时隔二十多年没有游过水了，一见到大海，不禁心动，我们相约到海里游泳，我还庆幸自己仍然水性不忘。

那时也才知道，原来海水的浮力，比江河里的水还要大，更加让人容易游泳，所以我一直往海中央游去，岸边的同伴不知我的水性能量，都在叫："回来啊！回来啊！"我想，我也不应该让人挂念，于是见好就收了。留下了出家后游泳的这样一个纪录。

除了游泳以外，话说我出家后的游戏，因为那时候正在抗战期中，大家也受了感染，喜欢上"下军棋"。我的同学有的人在栖霞山待久了，慢慢地成为老参、老油条，也不知道从哪里得来这个军棋，大概有五十只棋，双方各分一半，互相不可以看到对方布阵，双方都有自己的三军司令、军长、师长、旅长、团长、营长、连长、排长、工兵等，还有地雷炸弹与军旗。

这军棋上有分界线，标明棋子可以怎样在纸上走路，或是走到某一条线后，双方可以对敌，然后摊开一看，看谁大谁小，谁大就获胜。比如，连长可以把排长打死，团长可以把营长打死，总司令可以把军长打死，手榴弹只杀一个小兵太可惜了，要炸死高级将领，才知道把总司令炸死的价值。所以这个时代文化，总是在考验人生的智慧，激发人对生存及适应的能力。

对世俗的游戏，我那个时候已经慢慢地不感兴趣了，在十五六岁的时候，突然迷上了"选佛图"。所谓"选佛图"，这是明朝藕益大师依照明代当时民间玩的"升官图"所作的游戏，他将佛教名词以及教理融入这个游戏当中。

"选佛图"就像一张报纸大小的纸，上面印满了从六道轮回（地狱、饿鬼、畜生、修罗、人、天），戒定慧三学，三十七助道品，菩萨五十一位，十信、十行、十住、十回向、十地到妙觉成佛。除了这些以外,纸的中间,有一大大的佛字,走到大的佛字后,就表示已成就圆满。

除了这张"选佛图"外,另外还要用一颗木头像骰子一样,每一颗有六个面,各刻一单字"南"、"无"、"阿"、"弥"、"陀"、"佛",玩的人轮流像掷骰子一样,拿起来一捻,口中大喊"南无阿弥陀佛",如果转到"阿弥陀佛"任何一个字,就可以前进几步,如果只转到"南无",就退几步,进进退退之间,看谁先走到佛国净土,谁就获胜。这个游戏就叫做"选佛图"。

这个游戏,是一个学佛的沙弥阶段应该要有的基本教育。可是,我们那个时候很可怜,连玩个选佛图都要被老师责骂,或是被老师责罚,必须偷偷地玩才行。其实,它可以快速地增加我们对佛学常识的认识,这是一个很有效果的教育与学习。

说来玩游戏应该很正当的。可惜我们中国过去落伍,老师、父母不懂得教育方法,可怜的儿童们,都是误打误撞,才成就一些未来的人生。

总的来说,倘若我们的童玩游戏有不好的方面,那就是有一点赌博的行为,甚至最不好的,还会有一些械斗行为。其实,儿童的童玩,一直到大人的奥林匹克竞赛、世界的战争,都是比赛,都是赌博,都是必须争有胜负的。因此,世间人类要和平是很难的。

所以,佛法觉得不争胜负,大家平等、和平,才能天下无争,才能相安,互相安乐。但是童玩也有好的地方,就像我们所提的这些游戏,从来没有杀生害命,不像现在的儿童,玩小鱼、小虾,或者抓住蜻蜓、知了,把这些昆虫动物的脚或翅膀扣住、绑住,控制着它们行动,或伤害它们的生命。

不过,在大陆的儿童很好,都是男孩子与男孩子玩,女孩子与女孩子玩,男女彼此从小就知道守分寸。要是哪一个男生走到女

"糖葫芦",又名冰糖葫芦,是中国传统美食,它是将水果用竹签串成串后蘸上麦芽糖稀,糖稀遇风迅速变硬,不仅好吃,而且还十分好看(施金辉绘)

生那边,就觉得这是不应该的事情;如果有个女生要找男生的圈子玩,大家也会觉得那个女生肯定是一个太过泼辣的人,将来一定嫁不出去。

我常常遇到一些女生,她们要结拜为姐妹,一结拜,就是七姐妹或八姐妹,结拜前,还常常找我先替她们去拜一拜神明,而且是偷偷地不敢告诉别人。为什么要让我先去拜呢?因为她们也知道,结拜姐妹后,假如将来一起再转世投胎,让人家的父母一养七八个都是女孩子,真的是很辛苦的。因此,要让人家第一个先养个男孩子,以后再一个一个养女孩子。世间多奇,也有这种风俗。

但是又为什么要找我呢？因为我很正派、老实、比较有规矩，而且人长得胖胖的，大概她们觉得有福气吧。想来，应该也有一点好处给我，不然我也不肯去，至于送我什么东西呢？我一点也记不起来了。

后来我到了台湾，一九五五年办了宜兰慈爱幼稚园，园长张优理老师，就是现在的慈惠法师，园主任吴素真小姐，就是现在的慈容法师。她们那时候经过一些学校的训练，办起正规的游戏来，那个花样可多了。相较起来，我们在大陆的童玩，还真是不及他们那种多彩多姿。

记得她们的游戏有"娶新娘"、"两人三脚"等，其中的"接力画人像"，就是在黑板上，一个人先去画圆圈，再另一个人上去画眼睛，第三个人再去画鼻子，第四个人去画嘴巴，用轮流接力的方式把人像画出来，这许多游戏等等，让幼稚园的学习更加精彩的多了，这到底是有规模的学习机构所教育出来的啊！

谈起儿童时期的童玩，真有隔世之感。不过，回忆过去，贫穷或富乐，不是有绝对的，就是贫穷的儿童，玩那许多游戏，也是如在天堂一样的快乐。

生活似海 幸福吉祥

我的衣食住行

不能做典座、饭头,
一直觉得是这一生的遗憾。
就如同顺治皇帝说的:
"我本西方一衲子,不幸生在帝王家",
我也有这种感叹:
"我本愿做饭头师,不幸现在做大师。"
在我认为,能够把饭煮得不硬、不烂,
让人吃出饭的美味,这是做一个厨师、
典座的人,应该一致努力的目标。
就是各种蔬食的烹调,也要有咸淡、
香脆、熟烂,再加上五味调和,
素食也能展现百味香。做菜的刀工、火候、配料,
都是需要"一理通,万理彻"。

人在世间上生活,民生问题最重要;所谓民生问题,就是衣食住行。

说到衣食住行,指的是生活上的日用。我个人对于自己的衣食住行,应该说是用得最少,但也是拥有最丰沃的。回忆往事,衣食住行的因缘,确实也影响了我的人生。

在俗家的兄弟排行中,我是老二,大哥穿的都是新衣服,他穿过、剩下来的就由我来穿;我穿坏了,弟弟又有新衣服;只有我可怜的老二,没有穿过新衣服。出家以后,十年参学的岁月中,我也没有穿过新衣服,因为我上面有师兄,师父把师兄不用、不穿的衣服都留给我穿。

穿衣是如此,吃饭也是如此。出家前,在家庭里都是大人先吃,吃过了才轮到我们小孩子吃。出家以后,因为我的个性喜欢服务,在青年参学期间,大部分的时间都是当行堂(在斋堂里为人添饭菜、服务的行

回忆往事,衣食住行的因缘,确实也影响了我的人生(行在佛光山宝桥上)

者)。当行堂,要替人添饭添菜,等大家吃完了,才会轮到行堂吃饭,也就是吃第二轮。

说到住,在六十岁以前,我睡过地铺、睡过广单(通铺)、睡过双层上下铺、睡过草皮、睡过地砖,甚至睡过监狱等等。

讲到行,我这一生当中,两条腿是让我用得最多的交通工具。到了老年,才坐轮椅让它休息。靠轮椅代步的老年,别有一番人生的体会。

以上,就是我一生当中衣食住行的概略。接下来就让我仔细地一一道来。

衣

人的一生当中,童年是最喜欢穿新衣服的时候了。可怜我的人生,从小就没有那样的福德因缘。我的每件衣服,可以说没有一件是不经过补丁的。有时候,觉得穿了补丁的衣服真是羞于见人,就躲在家里不出去。除了偶尔出去和其他的儿童玩游戏,儿童之间谁也不会笑谁,因为穷苦的乡村都是穷苦人家,他们身上穿的衣服,也不见得比我好到哪里去。

我记得一九三六年七月,我过十岁生日的前一天,我母亲还是体贴我,为我做了一套新衣服,给我隔天庆祝生日。那一天晚上,我就把新衣服摆在我的枕头边上,心里想,明天早上起来就可以换上新的衣服了。但是在乡村里蚊虫多,到处肆虐得厉害,我就点了蚊香,大约有一米多长。小孩子不懂,我就把它摆到衣服的上面,蚊香一直燃烧,到最后把衣服都烧起来了,一直烧到肩膀我才惊醒过来,大叫:"失火了! 失火了!" 当然,大人很快就把火扑灭了,可是我的新衣服也随着这场火灾泡汤了。

我也不敢怨恨大人们,总觉得是自己的福气不够,眼看天亮就有新衣服穿了,但是新衣服还没有穿上身,它的命运就宣告死亡了。

我十二岁出家,因为太过仓促,我的身材又小,师父说:"把我的衣服稍微改造一下,你就可以穿了。"记得出家那一天,我穿的就是师父改造过的一套灰色褂裤、灰色长衫。过了没几天,师兄弟又把他旧的、穿不下的一套褂裤和一套长衫送给我,说:"这个给你换洗。"我的出家新生活、新人生还是从穿旧衣、旧裤开始,没有新的感觉。

奇怪的是,师父、师兄弟给我衣服的时候,这些衣物都还蛮好的,但是我穿不了几天就破烂了。我心里一直觉得很惭愧:同样的衣服,别人穿都没有坏,为什么我穿不了几天就坏了呢? 因此,常常责备自己真是没有福德因缘。

过了几年,我慢慢长大了,我们的得戒和尚——若舜老和尚过世后,他留下一些衣服,我的师父很慈悲,选了一件伽蓝褂(中褂)给我,这件衣服陪伴我五六年都没有坏,可见这件衣服的衣料很好。

及至一九四六年，太虚大师开办"中国佛教会"会务人员训练班，我也报名参加，但是他们规定参加者一定要穿新僧装，我没有钱做新僧装，也无从告贷，更无法请别人帮忙，心中非常焦急，心想为了一件新僧装不能参加，这是终生的遗憾啊！正在此时，有一个同学穿了新僧装不合身，他不要。我站在旁边，也不敢开口，还是别的同学帮我说话："你就送给今觉（星云）吧！"我的运气很好，就因为这件衣服而能参加训练班了。

二十岁的那一年，我实在没有衣服可以换洗了，因为身上长了脓痂疮，只要衣服一脱下来，就等于肉上的皮也随着衣服撕扯下来，皮肤都黏到衣服的内面了，全身皮开肉绽，鲜血直流。后来虽然我的脓痂疮治好了，但是再穿上这些衣服又会再复发，像是细菌传染一样，后来他们就叫我不要再穿这件衣服了，应该把它烧毁。话说得这么简单，我把衣服烧毁了，以后没有衣服穿，就等于没有房屋住了，我的灵魂、我的肉体又依附在哪里呢？

不得已，我向师父求救，师父说："你过二十岁时，我就做一套夏天和冬天的衣服给你。"因为那时候生日还没有过，一听到有冬天的衣服，心里想："今年可以过一个好寒冬了。"但是，那个严寒的冬天，我的朋友弘度法师身上只有单薄的夏衣，我想到朋友之间要有解衣推食的情谊，就把这件冬天的棉袄送给弘度学长。他不肯接受，一直问："你呢？你呢？"我说："我还有一件。"他才肯接受。我这一年的冬天也就可想而知，得与严寒奋斗了。

还好我有一个短期出家的师弟，他有衣单，但是他不出家，坚持还俗去了，那时候他留下一些才穿不久的衣服给我，于是我好几年的岁月，都是靠这几件衣服生活了。

有人说："贫穷难以大方"。这句话不见得如此。我离开镇江焦山佛学院的时候，虽然没有什么好东西，但是我很大方，毫不吝啬地就说:"我的文具、书籍等东西,哪位同学需要,我都送给你们吧!我要回到我的祖庭大觉寺去了。"全身只剩一件长衫我就回到祖庭,连海青、袈裟也都没有了,师父还责怪我说:"你连你的饭碗都不要了?"我才知道:"喔,原来我还是应该保留一些东西的。"

我在白塔小学做校长时,我有了钱,就做了好几套衣服。接下来,我又到南京华藏寺担任短期的住持,因此又增加了不少的衣单。但是那个时候,时局动荡不安,我要到台湾,于是又把所有圆的、方的衣单通通送人。圆的指的是"方袍圆领",送给我的同学智勇法师;方的就是被单、枕头,送给我那刚刚从江北逃难到江南的三弟李国民。我孑然一身,在没有准备任何的换洗衣物下,就这样子来到台湾。

所以我常说,一个出家人在一生当中,一定要有一次以上,把所有的东西舍去放弃;你要有一次、两次这种体验,才能对修行有所了解。

到了台湾后,经过台中宝觉寺,我的学长大同法师的妹妹觉道法师也是一位出家众,托人送来三块布料,给我和广慈法师、宏慈法师一个人一块。由于没换洗衣物,身上仅有的衣物,又被夏天的西北雨淋湿,没得换洗。于是,我就利用这块布自己裁、自己做,才又有了换洗衣服。但是在这时候,我仍然没有长衫可穿,后来在中坜圆光寺挂单时,做了功德佛事,分到一些儭钱就自己做了一件长衫,自觉还做得有模有样。

一九五〇年,"一江山岛战役"爆发,普陀山的煮云法师随军队撤退到台湾,他到中坜圆光寺找我的时候,我问他:"你有带衣单吗?"他说:"没有!"我就把身上唯一的一件长衫送给他。我不是悭吝的人,但是后来知道他带了两箱的东西放在基隆,是到中坜的时候没有衣单,这样他也把我的衣服拿去了,我心想,既然你有,又何必要我来为你锦上添花?你应该帮我雪中送炭才是啊!

台湾虽然位属亚热带地区,我记得一九四九年冬天,有一次寒流来袭,我身上只有一件单薄的短褂,实在不足以御寒。那时候,妙果老和尚送我一件呢料的夹凳子(即厚的短袄),穿上它非常暖和。回想起来,在大陆严寒的冬天,有好多老人家都穿皮袄,我现在有了一件夹袄,虽然是旧的,但我非常的珍惜。可惜还是业障深重,一位大陆同来的法师,不知为了什么事情不高兴我,竟然把我的衣服撕了半边,我只好忍受下来。

之后,逐渐地,不断有人送衣服给我,没有衣服穿的窘境,就再也不成为我的问题了。

我在宜兰的时候,郭爱、萧碧霞师姑都做过好几件衣服给我。可是我没有皮箱,也没有衣柜,那时不知道要放在哪里;我嫌东西太多成为累赘,二十八岁那一年,狠心花钱买了一个箱子,把所有的东西全放进去,我的东西就不至于乱放了。

其实在我心中,我一直觉得自己有很多衣服。像香港的蒋裁缝,曾经送我十件海青;澳大利亚的一位弟子,妙源法师的家人,送过我十条灰色的裤子。从此,也不知道衣服是新是旧。现在年老了,实在说,穿的衣服太多了。不过,因为我四十岁以后就不断地发胖,从六十五公斤慢慢到现在九十六公斤,所以很多衣服我也穿不下,就经常说:"哪一位弟子有需要就拿去穿!"甚至有的衣物还没有穿过,就已经分送给大家了。想到佛陀当初制戒,不准蓄积三衣钵具,就是要我们不可以长养贪心,我想这也是不无道理。

在我七十岁那年,温哥华的一位弟子心慧法师做了一件袈裟送我,叫"万佛祖衣"。这件衣服上绣了一万尊彩色的佛像,我看了真是吓了一跳。这件袈裟穿起来花花绿绿的,哪里能见人?这

温哥华的心慧法师做了一件袈裟送给我,叫"万佛祖衣"

不是庄严佛祖,反而是亵渎佛祖。所以我搭了一次就不敢搭了。

虽说在古代,皇帝会赏赐袈裟给有德的出家人,表示尊崇礼敬。例如:大唐武则天赐给译经高僧法朗大师紫袈裟,宋代理宗赐给临济宗师范禅师金襕僧衣,明太祖颁赐大迁和尚五爪金龙袈裟,甚至高丽国王也赐予永明延寿禅师袈裟等等。这就等于大清皇帝赏赐大臣黄马褂一样,拥有一件御赐的袈裟,如同大臣有了黄马褂,也会感到无比荣幸。不过,到了现代,我还是觉得像这样的"万佛祖衣"是不能随便穿着,也不能随便送人的。

在我年轻时,慈航法师曾一度推动出家人披搭南传的袈裟。在他认为,台湾和印度一样,都属于热带地区,住在台湾,不着原始佛教时代的僧服怎么说得过去?因此,只要谁愿意穿南传袈裟的人,就送他一套。我并没有表示过要不要,但他还是送我一套,我也穿了,他们还替我照了一张照片。那些袈裟在台湾穿着,也算是奇装异服,后来我就再也没有把它穿出去了。

至于穿着的鞋子,因为出家的时候,我的母亲、姐姐,都经常做鞋子送给我,有时候一双鞋子穿不到一个月就坏了,家里也来不及供应。因此对于穿坏了的鞋子,就用厚纸板再垫起来,也能维持几天。可以说,对于衣履的缺乏,我从不以为意。

食

说过了"衣"的因缘,接下来谈饮食。

现在的年轻人只要一提到做饭菜,就好像天难地难一样,我倒想不通这道理是什么。我自己生来就很喜欢煮饭、煮菜,有"典座"(即丛林中负责大众斋粥之职称)的性格,也自觉在烹调方面无师自通。可惜我只做过短期、客串的典座,如在焦山做过一年半的"菜头"(即厨房里负责司掌烧菜的职务)。

佛光山开山的时候,我经常告诉弟子,什么菜应该如何烹调、怎么煮法,一般人都执着于自己的成见,不容易进步,只有萧碧霞师姑对我的意见言听计从,现在大家都欢喜吃萧师姑煮的饭菜。到后来,佛光山经常宴客,就请萧师姑来掌大厨。

请客,不只是美味、量多就算了,即使是素菜,所谓"三德六味"、"酥酡妙供",除了味道以外,也要讲究颜色配称、咸淡均匀,色香味俱全。再者,一场素宴除了美食,还要有适当的环境、食具、器皿,还要有笑容、要赞美、谈话助兴,以及找话题相同的人一起聚餐,种种的因缘条件搭配起来,一桌素宴才能更增加效果。

现在,萧师姑的素食料理已经进入高层次的阶段,她喜欢用套餐宴客,对我的"简食运动"已经看不上,所以现在只能各行其道了。

萧碧霞师姑是佛光山的料理高手,也闻名于当世。后来萧师

随众过堂

姑自己研究独创出一套素食的料理方式。她旅居洛杉矶的时候,曾经在大学做过烹饪老师。她的素菜被人称赞,我也感到与有荣焉。

我自己因为不能做典座、饭头,一直觉得是这一生的遗憾。就如同顺治皇帝说的:"我本西方一衲子,不幸生在帝王家。"我也有这种感叹:"我本愿做饭头师,不幸现在做大师。"在我认为,能够把饭煮得不硬、不烂,让人吃出饭的美味,这是做一个厨师、典座的人,应该一致努力的目标。就是各种蔬食的烹调,也要有咸淡、香脆、熟烂,再加上五味调和,素食也能展现百味香。另外,做菜的刀工、火候、配料,都是需要"一理通,万理彻"。认真说来,典座也是一件不容易的事。

我从小出家,过堂(即上斋堂用食)吃饭只有一菜一饭,数十年的丛林生活,到现在已经是一个老和尚了,我还是最喜欢一饭一菜,甚至不要饭菜,就是一碗面也很够味了。

一九五三年,我二十六岁,台北的吴随居士找我去讲经,办了一桌素斋请我,那一桌素斋只有我一个人吃。平常吃惯一菜一饭的我,对着那一桌几十道菜的素斋,真不知道该怎么办。一直到现在我都觉得"可惜、可惜",真是难忘的遗憾。

还有一次,"警政署"的陶一珊处长请我在他的官邸吃饭,也是叫了素菜之家的一桌素斋,只有他和我两个人吃,我也觉得非常可惜。我到了三十岁左右,看到台北那许多道场的法师,常常请人吃饭,虽然一桌饭菜几百块钱,但实在是让我心有不舍,为什么要花那么多的钱?吃得那么多,对人生有什么帮助吗?

我曾经到金门旅行,金门的司令叶竞荣先生,特地请参谋长为我们做了一桌素斋的欢迎宴。我记得那一次,第一道菜出来是一大碗汤;第二道菜出来就是一碗面;然后又再出来两样菜、一盘炒饭,然后一盘水果。简洁明了,吃起来更加的简单爽口。所以我觉得参谋长准备的那一餐素斋,与后来蒋经国、蒋纬国先生提倡的"梅花餐"一样简约。

我是一个提倡简食的人,我认为简食有益于健康、有益于经济、有益于时间,是值得推动的。我到处开设"滴水坊"提倡简食,你来,吃一碗面,我可以不收你的费用,只要你欢喜,你可以随意添油香。或者吃一盘炒饭,只要吃出美味、吃饱就好,为什么一定要式样很多呢?可是,尽管我提倡"滴水坊"简食,我们各地的别分院总觉得,只是一饭或一面,心意不够,因此都要再多加出几样饭菜来,但是又没有把它做得很好吃,真是可惜!

除了"滴水坊"之外,我还发明了"素斋谈禅"、"飞机餐"。

"飞机餐"是怎么来的呢?大约是在一九九四年的时候,中华

我认为糖尿病者血糖增高并不是很严重的事情,只要多一些运动,少吃一些东西,它自然就会降下来,但是血糖变低则是很危险的事情

航空公司正好有一批餐盘餐具要淘汰,因为我搭乘他们的飞机,就说:"你送给我吧,丢了可惜!"后来我就用这些餐具,里面盛装一饭、一面、两样小菜,这就是"飞机餐"的由来。

我推动简食的时候,经常宣导素食最能增进健康,增加耐力。像现在西方人士把素食视为健康饮食,日本人也把素食称为"精进料理",素食有许多的利益。

你看,牛吃草,也是素食者,但它耕田拉磨,耐力很强;又如马吃草,也是素食动物,它可以日行千里,非常勇猛;骆驼吃草,也应该算是素食动物,耐旱、耐劳、耐苦,有"沙漠之舟"的美称。

在动物当中,大象的力量最大,大象也是素食的动物,狮虎都不是它的对手。我曾在一个介绍动物世界的节目里,看到一群老虎向大象进攻,但是它们都敌不过一只大象;只要靠近,大象鼻子一甩,就可以把老虎打到几丈之外,甚至跌昏过去。此外,赛鸽也是素食者,它只吃黄豆米粮,就可以飞行千里。

可见得,素食者不但仁慈、长寿,尤其也最有耐力,这已经是不争的事实。就如很多老和尚一生素食,到了年老还是精神矍铄,体力强健,寿命增长,这是不无道理的。

其实,做素食料理是一门艺术,好像画一幅画,写一篇文章、一首诗歌,里面有书画的深浅,诗歌的抑扬顿挫、情境之美。中国人常说"饭桌上能解决问题",但一定要有美味佳肴才行。吃也是一种国际重要礼节,出国做大使、办外交的人,他可以不带秘书、不带家人,但他不能不带一个厨师,因为要跟各国人士打交道,餐饮是非常重要的。

我曾经发明"便当十菜",因为我看到一般的便当都放有青菜、汤汤水水,既不美味,又蹧蹋了这许多的菜肴。其实,便当菜不可以有水分,要加一点油盐调味,才能增加饭食的美味。

以下是我的"便当十菜"内容:

一、梅干菜卤魔芋
二、油面筋卤烂黄豆
三、榨菜炒香菇
四、面筋炒生姜丝
五、四季豆炒橄榄菜
六、黄豆炒香菇
七、芹菜炒豆干
八、雪里红炒百叶
九、豆包炒萝卜干

由我设计的便当十菜(萧碧霞师姑提供)

十、茭白笋炒千百叶

十一、卤烤麸

十二、凉粉拌小黄瓜

上面列出十几道菜提供参考,其实,每个便当只要有个五六道,就可以算是上等的便当了。

我除了推动"滴水坊"简食、"便当十菜"之外,又在台北道场设立"腊八粥——以粥代茶"与大家结缘。台北道场自从一九九四年初开光启用到现在,每天都会煮上好几桶的腊八粥(平安粥),供应各界解渴解饥。另外,我在佛光山檀信楼也推动腊八粥免费结缘,但是游客信徒走到那里,看到不要钱,他也不好意思去吃,真是好事难为。要钱也不好,不要钱也困难,究竟怎样才适中呢?

除了以腊八粥结缘,我想起过去佛教在中国,每年到了腊月初八佛陀成道日,寺庙里都会准备腊八粥和十方大众结缘。等于现在基督教每逢圣诞节,都会挂灯结彩一样,结合民间来推动信仰。现在,听说大陆各个寺院又纷纷恢复在佛陀成道日,煮腊八粥来与大众结缘,这真是令人欢喜的好事。

除了推动腊八粥,我也主张每个家庭的青年夫妇,或是出家的沙弥、比丘、比丘尼都要能煮出十道不同的面食来。如果有朋友、同好来,煮一碗面请他,我想,这就是最干脆、最简单的请客了。有时候一碗面,比一桌素斋还要让人吃得心安理得。

这十道面食的内容,我也提供意见如下:

一、番茄面

二、胡椒面

三、佛光面

四、豆皮汤面

五、茨菇面

六、丝瓜面

七、凉拌面

八、麻酱油阳春面

九、香菇面

十、芝麻酱面

十一、素香面

十二、杂菜面

以上的面食做法,也不是一概而论。在哪一个地区,吃哪一种面,就要配合哪一种材料。就地取材,了解当地的面食和配料的性质,才能把一碗面煮好。

我曾经煮过一碗番茄面给"中华汉藏文化协会"的张培耕先生吃,一直到年老的时候,他都还跟萧师姑讲:"师父煮的那一碗番茄面,至今都忘记不了!"可见得,一碗面食,只要把味道煮好,也是结缘的珍品。

我现在吃饭,还是维持少年时期在丛林里养成的习惯,一饭一菜最为合意。即使面前摆有五六盘菜肴,也难得吃那么多,在我,有一菜一饭就已经够美味的了。

现在,我早晨起来,大部分都是一片面包加燕麦奶、一碗青菜,这是高雄长庚医院的王梦玲营养师为我开的食谱;中午就随顺大家吃一小碗饭,侍者为我准备的四五样菜当中,我只要选一样欢喜吃的,就感到非常满足;晚上一大碗面也就够了。

我的糖尿病有五十年以上了,最初医师限制我:饭前血糖一百,饭后一百八十,但是我从来没有达到医师的标准。因为我没有忌口,一直都是吃饭、吃面。主食中如果没有饭或面,简直等于没有吃东西一样。

二〇一二年九月,台北荣总新陈代谢科主任蔡世泽医师告诉我,"糖尿病关怀协会"成立十五周年,工作人员正在整理、收集糖尿病患者的饮食资料,希望邀请我将五十年来以糖尿病为友的心得,与其他病友分享。蔡医师是我多年的糖尿病主治医师,他跟我走过几十年的糖尿病史,他也不太勉强我,随我自由。我也不太听他的话,随顺着我自己的生活,但是我很感谢他。因此,当他们专程带摄影机及主持人到高雄来访问我时,我也乐于把我的经验告诉他们。

我想,面对糖尿病,只要不吃太油、太咸、太饱,饮食正常,应该什么都可以吃。糖尿病者血糖增高并不是很严重的事情,只要多一些运动,少吃一些东西,它自然就会降下来,但是血糖变低则是很可怕的事情。

我这五十年中,大概不只十次有过低血糖,曾经有血糖值降低到每毫克到六十、七十、八十分升的记录,这种情况发生时,都会心悸、流汗、全身发抖、无力。一般的做法就是赶快吃一块糖,大概五分钟就可以恢复正常。可是我一生并不太喜欢吃糖,我的身边也没有糖,还是要吃面、吃饭,吃下去以后,大概要等半小时,才能控制心悸及发抖的情况。

所幸,我每次低血糖的状况出现时,都会有明显的身体不适,所以都来得及补救。因此勉励大家对自己的病情要了解,"自己要做自己的医生",要"与病为友"。

究竟我的糖尿病是怎么来的呢?照理讲,我的家族没有糖尿病史,我也不好吃,我探讨的结果,必然是我曾经多次在极度饥饿的状态下,让胰脏有所损伤了,因此糖尿病就跟随到我身上。这真是冤哉枉也。现在医疗界还没有找出导致糖尿病病发的原因，我提供的这个意见，也没有得到医师的重视。不知道要到什么时候，科学家才能研究出糖尿病的原由了。

总之，我对于衣食住行都不是很讲究，我觉得衣服可以蔽体，三餐能吃饱，住的地方可以遮风避雨，走路能行能动，就是很好的事情了。

住

谈到住，中国五千年的文化历史，据说从茹毛饮血慢慢住到石洞，再慢慢演变到以草、以瓦、以大楼为屋。回忆我这一生住的情况，也好像人类五千年来居住文化的缩影。

我最早成长的家庭是住在一个小草屋，里面有两张床铺。有时候家里的人多了，母亲就下令："有哪个小孩可以睡在地下？"经常都是我自愿。因为打地铺睡觉，是我最喜欢的事。地下又平又宽，可以滚来滚去，觉得也很惬意，所以我并不感到睡在地下有什么不好。

没想到四十多年后，我建了佛光山，每次办活动人多，甚至一来就是成千上万的人，也是有打地铺的情况。因为要想有一人一床，实在是不容易的事啊！想起当初佛陀也只是"日中一食、树下一宿"，树下并没有比我们屋里的平坦地面好受，一样过着修道的日子。除了佛陀，那许多的罗汉僧不也是这样的生活吗？

我出了家后，一般都是在禅堂里，随大众睡广单。广单，就是一条长长的卧榻，可以容纳五六十人睡觉，就像咸鱼一样一排一排的。有时候半夜起来上个洗手间，再回来就没有位置了，只有慢慢地再挤进去，把两边的人挤到旁边一点，才能再入睡。大家也习以为常，不和我计较。

后来在栖霞律学院读书，做学生倒是有很好的待遇。因为当时南京的学校都已经迁到大后方重庆去了，留下许多学生睡过的铁制双层床铺，非常坚固，没有人要，我们就把它搬回学院，以此作为床铺。不过也很可怜，虽然有床睡了，却没有因此睡得安稳一些。有时候重庆盟军的飞机来轰炸南京，只看到窗外一阵红光，接着天崩地裂，我就被震得从上铺抛到空中，再掉到地板上。还好是地板，人没有受伤，疼痛一下就过去；如果是掉到砖块、水泥地板上，就肯定会受伤了。

我在大陆和台湾，都分别住过拘留所、住过仓库，也住过牢狱，在海峡两岸都曾经失去自由。可是我从寺院丛林出来，没有做过一件坏事，一句坏话也不敢讲，怎么会被关起来呢？我想，只能把这些牢狱之灾，当作是为自己消灾解难了。

在大陆被关闭的时候，每天都是一百多人挤在一个大房子里，今天拖出去两个枪毙，明天拖出去三个，我就想到古德讲的："眼看他人死，我心急如火；不是伤他人，看看轮到我。"我曾被五花大绑，准备送到刑场去枪毙，当时体会到，人生到了这个阶段，也没什么可怕的，只是心底感觉天地昏暗，自己还有一些遗憾：我才二十一岁就在这里死了，像水泡一样"啵"一下子就没有了，师父不知道，父母家人也不知道，实在可惜。后来也许是命不该绝，有机会被释放出来。总之，大难不死，也是非常庆幸。

后来我到台湾，没多久，就被关了二十三天。最先是被关到中坜的拘留所，后来又把我送到桃园的某一个大仓库。当时所有外省来的出家人都被逮捕，因为谣传共军派了五百个僧人，到台湾从事间谍工作。我和慈航法师、律航法师等十多位法师，就这样被抓起来，其实，我们都不懂什么叫"谍报"。不过，那时候国民党愿意为共产党服务,听信谣言,让我们受一点牢狱之灾,也就算了。

我初到台湾的时候,没有地方落脚,感谢一些神庙都不需要挂单手续,就让我们可以在神龛下暂住一宿,所以我也睡过神庙、茅棚、草棚。后来我到中坜圆光寺挂单,妙果老和尚需要有人替他去看守苗栗法云寺旁八十公顷的山林,我感谢他的收留,也就发心自动去看守了。当时,我一个人住在草寮里,穿着木屐在山前山后、山上山下奔行,如履平地。三个月当中,我一共穿坏了两双木屐,还写了一本《无声息的歌唱》。

一九五三年的年初,我到了宜兰雷音寺。当时在佛殿旁有一个三四坪大的房间,里面放了一张竹床、一架裁缝机,大概这是他们平时做工用的地方,现在让出来给我睡觉。可怜的那一张竹床,我只要朝上一坐,它就发出吱吱嘎嘎的声响,九里外都可以听得到。所以夜里我也不敢经常翻身,就怕它发出的声音太大,会吵到旁边的住家。

在这样的情况下,我睡了一年多的竹床。就在这时候,严炳炎老居士,我们称为"老沙弥"的他,竟然要来挂单,并且和我同单而眠。严居士是现任公益平台基金会董事长严长寿的父亲,在刚到台湾那段时间,他同我们好几个出家人都很熟悉。我迫于现实环境,就提醒他说:"我们睡觉不宜翻身,免得这床铺发出的声音太大声吵到别人。"睡觉不翻身,是我们出家以来就有的训练,所以附近常常来佛殿拜佛的人,有时候也取笑我说:"唉,法师,你们睡觉很少翻身吧。"好像嫌我们住得太过宁静了。

后来,我又睡过台湾的榻榻米。那时台湾有一些小庙,偶尔客人来了要住宿,也不能完全拒绝,否则会被人责怪:"怎么连一个地方给人睡觉都不肯?"因此多少都设有榻榻米的客房。不过在当时的社会，即使要睡一张榻榻米也不容易，有时只有在走廊，用个布袋、或摆张帆布床让人睡觉用。我也曾随喜随缘地睡过这许多地方。

至于睡在阳台上，这是常有的事了。例如，煮云法师到佛光山来看我，我就会把自己的床铺让给他，自己睡到阳台去。还好台湾地处亚热带，晚上睡在阳台上，就像朱洪武说的："天为罗帐地为毡，日月星辰伴我眠；夜间不敢长伸足，恐怕踏破海底天。"感觉也是颇好的。其实，阳台和床铺，对我来说也没有什么差别，偶尔睡一下阳台，偶尔睡

唯一一次穿慈航法师所送南传袈裟，树下禅修，学习佛陀（一九五九年）

一下大地，睡在路边，那都是一种人生的体验。

就好比我在宜兰睡觉的房间，就紧邻宜兰市中山一路。每每大卡车在半夜行走，速度都非常快，一走过去，房子都随着震动，听久了，也就没有什么感觉。后来我到了高雄也是一样，寿山寺就位在鼓山一路的路边，高雄港口的火车都是半夜调度进退、转换铁轨，撞击的声音，经常把寿山寺震动得摇晃不已。但是日子久了，也就习以为常了。可见，人是可以随顺习惯而生活的。

比较起来，最难堪的一段时期就是在台北善导寺。当时我们去挂单，寺里不得地方住，他们就把骨灰瓮下面的橱柜，让一个出

来给我睡觉。我记得一九五一年花莲大地震发生的时候，半夜三更，我正在睡觉，天摇地动，骨灰瓮好像随时都要倒下来了。我还很镇定地跟它们商量："拜托，请不要倒下来，你们不能打破我的头呀！"想想，自己在那样的时刻还能自我嘲解，幽默一下，人生也蛮有趣味的。

历经这些克难的住处后，到了我六十岁开始，我受到的待遇就不一样了。走到哪里，人家请我讲经说法，都用最好的房间接待我，或以最好的饭店招待我。有一次我到多伦多访问，有一位过去从事土地经纪人、刚出家的弟子满宜法师，因为师父驾到，他特地花了一千元美金为我订下一间总统套房。没想到，那一天因为徒弟开车走错路，一直到半夜一点多钟才抵达饭店，早上六点又要去赶飞机。看到床铺叠得那么整齐，我也不敢去动，就在椅子上稍微打盹一下，天亮就走了。

一九九〇年，韩国顶宇法师在汉城（现在称首尔）的九龙寺落成，请我去替他主持开光典礼，他也是用总统套房招待我。我见到那么庄严堂皇的地方，实在不忍心把它弄乱，所以还是在沙发上睡一觉，天亮就离开了。

其实，我非常呼应《增广贤文》里的一句话："大厦千间，夜眠不过八尺；良田万顷，日食不过几斗。"人生为什么非要在物质上那么辛苦的汲汲营营呢？淡然的生活，不是也有很大的乐趣吗？

尽管我六十岁以后到世界各地旅行，不知住过多少次一流的饭店、一流的总统套房，受到一流的接待；不过，再好的房间都不能影响我。因为大部分的行程都是团体旅行，虽然安排给我一间总统套房，可是随行的一二十人，都在我这里集合，捆行李、送礼物、分配东西、打电话、上厕所、吃便当，我的套房就成为大家的餐厅、会客室、工作间、联络站、询问处，所以我有时候也会开玩笑说："你们都来住总统套房,留一个小的房间给我住就好了。"

在我一生中,最有趣、最值得纪念的睡觉处,恐怕是二〇〇三年,巴西如来寺开光落成暨国际佛光会理监事会议时,他们招待我们一行人到亚马逊河游览,睡在阿瑞雅亚马逊塔旅馆(Aria Amazon Tower Hotel)了。我称它是"空中楼阁"。

这旅馆最特别的是,一间一间的树屋,就建在亚马逊河森林中的大树之间。树屋与树屋之间的通道,是用竹竿绳索搭起的便桥,行走时,桥也跟着摇摆。到了夜间,因为屋里点着灯光,附近的昆虫都跟着飞进来,住得我也胆战心惊的,第二天赶快跟他们说:"亚马逊河不好玩,太危险了!"

另外,我也住过马来西亚特殊的海上别墅。这是华人颜祖耀居士与当地政府合作,取自当地马来西亚草为建筑材料,在距离岸

亚马逊河畔的旅馆

边二十五海里的马来西亚雪邦海域上建起来的别墅,据说可以容纳千余人。二〇一二年十一月我到大马参加十万人的弘法大会,大马佛光协会及大马东禅寺的职事好意的安排我们住到那里,说是可以欣赏大海景致,可惜我忙着口述文章,什么也看不到,咸咸的海风倒是吹了不少,这也算是我生命中的一件奇人妙事吧!

此外,早年我也曾和指南宫的周老道董事长住过新竹县竹东的山洞,一起修行了几天。而我从佛光山住持退位后,也曾在美国闭关半年,后来实在是事情太忙,我不能自己在关房里安闲自在,所以半年后,也就出来帮忙西来寺的建设了。这些,都算是我在住的方面特殊的经验吧!

行

提过了衣食住,还有一个行。其实我的行,在另一篇《我的交通工具》里都有叙述,在此我也约略讲一下。

我所走过的道路,如果把我的人生行路分成两个阶段,第一个阶段是四十岁以前。十二岁出家之前,我走过的道路顶多十公里,最远就在家门附近。一直到出家以后,才有机会从栖霞山走到南京,从南京走到宜兴。

到了台湾,早期住在中坜圆光寺,倘若要到竹东、苗栗、杨梅、平镇,都是凭着一双脚帮着老和尚跑腿办事。在新竹青草湖台湾佛教讲习会教书的时候,有一些学生住在屏东、高雄,如美浓朝元寺的善定、慧定法师两位师兄弟,我曾经带南亭、东亭、圣严、煮云法师到她们的常住参观。从美浓的竹头脚,到朝元寺的广林里朝元路九十号,走路都要花上四五个小时的时间。像这样为了弘法,我到苗栗、后里、大甲、后龙,无论山线、海线,往来乡间的小路径,都不知走过多少次。走路,实在是人生一大享受!

到湖南张家界参观(二〇〇七年四月十七日)

到了四十岁以后,我行走过万里长城,走过印度的泰姬陵,也到过埃及金字塔、希腊神殿、意大利的地下宫殿、比萨斜塔等。我也走访许多大自然的景致,例如:在澳大利亚就走过好多的乡村小路,浏览名胜,像蓝山公园的三姐妹峰、钟乳石洞;美国的弗吉尼亚州国家公园、洛矶山脉大峡谷,以及北印度高山上的拉达克等,我都曾亲自到访。

在台湾,我走过山路、行过海路,花莲的太鲁阁,我不止走过十次以上;连接台北、宜兰的公路"九弯十八拐",那就更不计其数了。而在大陆,湖南的张家界、四川的九寨沟、云南的虎跳峡、甘肃的敦煌石窟、山西云冈石窟、河南龙门石窟、宜兴的善卷洞等,都留有我的足迹。

中共总书记习近平先生,最近曾引用大陆一首歌的歌词"敢问路在何方,路在脚下";过去老子亦云:"千里之行,始于足下。"说来,人生确实要"走出去",才有前途,才有发展。

我也曾为我们佛光山托钵的行脚僧写了四句标语:"走出国家富强的道路,走出佛教兴隆的道路,走出人间光明的道路,走出佛子正信的道路。"唯愿大家都能勇敢地"走出去",必能走出人生的光明大道!

登高望遠
飛揚十方

我的交通工具

火箭能登陆月球,不能登上我们的心灵。
西方极乐世界距离我们有十万亿佛土之遥,
用火箭也要多少光年才能到;
但是西方净土不是科学的世界,
是此死彼生,
是即刻的,
是没有时间的,那完全要靠一心才能到达。
所以科学再怎么发达,
它也不能取代宗教。
唯有重视人心的来往交通,
让人们彼此多交流、多联谊,
所谓"见面三分情",
这比较容易促进世界的和平啊!

我写《百年佛缘》快结束的时候,弟子忽然跟我建议:"师父,您要写一篇您的交通工具吗?"

我乍听之下有些意外,在我想,这套口述的《百年佛缘》里,大多是以人物为主,怎么能扯上交通工具呢?

弟子又说:"您一生近百年的岁月,坐过的交通工具可以看到一个时代的发展,我们替您算过,您骑过牛、坐过牛车、骑过马、坐过独轮车,甚至也登上了战车、军舰、直升机,乃至七四七喷气客机等,值得让这个时代的交通,因为您的《百年佛缘》而做个见证。"

我听此一说,觉得徒众说话有理,因此,不妨就借此说一说我百年的交通工具的缘分吧!

其实,人类最原始的交通工具就是"两条腿"。我的两条腿很会走路,每天走一百

带领佛光山欧洲考察团至埃及参访,骑骆驼体验埃及文化(一九八二年四月)

华里,在我的生命过程中是经常有的事。记得出家初期,师父写好一封信,常常要我从栖霞山送到南京城里给某某信徒护法。我早上出门,一直走到近黄昏,算一算应该也有五十公里(一百华里)了。送过信之后,就住在城里与栖霞山有缘分的"祖师庵",第二天早上,再走路回栖霞山。为了送一封信,我必须要走二百华里。

一九四六年我在镇江焦山读书,那年夏天,我从家乡仙女镇坐上舢板摆渡,沿着扬子江边走到镇江,再坐上小筏子赶回焦山佛学院,整整走了一天才抵达。因为那正是炎热的六月天,没有阳伞,也没有帽子,大太阳烈日之下,我从早上晒到傍晚,整个人就晒黑了,同学们看到我都笑说:"小黑人回来了。"

之后,我从焦山佛学院回到宜兴大觉寺祖庭,师兄是当家,经常要外出做功德佛事,我看了实在不忍,就跟他自我推荐说:"你忙

在高雄与青年们坐"轻便车"下乡弘法

不过来,让我代你去吧!"其实,我们的寺里没有做经忏佛事,但是为了要应付溧阳佛教会会长,我们也必须应酬他们的信徒。

从宜兴走到溧阳,有时要经过山区小路,大部分在清晨天还没有亮我就上路了。我的手里提着一盏灯笼,另外一只手拿着一根棍子,以防野狼会对我袭击。因为其他的人也都这样恐吓我,我想,还是拿根棍子比较安全吧!

从早上四五点开始走到下午一两点钟,常常要走一百多华里才到斋主家里。佛事倒是简单,一台"焰口法会"只要两个小时就可以完成,因此我在五六点吃过他们的饭以后,点个灯笼又再上路了。为什么?因为那个时候,我担任白塔小学的校长,必须赶回去上第二天的课。这些种种,让我自信我的腿劲十足,两条腿是我最好的交通工具。

我的交通工具

后来到了台湾,最初住在善导寺编辑《人生》杂志,当时印刷厂在万华,也就是靠近现在"华江桥"附近。本来转个两路公车就可以抵达,但为了节省那两张公车票,我也就花了一两个小时的时间,从善导寺走到华江桥左近的印刷厂。我只知道,走路是很自然的事,现在才晓得,原来走路是维护健康最好的运动。

当然,在我还没有出家前也有代步的工具,那就是水牛。有一段时间,家里的经济稍微好转,大人们有意买一头牛耕种。不料,买回来的竟是一条黄牛,我心有不乐,因为黄牛不能骑坐,如果是水牛就可以给人坐了。但黄牛的价格比水牛便宜,家人为了节省开支,也就舍弃水牛而买黄牛。尽管如此,水牛仍然一度成为我的交通工具。

除了水牛之外,童年时期,父母带着我们出门探亲,大部分都是步行前往。尤其我的姑母住在陈家店,距离故乡仙女庙镇要走十华里以上。此外,我外婆的妹妹,是一位我们叫她"师公"的比丘尼,在一个乡村的"万佛庵"里居住。母亲常常带我们去看她,大约也要走上六七华里的路程。

那么远的路,偶尔母亲挂念我们走不动,还会让我们乘坐独轮车。所谓"独轮车",是木头外面包着铁皮做成,座位中间有一条隔线,下方只有一个轮子,必须由一个人握住两边的手把往前推走。这种车子坐两个人,重量比较能够平衡,如果只坐一个人,反而不容易控制手把。所以母亲探亲出门,总会带一个人同行。这就是八九十年前的交通工具。

这几年来,我在大陆宜兴恢复祖庭,在扬州捐建鉴真图书馆,在南京雨花台也重修了母亲居住过的雨花精舍,偶尔,我还要到栖霞山母院去探望师友。当然,现在已经不用走路而是以汽车替代了,只要花个两个小时的一段路程就可以到达。跟我同行的弟子们都说:"大陆太大了,路程好远啊!"我心里想,现在车行这么快速,要是在七八十年前,可都是用两条腿走来走去的。今昔相比,交通的发展真是不可同日而语啊!

我居住的家乡扬州仙女镇(江都),是一个偏远的江北小镇,我没有看过汽车,更不要说看过火车,只有家门口的运河里有不少的帆船乘风来去。有时顶风,船不好走,必须由人在河的两岸拉纤前进,我都曾经拉过。此外,就是以竹筏做摆渡,在运河里划来划去了。

每一次奉母亲的命,让我从运河的北边到河的南岸买东西,一坐上舢板摆渡,就要付一个铜板。慢慢地,成长到十岁,因为我的水性很好,开始舍不得花这个铜钱。于是,我就把东西买好,绑在头上,双脚踩水而过。我还因为自觉本领高强,能为家庭节省开销而感到些许得意。

十二岁那年,听说有一部汽车要从扬州通行到邵伯,会经过家乡的运河。当时,河两边的公路都有了,但钢铁做的"洋桥"还没有修好,不过倒还有一座木桥可以通过。大概由于车里的人有急事要办,这部汽车就借道木桥想要过河,但到底木桥的承载力不比洋桥,这部车子竟然掉到运河里去,引来成千上万的人在岸边观看热闹。至于有人伤亡没有,现在已经记不清楚了。

这一年看过汽车以后,我就随着母亲到南京寻找父亲。在江都,我们租了一条小轮船,从扬子江走到镇江,上岸的时候,已经夜幕低垂。母亲带我到一家小饭店吃饭,我忽然看到镇江火车站的火车正要开动,不禁惊呼:"妈妈,不得了了,你看,房子都在走路!"

我记得母亲还取笑我说:"你这个扬州虚子,那是火车啊!你真是大惊小怪。"当时我也不知道"火车"是什么,只感到很好奇。那天晚上,我们母子两人住在一个小客栈里,可是我一夜难眠,盼望着天亮一早能够看到火车长得什么样子。

坐马车体验当地交通工具

那时候我和母亲的想法,只是在江南一些寺庙访问,看看有没有人是否知道父亲从这里走过,或许可以借机探寻到父亲的下落。因为父亲是个会做素食的业余厨师,常常应邀到各个寺庙帮忙煮素菜。到今天,我自认为长于素食的各种烹饪方法,这应该是得自父亲的遗传吧。

在镇江各个寺庙里没有打听到父亲的音讯,母亲就说,不然,我们到栖霞山看看吧。栖霞山在哪里?我也不知道,就这样漫无目标地走。那时候,我的哥哥只是个会读书的书呆子,弟弟年纪太小,我的姐姐已是个大姑娘了,不能抛头露面,并且怕日本人会把她抓走,所以母亲就要我陪她同行。

我们从镇江坐火车到南京,经过栖霞山的小站就下来了。到了栖霞山的山门口,正不知如何进去寺里时,刚刚看到门前有军队

山区陡坡，牵马步行

正在练操。现在想起来，那应该是南京汪精卫要组织"和平政府"之前，在训练"和平军"吧。我好奇地观看军队受训，正在看得入神的时候，有一位知客师父走过来跟我讲话，就这样的因缘，我决定了终身，在栖霞山出家做和尚了。

出家之后，当然，那个时候没有汽车，也没有火车，不过，对年轻人来说，两只脚就是最好的交通工具。在栖霞山上，我经常从这个山头翻到那个山头，上山下山，如履平地。偶尔，奉师父之命到南京送信，或在春秋季节宝华山传戒期间，前去戒场观摩学习。大概在我七八年的栖霞生活中，应该每一年都是从栖霞走路到宝华山，两地路行约三十六华里，记得我还利用走路的时间，学会一些佛教里的歌谣，例如：

> 金山腿子高旻香，
> 焦山包子盖三江，
> 常州天宁寺好供养，
> 上海海会寺里啦腔。

以及：

> 要受华山戒，扁担绳子随身带，

打了上堂斋，吃得臭咸菜，
出了灯油钱，蹲在黑地拜，
谁要再受华山戒，要把一切忍下来。

除了走路，回想我在南京的日子，我坐过马车，也曾在上海坐过电车，算一算，我的交通种类的记录也相当可观。

初到台湾时，我们"僧侣救护队"一行人坐了运煤的火车到台南，预备要找单位报到。后来由于人数不足，救护队没有组织成功，宣布解散以后，我就到中坜圆光寺挂单了。

在那动荡的时代，我感谢常住对我们的接纳，自愿发心为常住服务劳役，一时之间，我反而成为货物的交通工具了。因为我几乎每周都有二三次要走十四里黄泥的路段，到中坜街上为常住采购三餐的食粮，用"犁阿卡"（台湾话：手拉车）把它拉回寺里。有时候遇到上坡，那几百斤的货物，不是我一个人的力量所能担负，总要勉力才能够拉得上去，甚至因为用力过度拉到呕吐了。说起来，人做了货物的交通工具，真是另有一番滋味在心头。

后来心里想，常常为了食用的米粮，就要跑到十几里路外采购，走路实在不太方便，我应该要学习骑脚踏车。那时候，每参加一次法会，都会分到一点傔钱，存到一个数量后，大概在一九四九年的秋冬之间，我买了一部旧的脚踏车代步，这样就可以来去快一点了。

由于自己骑车的技术不好，有一次，在一条只容一人擦身而过的小径上，一边是田地，一边是深沟，忽然看到远远走来两个小学生，我想，我要下来也不容易，就大叫："你们要让路啊！"

那两个学生听我这么一喊，真的赶快自己就站到田里去，把小径让给我走。当下我动了一个念头："哎呀，真好，这两个学生这么乖巧啊！"结果这个妄念一起，我立刻连人带车，头朝下的栽到二三丈的深沟里去。一阵天旋地转,在晕过去之前,我想,这一次必死无疑了。

不知经过多少时间,我慢慢地睁开眼睛,以为自己已经死了。四周看了一看,哦,还有树,还有草,还有黄泥土,这不是跟人间一样吗?难道阴间和人间一样吗?再摸摸自己的头,摸摸自己的身体,才感觉到:啊!我没有死,我还活着。

我坐了起来,看看我的脚踏车,在身边数丈的范围内,已经跌得支离破碎了,数一数,大概也有三四十块。舍不得就这么放弃,我就把捆货物的皮带解开,把脚踏车的零件残骸捆绑起来,自己再把它扛回圆光寺。为什么呢?想到将来当个废铁卖,也应该可以卖到一两块钱吧!

就在我扛着脚踏车的时候,忽然想到,平常脚踏车是给人骑的交通工具,现在它来骑我(我扛着它),究竟是人骑车呢?还是车骑人呢?这倒也成为一桩禅门公案了。

记得在一九五三年的元月,我从台北要到宜兰弘法,乘坐公路局的汽车,整整坐了四个小时才到宜兰。沿途,碎石子的路面让车子颠簸不已。我就感觉到,一个社会要想进步,必定要从交通道路的改善开始。有了通畅的交通,就等于人体的血脉畅通,身体才会健康,社会才能迅速发展。

按理说,公路局的车子应该在宜兰的北门口,也就是雷音寺的旁边,停下来让我下车。但是那时候公路局的行车规矩严格,一定要把我载到火车站去不可,这让我又走了二十分钟的路程才回到雷音寺。从那以后,铁路、公车,就成为我弘法的专车,因为在一九五〇年代,我还没有机会坐到小汽车,能够有公路局的大车搭乘,就已经觉得很受优惠了。

我在台湾展开了弘法,有时候别人用脚踏车载我,有时候我用

我的交通工具

于佛光山新营讲堂前广场骑脚踏车

脚踏车载人；偶尔也会坐到黄包车，也坐过三轮车，甚至像我从台北的猴硐到青洞坑，必须搭糖厂的五分车（小火车），假如要下乡到更偏远的地方，就还要再坐一段运煤的"轻便车"才能到达。这些都是我常坐的交通工具，至于社会普遍的牛车、人拉的拖板车，就不在话下了。

渐渐地，我与台湾的各界结了缘，经常应邀到学校讲演，到监狱开示，也曾受军队邀约讲话。军中的舰艇、吉普车，甚至金门战车（坦克车），他们都给我坐过。

说到战车，一九四九年古宁头大战发生，解放军登陆金门，双方激战后，解放军损失较大。原因是金门的国民党军队有两部战车，虽然一部抛锚故障，只有一部发挥功用，但这部战车万夫莫敌，发挥极大的威力。有人说，这几十年来，台湾获得安全，两岸能够无事平安，这一部战车功劳不小。我几次赴金门，都还特地前往凭吊。

我也受过很多交通上的优待，例如，有一次彰化溪州总糖厂邀

早年在宜兰，以三轮车及步行游街弘法

约我去弘法，特地开了一节火车来接待我；也曾有一次，"警务处"处长陶一珊先生因为钦佩我写了《释迦牟尼佛传》，他特别让我坐上火车上的房车，环视四周的设备，我想那应该是蒋先生乘坐的专用车厢吧！

总之我在台湾，上山下海，搭乘过的交通种类，可谓五花八门。像我乘坐流笼（空中缆车）到太平山、八仙山说法，也坐过渔船到小琉球布教，甚至我到绿岛、兰屿、龟山岛、东沙群岛、马祖、东引等，我搭过汽艇、坐过轮船、登上军舰，所谓"行船走马三分命"，为了弘法，也谈不上交通安全与否的问题了。

不过，大约在一九六六年汽车开始普遍起来的时候，徒弟刚学会开车，因为技术不好，把我载到田里去，载到水沟里去，这许多惊险的故事，也是时有所闻。今天回忆起来，汽车确实很方便，但是出了问题，就变得不方便了。所谓汽车者，可以扬眉吐气也，但是

我的交通工具

在南印度龙树菩萨岛乘坐当地特有的机动车（二〇〇六年十月十三日）

抛锚的时候，真是气死人也！

　　后来我到海外弘法，我的交通工具就扩展得更多了。例如，香港政府邀请我对船民开示，用直升机载着我穿越这个小岛、那个小岛；在马来西亚，信徒怕我赶不上排定的行程，竟然也用直升机载我赶路。甚至几年前，国家宗教事务局叶小文局长要我到海南岛探勘寺地，特地派了专机到香港接我们，一架飞机上，就只有我、慈惠和慈容等人。

　　早期我到菲律宾、泰国，见识到当地特有的"花车"那种随招随搭、随喊随下的便利；我在印度，体验了连续乘坐三十六个小时火车说停就停、说走就走的交通文化；在南美，弟子觉诚还邀我坐上独木舟，穿过亚马逊河，探看原始热带雨林的风貌。

　　当然这几十年来，我也有幸乘坐过高科技的交通产物。例如：在夏威夷和关岛弘法时，承蒙信徒的好意，让我坐进潜水艇，欣赏

组成泰北弘法义诊团,搭直升机进入泰北山区义诊、弘法布施,期能佛化泰北(慈容法师提供,一九八八年三月四日)

美丽的海底世界;为了鼓励佛光人多旅行参学,我们也曾一同搭乘邮轮,在海上一边开会,一边饱览菲律宾、泰国、马来西亚、新加坡的南国风光。我曾应邀坐上游轮,畅游长江三峡,对古人所描绘的"两岸猿声啼不住,轻舟已过万重山",确实感到丝毫不虚,真是美景如画,值得回忆。

我在俄罗斯地下一百多公尺的车站搭乘地铁,为他们庄严宏伟的建筑惊叹不已;我坐在跨越英吉利海峡的"欧洲之星"火车上,佩服人类的智慧克服了大自然的困难;我在日本弘法,乘坐新干线"子弹列车"往来关东、关西,节省了许多时间。而台湾的高铁,大陆的"和谐号"动车、高铁、磁浮列车等,我也都一一体验高速度的效率。虽然在乘坐各种交通工具上,花去我多少的生命,却也亲自见证社会经济的发展、市容的改变等,确实因为交通便利而有大幅度的改变。

除了人力、机械的交通工具以外,在泰国,大象也是普遍的运输交通;我到缅甸访问,当地的人士让我以驴车代步;我一度到加拿大蒙特利尔弘法时,我有机会坐了一次雪橇,体验这种寒带才有的特殊交通。在甘肃敦煌,骆驼曾是交通运输重要的工具,回想起唐朝玄奘大师横过八百里流沙"宁向西方一步死,不回东土一步生"的险峻,但当发生在埃及,我一样用骆驼当作交通工具时,却因为时空的不同,也就没有那么多的感慨了。

在柬埔寨吴哥窟乘坐大象(二〇〇二年)

近几年,我旅行过美、加及澳大利亚、欧洲的许多先进国家,有一位美国的信徒要送我一部劳斯莱斯的车子,方便我四处弘法。我说,千万不可,因为你送太好的车子,我下车去办事,心里会挂念,怕人把我的车子碰坏,怕人把我的车子拖走,我才不要人为物累,我只要有一部普通的车子就好了。

大约三十多年前,佛光山拥有一部"载卡多"九人座车,我不懂车子的机械结构,也没想很多,只想让更多人和我一起外出参访、弘法,就找人把它改装成为可以乘坐二十六个人的车子。说也奇怪,那时候的公路局监理所,竟也让这部车子通过检查了。

这一部打造成二十六人座的载卡多,由于车厢大、轮胎小,所

于日本本栖寺骑电动车

以每次行车时,总是一路摇摇晃晃,出现过许多惊险画面。虽然如此,为我多次的环岛南征北讨贡献许多,宜兰高雄来回不知有多少次了。十多年后,实在不忍再使用它残余的力量,决定让它退休。许多车厂想以收购废铁的方式出价买回,但我不肯,后来还在佛光山找一个地方安置,作为一个纪念,让这部车子退役养老。这也算是我们对交通工具的一种人情味了。

我对汽车的厂牌车种并不了解,记得一九九三年时,新西兰南岛协会的第三任会长林荣灿先生,要用一部车子从基督城带我到皇后镇,两地相距近五百公里。他跟我说:"师父,你放心,我的这部劳斯莱斯新车,非常安全舒适。"

确实,我坐在车里,丝毫不像乘车,一点都没有颠簸的感觉。

到底是一等价格一等货，难怪许多人都需要好车、名车，也不是说没有道理的。

现在，乘的最多的交通工具就是飞机了。一般人都羡慕坐飞机可以在空中遨游、乘风来去，以为非常有意思。其实，坐飞机实在苦不堪言。

每次从台湾到洛杉矶，航程需要十一个小时，从洛杉矶回到台湾，因为逆风，更要耗费十四个钟头；如果要到纽约，单趟就要十八个小时。每坐一趟飞机，就好像剥了一层皮，整个人团坐在座位上动弹不得。所以后来我自己就体验出搭乘长程飞机时，可以打发时间的方法。

例如：一上飞机不能马上睡觉。因为你一睡，半途醒来，后面还有大半段的航程，时间非常难挨，因此上飞机后的前两个小时，要尽量读报章、看杂志，把自己忙起来。

接着，空中的服务员在两个小时后，会叫你吃饭；吃过饭后，也不能即刻睡觉，这时候，你可以看书、打草稿、写文章、处理信件，五六个小时之后，确实感到疲倦了，那时候的一觉，会睡得很甜蜜，时间也比较长；等到醒来，也快要到达目的地了。

或者也可以携带武侠小说，或带经典影片 DVD 在飞机上欣赏，排遣时光。有了这些方法之后，再搭乘飞机，时间就好过多了。像飞往欧洲转机到德国要二十多个小时，到南美洲巴西更高达三十多个小时，或者也可以诵经、念佛陪伴旅行，有了这些方法，再远的航行，都不以为难了。

我今年八十七岁（二〇一三年），几年前，我因为糖尿病病变导致眼睛看不清楚，行动不方便。徒弟体谅我的举步艰难，替我找来一部高尔夫球场上的电动车代步。尽管如此，我也不以为意，仍然照常应邀随缘云水弘讲。我曾经到访广西、湖南偏远地区结缘，

轮椅是我现在平日的交通工具（慧延法师摄）

也曾到江西朝礼禅门黄檗禅师的塔墓，因为路途不便，当地找了人力轿子给我乘坐，由于我的体型高大，重达九十六公斤，一路摇晃，让我对轿夫们真是既感谢又抱歉了。

如今，轮椅代替我的双脚成为我的交通工具。拜科技之赐，我可以自由来去，不要麻烦别人。想起佛光山开山时，帮我建筑的萧顶顺先生教会我骑摩托车，让我可以在山上山下巡视。现在，这部电动轮椅也带给我许多便利，一样帮助我在山上转弯抹角巡视工程。

交通，是社会的动脉，如人体的血管，一个社会的发展，需要把交通搞好，交通搞不好，什么都不好谈了。二〇一一年，大陆退休的交通部长钱永昌先生到佛光山访问，临去前，他忽然要我送他二个字。匆匆之间,我说:"来往。"他一听恍然大悟,欢喜而去。

因为,现代的经济再发展、科学再发达,仍然有所缺陷。好比发明武器、核能后,战争的残忍、核废料的危害,人类又开始反思,而提出限武、限核。唯有重视人心的来往交通,让人们彼此多交流、多联谊,所谓"见面三分情",这比较容易促进世界的和平啊!

一九六九年,美国太空人阿姆斯特朗、奥尔德林,乘坐登月小艇"阿波罗十一号"太空船上到月球,举世轰动。那个时候,我们佛教界都很为紧张,科学让人可以登陆月球,那么以后我们要往生西方,就不必要念佛,只靠科技火箭"噗"的升空,就可以把我们送上极乐净土了吗?

其实,科学是科学的世界,精神是精神的世界,火箭能登陆月球,不能登上我们的心灵。西方极乐世界距离我们有十万亿佛土之遥,用火箭也要多少光年才能到;但是西方净土不是科学的世界,是此死彼生,是即刻的,是没有时间的,那完全要靠一心才能到达。所以科学再怎么发达,它也不能取代宗教。

总结我这一生的交通工具,从两条腿到独轮车、牛车、马车、大象、骆驼、人力车、三轮车,乃至小汽车、小火车、轻便车、大火车、捷运、高铁;河海上的竹筏、舢板、渔船、邮轮,空中的缆车、小飞机、直升机、七四七大客机等等,引谓都体验过了。这《百年佛缘》的其中一篇,也为这个时代的海陆空交通的发展,留下了一个历史记录。

我的老幼善缘

当车子再度滑动时,
金黄的夕阳映着小女孩的身影,
宛如纯洁美丽的天女下凡。
拉达克的天气酷寒乍热、寸草不生,
这小女孩怎么会找到这朵花的呢?
她送给我的不只是山野的一朵花,
而是她一份贵重的情意啊!
回到旅馆,我要侍者把花放进瓶里,
随行的徒众不能理解,
我为什么把这朵花视如珍宝?
布施花朵的小女孩虽然外在贫穷,
却不影响她内心世界的富有,着实令我感动。
多年后,我对这位送花的女孩,
仍然怀念不已。

我很欢喜与老人亲近,也乐于和幼童来往,但是我的性格并不喜欢黏人,与人的相处总是淡泊的往来。因此对于老人,我只是希望能提供一些服务,替他们做一点事,给长辈欢喜;至于年轻的人,就想多给他一些因缘,一点提拔,帮助他的成长。回想我的这一生,对人的感情就是淡淡的,没有什么特别亲切,也没有特别的不亲切。不过,回忆往昔,不论是老或少与我的关系,还是有一些值得提及的因缘。

若舜老人

在我的记忆中,第一位老人,应该就是我的得戒和尚——若舜老人了。

若舜老和尚,一八七九年出生,江苏泰州人,在我刚出家的时候,他已经在香港弘法多年。听说若舜老的法缘非常好,每讲一次经,信徒供养的红包都得用几个篓子才能装起来。那时候,我所安住的栖霞山是一个穷庙,寺里的大家,都在等着若舜老和尚寄回他在香港所得到的供养,供给寺院大众,养活大家的生活。

我对这么一位师祖辈的老人,心里就感觉他就如同爷爷、父亲一样,在外面赚了钱之后,寄回来应付家用。现在回想起来,还是十分地感念若舜长老。

我出家的第三年,他从香港回来了,据说带回一些功德善款,作

得戒和尚若舜上人

传授三坛大戒之用。若舜老回来的第二天,我们的饮食忽然有所改善,原本每天吃稀饭、喝"糁籽粥"的日子,忽然一下子有白米饭吃了!我觉得若舜老真是神通广大、法力无边,让人感恩不已。

在我受戒的时候,若舜老和尚应该是六十多岁的老人了,但他的精神非常豁朗,两眼炯炯有神。没有教导学子的时候,若舜老非常慈善和蔼,一旦开始教导人的时候,就会变得非常严厉。在戒期里,他偶尔会出来检阅我们戒子的规矩、礼仪,是否有所长进?进步到什么程度?万一戒子怠惰,他总是用隔闷,兜头就打!

那时我心想,这么一位慈悲的老人,怎么一下子忽然判若两人?现在回想起来,若舜老确实有道理。因为戒会中,有来自四面八方的戒子,里面龙蛇混杂、贤愚不等,譬如,会有江洋大盗忽然洗手不干,要来出家,所以社会的习气会很重,如果没有经过他这种霹雳的手段,实在难以调伏大众。打骂的教育,是若舜老更大的慈悲。但假如有年纪像我们一样小的戒子,若舜老就会宽容一些。

还记得若舜老经常拿着隔闩,坐在我的身边,那时我战战兢兢地,生怕隔闩被他一挥,就会打在我的头上。但若舜老总是带着一抹慈悲的微笑,看看我,就从我的身边走过去了。

身为得戒和尚,有着至高的权威,必然有丰功硕德,才能做到得戒和尚,因为,数百位的戒子,都要遵从他的传授才能得戒,才可以成为一位有传承的佛弟子。虽然大家老是怕被若舜老的隔闩打到,但是在我们这些戒子的心中,对若舜老的慈悲还是感怀在心的。

有一次,若舜老在路上的转角边喊住我,叫我脱队出来听他训示。他也没有问我的姓名,或问我是哪里人士,只问:"你师父是谁?"

我回答:"是这里的监院,志开上人。"

他又再问:"你愿意跟我到香港去吗?"

那时候的我年纪还小,香港在哪里,我根本没有任何概念,到香港能做什么,我也完全不知道。只记得当时的我很紧张,慌慌张张地回答说:"这我要问我的师父,我不敢去!"他一听,也没有再讲什么,就叫我赶上排班的队伍回堂去了。

从这一次以后,我心里就想,除了栖霞山,还有另外的世界吗?原来,这世界还有香港,还有日本,那么,还有其他更多的国家吗?我忽然一下子感觉到,原来我不知道这个世界到底有多大啊!

五十三天的戒期结束了以后,若舜老果然带了五个人到香港去。我没有羡慕,也没有被遗弃的感觉,后来闻说那五个同学,待在香港没有两年,全部都往生了。大家觉得奇怪,他们那么年轻,怎么就往生了呢?

我们议论着,后来有了一个结论,一定是因为水土不服而导致生病,真是令人惋惜。有人说,只要带一点栖霞山的水米过去,就不至于有这样的情况发生了。当时的我，也不懂这许多事情，不过心里有点毛毛的，心想，好在我没有去，假如我也去的话，年纪轻轻的我，就只有做香港的孤魂野鬼了。

为什么若舜老会与香港有法缘呢？原来，宗仰上人在一九一九年复兴栖霞山，但只做了一年半，建了十一间楼就往生了，后续的工作就由若舜老继承。若舜老认识香港张莲觉居士，张居士做了他的信徒，给他护持，栖霞山就与香港东莲觉苑有了关系，后来在香港创建"鹿野苑"，等于是栖霞山在香港的下院。曾经有一段时间，何鸿毅居士把东莲觉苑交给佛光山管理，我还在那里见过若舜老和尚主持会议的记录本。本子上记载的会议内容有条不紊，就像若舜老人的行事风格，一丝不苟的精神由此可见。

仁山法师

我认识的第二位老人，是我在受戒期间的教授和尚——仁山法师。

出生于一八八七年的仁山法师，是江苏金坛人，大名鼎鼎，素有"铁嘴仁山"之号，在大江南北讲经说法时，到处都是千百人听讲。当时在佛教界可说无人不知、无人不晓，我之前就经常从其他戒兄弟的口中听到有关他的种种故事。例如，他和太虚大师一同在民国元年，为佛教开创革命的事迹。

尤其，在镇江金山寺发生的大闹金山事件，更是传扬到全世界各地。大约是在民国初年，他和太虚大师、智光法师等同学在祇洹精舍读书。适逢孙中山先生刚刚革命成功，创建中华民国，仁山法师立即组织"中国佛教协进会"，在金山江天禅寺召开筹备会议，引发新旧两派争执。我想，仁山老应该是想乘势革新佛教。

因为他自己本身是金山的子孙，在金山最高的地方有一个"观

教授和尚仁山法师

音阁",也就是他的常住。因此,他回到与自己有法缘关系的金山寺召集大众,甚至集合镇江的一些诸山长老。

仁山老慷慨激昂地宣布要革新佛教,甚至用手指着那许多长老,呵斥道:"佛教到了这种情况,你们还不觉悟?叫什么诸山长老,真是猪头山!你们能把二百字的一封信写得通顺,我仁山就砍头感谢!"

这样激烈的话,那许多诸山长老,平常受惯了人家的恭敬供养,哪里受得了这种的耻辱?所以,当天晚上就由监院霜亭法师召集工友数十人,到观音阁抓住仁老,把他吊起来殴打了一顿,满嘴的牙齿都打掉了。

后来还是顾虑太虚大师与孙中山先生的关系,才把他释放。但有人不服,非要置仁老于死地。因此,太虚大师赶来搭救,在镇江江边郊区的芦柴堆躲了几天,才幸免于难。这就是仁山法师大闹金山的故事,可谓流传甚久。

在戒期中,我们听说仁老到马来西亚访问。当地有人问他:"你从哪里来?"

仁老说:"我从金山来。"

问者说:"哦!你从金山来的呀?金山有个地狱种子叫仁山,你见过他吗?"

仁山老一听微微笑,一句话都不讲,特地从身上掏出两块银洋供养对方,以表示消灾解业。

仁山法师,实在是一位和太虚大师一样推崇革新佛教的长老,满腔的热情,我和他见面的那一年是一九四一年,有着胖胖的身材,口若悬河,讲起话来滔滔不绝,我亲耳听见他讲《华严经》,讲了一大段都是背诵如流,在学问上很有实力。我们这些戒子也感到,有这样的教授和尚来教导我们,是何等的幸运。

对仁山老,我们相当好奇,总想探究他种种的事迹,想跟他学习,甚至也想参与他为佛教革新的运动。他办有一份杂志叫《法海观澜》,厚厚的一本,在我记忆所及,总有百页以上。篇幅这么多,内容自然丰富了。当然,像我们这样一个小小年纪的戒子,在那个时期,除了仰望着法座上的教授和尚——仁山长老之外,我们实在也不容易和他亲近了。

我们一点都没有觉得仁山老有什么不好,只觉得他真是有长老的风范。听到有关他的故事愈多,愈是尊敬他。我的家师志开上人也知道我们小小的心灵对仁山老的崇拜,他只跟我淡淡地说了一句:"等到你长大,可以去跟他参学。"

现在回想起来,我从师父的话里有些体会,日后他见我们办《怒涛》月刊,还捐给我们五百令纸。想想这些,慢慢感觉到,原来,我的师父也是一位新派的人物。

觉道长老

第三位要说的老人是我的师叔公——觉道长老。

我在一九四六年,回到位在宜兴的祖庭大觉寺,并且在白塔国小担任校长。我发现寺里都没有长老,于是就跟师兄今观法师讲:"我们的大觉寺都没有老人,只有我们两个年轻人,似乎是不大像样。"

师兄说:"我们的老和尚也很多,只不过散住在各个地方;其实和大觉寺同门同宗同派的长老有好多位啊！"

我一听，心里暗暗欢喜，就跟师兄讲："我们能去找一两位老和尚回来吗？"

他说："我们的寺庙这么穷，哪一个老和尚肯到这里来呢？"

后来，我一直用心访查我们同宗同派的寺院，这些寺院大概都在离我们约一百华里左右的地方，但到过哪几家寺院，现在已不复记忆了。

找了一阵子后，找到一位老和尚，跟他提起这么一件事，他非常欢喜，就说，我愿意跟你们住到大觉寺去。这位老和尚，就是我的师叔公觉道老人。

我们这位觉道老人到了大觉寺以后，我当然就把他当作祖师爷来侍奉。可是这位老和尚，有一些过去乡村老人家的嗜好，比方，他欢喜吃旱烟，偶尔还喜欢喝一两杯酒。这些嗜好在我这个年轻人的性格里，实在不能接受，总觉得身为出家人，怎么可以吃烟喝酒呢？

其实，他也没有提出要求说要吃烟喝酒，我想他应该也是很努力地在忍耐。后来，我的师兄说："哎呀，老人家年纪这么大了，有一点嗜好，应该不为过。"

我想想："是啊，老人年纪那么大了，七十从心所欲不逾矩。我又何必那么计较呢？"甚至后来，我还替这位老人家走路到戴阜镇买旱烟供给他吃，觉得能让老人家欢喜，是我的责任。

这一年寒假，我到南京去备办一些学校要用的文具、课本，就在南京的时候，听说觉道老在一座小桥上，被一部推车撞下桥去，跌下去后就往生了！我赶紧从南京回来奔丧。至今想到都觉得难过，假如不是我把老和尚带出来到大觉寺，他也不至于这样就往生；假如我在大觉寺里，我可以替他跑个腿，他也不至于发生这个车祸。生离死别是人生最凄惨的事,我为这位老人的罹难,一直牵挂在心里好多个年头。

觉道和尚那么老的年纪,已经七八十岁了,到底去戴阜镇上做什么呢?原来,他自己酿的甜酒一直不发酵,他要到镇上买一点材料,却不幸发生这样的灾难。

老和尚往生后,这些酒都发酵了。好几罐的甜酒,也不知如何处理。因为在寺中,师兄、我和其他工人都不喝酒,怎么办才好呢?后来,看到我们养的二十几条羊欢喜喝酒,给羊儿喝喝看吧!没想到,这几条羊喝了酒以后,全部都醉死了。烟酒害人,真是不浅,连畜生都上了当,因酒而死了。

回想起这位师叔公与我们相处近一年的时间里,给了我们很好的示范。师叔公从不问闲事,也不会管我们,每天总是安分地吃饭,看外面的风景,抽个烟袋,没有一点疾言厉色。跟我说了一句意味深长的话,我至今都还记得。

他说:"青年人就像一朵花,花的生命不是很长久,要早一点结成果实才能跟人结缘。"

我想,这位师叔公没有受过什么教育,也不懂佛法,从他的口里能讲出一二句有哲学意味的道理,觉得真是非常难得了。

除了我的得戒和尚、教授和尚及师叔公以外,还有我家中的长辈及老师也令我怀念不已。像我的外婆以及外婆的妹妹,一位我们称为"师公"的比丘尼,她们虽是女众,性格坚强、厚道,真是令人不胜回忆。

而我亲近的老师融斋和尚及智光长老,都是慈悲的老人,智光老还是教授过我几堂课的老师,我非常感念他。所以后来我和南亭、悟一法师在台北永和共同创办的学校,就定名为"智光商工学校"。

我在焦山佛学院读书的时候,每到金山,总看见一位慈祥的老和尚担任知客,那就是太沧老和尚。每一次去,他都对我嘘寒问暖,那种亲切和蔼,很令人窝心。后来太沧老也到了台湾,我还经常去向他礼座,对他致意。

此外,像悟明长老活了一百多岁,也是我的好友。我一直受他的鼓励,他每次见到我都说:"你不同凡响,你不同凡响啊!"戒德老和尚也活到一百多岁,从他在常州天宁寺作监院时,我就认识他了。后来他到台湾,在佛光山打过禅七,我还请他做主七和尚。其他像慈老等诸多的长老,在另章已有提及,在此就不一一地叙述了。

至于在家的老人,与我们亲近的也有很多,在此就略提几位代表。

大约在佛光山开山十年的一个午后,我认识了一位老太太名叫黎姑。那天,我正要从东山去佛学院上课,远远见到宝桥那边,有一位矮小、驼背、裹着小脚、眯着眼睛的老太太吃力地走着。我赶紧和她说:"老菩萨,请到朝山会馆休息,吃一杯茶。"

她自顾自地往前走,好像没有听到我的话。我心想,可能是自己的台湾话不标准,听不懂我的话吧!

眼看她急着想从朝山会馆前的石阶下山,我只好上前和她比手画脚地说:"老菩萨,这边的石阶有一百多层,对您可能不太方便。那个边上,有一条斜坡路比较好走,我带您去,好吗?"

于是,我带着她走了一段路,才放心走回学院去。

数年后,有一次我到马来西亚弘法,就要离开吉隆坡的佛教大厦时,她来电邀我见面,虽然隔天一早就要搭飞机走了,为了给人欢喜,我还是答应了。

行旅匆忙中,她一来,就捧着一个牛皮纸袋,对我说:"这些给您办教育。"匆匆道别,打开纸袋一看,竟然是八十万元的教育基金。后来,我每回到马来西亚弘法,她都会拿出两三百万给我,不知捐了多少次。听说其他佛教界人士经常向她化缘,可是她却不肯捐出一毛钱。

有人问她为什么对我这么特别,她说:"那个星云大师啊,不但热心办教育,像我这样穷酸模样的老人到佛光山,谁也不认识,他却毫不嫌弃,是一个很有人情味的法师。就是要我把一切都捐给他,我都心甘情愿。"

另外,还有一位张少齐老居士与我也有些因缘。张老居士真可说是台湾佛教文化的源头耆宿。记得早年他的琉璃精舍,经常都有诸山长老海会云集,商讨教事,排难解纷。但是到了晚年,却门前冷落车马稀。我一直感念他热心为教的种种贡献,所以在美国为他找了一栋房子,作为他安养天年之用。回忆他过去为佛教的辛劳奔波,还是很惭愧,觉得自己做得不够,总想再为他多作一点服务。最后他也活到一百多岁,我也很为他的高龄庆幸。

还有诸多的老居士,也为佛教贡献良多。例如冯永桢、张剑芬、赵茂林老居士等。赵居士一生致力于佛教事业,以居士之身,布教弘法不遗余力。先后在各监狱布教二十年,在广播电台主持佛学问答十余年,晚年,我把他接到"佛光精舍"直到终老,现在他的牌位还安奉在万寿园里。

还有一位王郑法莲老太太,在我二十多岁时,她与我素无深交,但凭一股信佛的虔诚,拿了我所撰写的《无声息的歌唱》和《玉琳国师》,沿门兜售,竟然各卖了两千本。我初期弘法和教育事业,一盒粉笔、一个幻灯机,她都给予赞助,后来我也将高龄九十多岁的王老太太接来佛光精舍居住,颐养天年,也算聊表寸心。

还有孙张清扬女士长年热心公益,对于弘法事业更是不遗余力,台湾佛教今日能蓬勃发展,孙夫人的劳苦功高,有目共睹;年老之后,我也经常去探望她,甚至帮她安排后事。其他的长辈如:潘孝锐、方伦、唐一玄、戴琦、张姚宏影等,真的都是老友中的老友了。

与小朋友的因缘

谈过了一些与长辈的来往以外,再来叙述我与小朋友的因缘。

我从办慈爱幼稚园起,就有很多可爱的小朋友,至今还在我记忆里。五十多年前,张予明姐妹两个人才五六岁,一个就读大班,一个念小班,小姐妹俩

培养孩子懂得乐群、和众,只要有正当的教育,儿童都会有很好的成长

歌声动人,一点幼稚的模样都没有,完全是大人的歌喉。她们的台风相当稳健,所以那时候常常带她们到各个校区、军营、社团里唱歌,获得很多人的称赞。

办儿童班时,很多的小朋友都很有才艺,并且勇于表现,我们经常举办法会,或办活动时,需要节目表演,首先想到的,都是邀约幼稚园、儿童班的小朋友演出。现在他们长大了,都在社会上贡献一己之力,有的当记者,有的当医师,做老师、艺人的,为数也不少。

我的老幼善缘

与澎湖小弟子王培霖合影(一九八三年三月)

大慈育幼院的小朋友,更加让人难以忘记。这些孩子,有的半孤,有的全孤,甚至在佛光山早期,还有路上捡来的孩子。不少的人,由我替他们取名字、报户口,户口就报在心平(佛光山第四任住持)的名下,或者我的名下,跟着我的俗姓,姓李。

但是徒众说不能这样做,因为,万一将来他们长大后,也许会来继承佛光山的财产。于是,我就把佛光山所有的财产都登记为常住公有,我私人底下一钱不名。

这许多小孩也不辜负我的期望,长大后各自独立,贡献社会。从一九七〇年办育幼院开始,至今四十多年来,已经长大、成家立业的孩子已有一千七百余人。有的从台湾大学、台湾清华大学毕业,有的在军校毕业,大家各安其所。

这许多孩子的心肠都很好,长大后可以到社会上独立了,但他们经常会回到育幼院来关心弟弟、妹妹的成长。例如:林毓庭、卢含洙、黄翊祐、吴健纬、潘文中、徐士闵……一代传一代,代代相传。

在佛光山,我们很重视育幼院小朋友的教育。例如,就读国小时,送他们去学校读书,都会替他们买新皮鞋、新衣服,衣着整整齐齐;便当里的菜肴,要比一般小朋友的更好,甚至育幼院小孩的读书费用,应该可由政府补助免除学杂费,但我一样替他们缴费。因为,我希望学校里的老师把他们当成一般的孩子看待,不可以把他们看成是孤儿,我要让他们在学校里受到大家的尊重。

一般的育幼院,都欢喜客人前来参观,让人看到幼儿心生同情而捐献,但是我们的育幼院不对外开放。为什么?因为这里是他们的家,假如带客人去参观,客人会说:"这个孩子这么可爱,怎么会没有爸爸、没有妈妈呢?"或是说:"好可怜啊!这么小就没有父母。"这样一来,会伤害我们儿童的心理,有损孩子的尊严,于是我们一律谢绝参观!这也是我们大慈育幼院的一个特色。

大家都知道,大慈育幼院里的儿童,佛光山把他们都当公主和王子看待,所有的师父都非常爱护他们。尤其照顾他们的老师,如:萧碧凉、王智凤、邱香、吴爱渝、周素卿、欧慧静等老师,将她们一生的岁月,全都奉献给这些小朋友们。

这些孩子也很争气,长大后进入社会服务,从来没有出过什么问题。可见要使儿童的身心发展健全,只要有正当的教育,让孩子懂得乐群、和众,让他们发挥才华,儿童都会有很好的成长。所以在佛光山有一句话:"学佛的儿童不会变坏。"

除了育幼院的儿童以外,我们佛教学院、佛光大学的青年就先不去提了。除了佛光山海外各地别分院道场成立的童军团,在台

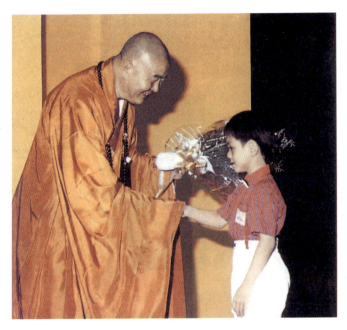

应《远见》杂志邀请,于台北太平洋崇光百货文化会馆讲演时,小朋友欢喜前来献花(一九八九年五月二十五日)

湾,我们办的佛光童军团是佛教第一个全台性的童军团,二〇〇〇年正式登记以来,办得有声有色,遍及全台湾各地。由"教育部"的李耀淳担任执行长,十余年来,对童军团的支持、指导及照顾,非常尽心尽力。

至今,童军的孩子已达数千人之多,每年都向国际童子军会缴纳费用,因此,有孩子在佛光山参加童军团,家长负担也重。不过,我们有很好的教育,每到大会师的时候,活动真是热闹非凡,人数都高达千人以上。

这许多孩子在佛光照耀之下,法水滋润他们的心灵,孩子成长良好,身心均衡有礼貌,懂得勤劳,有服务的精神,具备让人接受的

跟美国波士顿的罗小弟说:"我要跟你握一下手,结一个缘。"(一九九七年十二月一日)

种种美德。数十年来,佛光山对幼儿教育的提倡,默默地耕耘,至今应该有不小的成就。

至于个别的孩子,有许多位也有一些特殊的因缘。

一九六〇年,有一位女老师要我替她的新生儿取名字,那时,正逢台北在竞选第一届"中国小姐",竞赛如火如荼地展开,后来由一位林静宜小姐得到后冠。我就跟女老师的先生说:"你的小孩就纪念第一届的'中国小姐'竞赛吧,名字就叫蔡静宜!"过了几年,这小女孩不知不觉长大了。

一九六三年,台湾佛教访问团到东南亚访问的时候,静宜正在我们举办的幼稚园读书,她跟随着父母到机场向我们献花送行,还拍了一张照片。这张珍贵的照片就收录在我所写的《海天游踪》里,一直流传至今。

我的老幼善缘

赵翠慧及儿子谢源一来山拜访（慧延法师摄）

一九六九年，佛光山举办第一届大专佛学夏令营时，有一位活泼美丽的少女跑到我面前："师公，爸爸妈妈叫我来问候您！"我一看，觉得十分面善，一时也想不起是谁家的女儿？

于是我问她叫什么名字，她说："我是中兴医院院长赵寰村的女儿，名叫赵翠慧。"

这下我才想起二十年前，她的母亲在一所小学担任老师，本来想要发心跟一位老和尚出家，在剃度前一刻，我希望她能多作考虑后再来出家。毕竟当时佛教界的发展还不像现在这么蓬勃，反而她待在教育界对社会更有利，何必一定要出家呢？

离去之前我勉励她："心出家比身出家更重要。"并且送了一串念珠给她，祝福她未来佛缘不断。想不到，近二十年，如今她的女儿已经亭亭玉立了。

我听了小慧的自我介绍以后，取笑地说道："如果不是我当初

147

的那句话,你现在还不能到这个人间来呢!"

第一届大专佛学夏令营结束以后,我几乎很少听到"赵翠慧"这三个字。又再过了二十年,加拿大温哥华地区筹备佛光会时,赵翠慧居然出现在我的眼前。旁人介绍她是中华学校校长、"三民主义大同盟会"会长等等,总而言之,她是当地华人中的领袖人物,在侨界十分活跃,对佛教也非常热心,承担了当地佛光会的各项筹备工作。

曾经,她为了筹募佛光大学建校基金,协助策划"佛光缘书画义卖会"、发起路跑等活动,也曾在温哥华的大学里举办数千人佛学讲座,甚至邀请加拿大国家篮球队来台,代表国际佛光会参加琼斯杯篮球锦标赛。当那许多加拿大球员,穿着佛光会会服奔跑在篮球场上时,"佛光"两个字的耀眼,在别人看来或许很平常,但在我却是非常感动,因为佛教终于走上社会,终于在信仰上增加了喜爱体育的人口。

只不过好事多磨,当她顺利考取佛光会檀讲师资格之后,却意外地发现自己罹患肺腺癌,身形日渐消瘦。那一年,她才四十多岁,不过当我前去探望时,还是勉励她要放下牵挂,信念会帮助她健康。据说我这一次探病对她的帮助很大,之后病情就逐渐好转了。

大死一番之后,她对于信仰更加虔诚,后来数次到欧洲、美洲、大洋洲去讲说"濒死经验"(Near-Death Experience),真诚动人的讲说,感动了许多听众。现在,她是佛光会中华总会副总会长,仍一本热心地在推动会务。

她对我,除了恭敬以外,更有一份熟稔,仿佛亲人一般,一直到今天,她的两个孩子也长大成人了,但是赵翠慧对佛光山的各项事务及活动,还是孜孜不倦地参与。

另外，大约在二十多年前，屏东有一位小女童名叫张琲昕，张小朋友才八岁就会写信给我，与我成为笔友。当时张小妹妹还不太懂写字，信的内容都是用注音符号拼写出来的，为了让幼小的心灵多点信心，我特地每封信都回函给她，甚至，我还邀请她的父母带她来佛光山约见。后来她长大了，结婚时还回来看我，送我一对花瓶。

一九九四年，农历新春期间，佛光山台北道场

于麻竹园四楼客厅，说故事给张琲昕小妹妹听（一九八六年六月二十八日）

为了筹募佛光大学建校基金，举办了一系列"佛光缘艺术精品义卖"。其中的一场拍卖，穿插义卖我的书法，那时候，一幅书法都是起价数十万元，最高到六百万元，喊叫声此起彼落。

但有一位可爱的小朋友高声大喊："一百元！"刹时，鼎沸的人声突然安静了下来。我看看这位小朋友，即刻说："这幅字，一百块让给这位小朋友。"现在这位小朋友已是三十多岁的青年，他就是曾在台北道场担任青年团团长的王翊。

还有一位住在屏东的小女孩叫陈淑莲，也是从小与我熟稔。长大后，跟她的父母说她要嫁给做面的人士，问她为什么？她说："因为师公喜欢吃面，所以我要嫁给做面的。"以一生的幸福换取我的吃

韩国金贞希女士年少时,为了与我沟通努力学中文,并在韩国首尔佛光山道场服务了好多年。图为与其夫婿申先生一同前来拜会

面,这代价实在太高了。但这样的心意不是比亲儿女更令人感动吗?

像这类我与小孩结缘的事情,在我一生中实在很多。接下来,继续要述说的是国外小朋友的故事。

大约二十多年前,我在韩国首尔机场准备登机。远远走来一位应该有十一二岁左右的女孩,这位小学生很大方地和我讲话,还向我问讯。但是韩国话我一句话也听不懂,她只和我讲话,我没办法应付她,加上已接近登机时间,只好从身边掏出一张名片给她,便匆匆道别。

返台后不久,就经常接到她的来信,好在那时候山上住了不少韩国人,就由他们代我用韩文翻译通信。她的名字叫金贞希,就读初中,从字里行间,可以看出她是个天资聪颖的女孩。往后,她的母亲来台湾,一定要母亲带礼物给我。偶尔碰上学校放假,她也一定要跟着母亲来看我。

后来她慢慢长大，吵着说要来台湾学习中国话。父母拗不过她，只好送来台北普门寺，在师范大学学中文。每当有人问她来台学习中文的动机，她总是回答说："这样才能和星云大师无碍地沟通啊！"

我不禁感叹这个小女孩的用心实在令人感动。学会了中国话以后，她也在我们韩国首尔佛光山道场服务了好多年。

长大后的金贞希生得落落大方，高挑美丽。我们鼓励她去结婚，但多年都没有消息。我们也问过她："你那么美丽怎么不嫁人呢？"一直到三十多岁，遇到一位申先生才结婚。生了小孩之后，还曾与先生带着孩子一起回来佛光山拜佛巡礼。这就是我与金贞希小朋友的因缘。

一九九四年，我到印度的拉达克访问。拉达克的地理位置十分靠近喜马拉雅山，临近冰河地带，四季冷热温差甚大。夏季热得寸草不生，看不到什么昆虫蝴蝶；冬天冷得要躲进土洞避寒，一年有半年以上是雪季。尽管拉达克的物质条件十分贫乏，但是当地居民天性乐观善良，生活在高山上安然自得。

在拉达克期间，有件事让我终生难忘。有一次，当我们拜访当地的佛教团体之后，正准备驱车前往下一个行程，我发现有一个小女孩在后面追着我们的车子，我赶紧要司机把车子停下来。摇下车窗，只见黝黑的小手，递来一朵金黄的小花，小女孩合掌微笑。我赶紧把身上的念珠拿下来送给她。

当车子再度滑动时，金黄的夕阳映着小女孩的身影，宛如纯洁美丽的天女下凡。拉达克的天气酷寒乍热、寸草不生，这小女孩怎么会找到这朵花的呢？她送给我的不只是山野的一朵花，而是她一份贵重的情意啊！

与来自拉达克的小贵宾合影（慧延法师摄，二〇〇六年）

回到旅馆，我要侍者把花放进瓶里，随行的徒众不能理解，我为什么把这朵花视如珍宝？布施花朵的小女孩虽然外在贫穷，却不影响她内心世界的富有，着实令我感动。多年后，我对这位送花的女孩，仍然怀念不已。

拉达克地区，不仅接近佛陀的故乡，而且是心灵最富有的民族。那一年我到拉达克，参访了藏传的寺院。参访当天太阳好大，我身上的僧袍没有一寸是干的，像是刚从水里浸泡上岸一样。

沿途几百个小朋友，从四岁到七岁，赤着脚，衣衫不整，排着队等候我们的到来。我们以为车子过了，孩子就会解散，等我们参观、诵经，经过了两个小时后，再回到原先经过的路上，他们竟然还站在那里，一张张安详的脸孔，向我们合掌微笑。

贫穷的国度，因为有了佛法的熏陶，每一个孩子散发出高贵的

于佛陀纪念馆与参加佛光山农友会的小朋友握手（二〇一二年六月三十日）

气质，他们虽然没有漂亮的鞋履，却懂得用真心布施。拉达克并不贫穷，因为他们能够给予，贫富是以人心索求或施舍作为分界点的。

　　许多人说我"老少咸宜"，其实我只是对每一个生命都平等看待，无论是垂垂老矣的老人，或是言语不通的小孩子，我都愿意和他们成为朋友。和这些长辈及儿童的相处上，实在有很多值得怀念及感恩的地方，真是谢谢他们！

有情有义
有忠有孝

我与佛门亲家的因缘

在佛门里,
父母送儿女出家修行,
都是有重大的因缘,
冲击着人生的想法。
这些年轻男女学佛出家,
也像世俗的婚嫁,
他们也在研究,
嫁到对方是好是坏?
有的人任由命运安排,
也有的出家后就如同重新再世为人一样,
人生从此有了不一样的发展。

唐朝裴休宰相有一首《送子出家诗》云："含悲送子入空门，朝夕应当种善根，身眼莫随财色染，道心倾向岁寒存。"

这首诗其实应该改为"欢喜"送子入佛门才对，因为近年来随着佛教蓬勃发展，学佛风气日盛，现代不少父母都很欢喜儿女学佛出家。纵使有少数的父母一时不了解出家意义，但为尊重儿女的意愿，顶多"生气"送子入佛门。然而经过一段时间后，发现儿女出家的人生道路反而更宽广，前途更有发展时，很快就会转"怒"为"喜"了，因此"欢喜送子入佛门"，这是现代不少父母的心情写照。

过去有些父母所以怕儿女出家，主要是因为不了解佛教，以为出家就是所谓"青灯古佛"，只能吃斋拜佛修苦行，不能享受人间金钱、爱情、物质等五欲的快乐，因此不舍儿女出家受苦。

然而事实上,如维摩居士"虽处居家,不着三界;示有妻子,常修梵行"。学佛修行的人,所谓"吾有法乐,不乐世俗之乐",出家学佛,清净安乐,逍遥自在,每天徜徉在佛法大海里,与诸佛菩萨对话,平日所交皆是诸上善人,真是"口中吃得清和味,心中常在佛土居"。

出家所享有的法喜快乐,像佛在世时的跋提王子,在家时虽然住在高墙深院的王宫里,每天吃的是珍馐美味,穿的是绫罗锦缎,日夜都有卫兵保护,但是仍然感到恐惧,好像随时都可能遭人行刺,每天活在不安的情绪当中。后来出家了,吃的东西虽然简单,却是甘美饱腹,住的地方虽为林间树下,却觉得无比安全,无比自在,所以经常忍不住欢喜得大声喊出:"快乐呀!快乐呀!"

现在很多青年男女出家后,面对一般在家人经常不解而好奇地问:"为什么要出家?"他们反而会觉得"出家这么好,你怎么不出家呢?"

说到出家,记得在我出家不久,家师志开上人为了感谢我的母亲,把我送去跟随他出家,于是写了一封信给我母亲,开头就说"亲家大人慧眼"。因此当时我就知道,原来出家儿女的父母,跟佛门的师长,可以成为"亲家"。

四十多年前,当我开创佛光山之后,一些年轻的男女陆续在佛光山学佛出家,忝为师长的我,有千余名入道的弟子,所以佛光山的"亲家"也有千余户之多。

在我的一千三百多位出家弟子当中,不管男众、女众,大都非常优秀,不过青年学佛,依佛门的规矩,一定要获得家长亲人的同意,这是最重要的。佛光山的亲家,少部分最初因为不了解,不欢喜儿女出家,目前十之八九的家长,都已经很认同儿女的志趣为重,也知道在佛门里一样有前途。

过去社会上有句俗话说"粥少僧多",但实际上在佛门里是"饭多僧少",尤其人间佛教的教育、文化、慈善、社教、行政,有许多事业都需要很多优秀的人才投入。因此,现代的佛教青年出家,大都是高学历,至少也得高中毕业,再经过丛林学院教育,才可以剃度。

在佛光山诸多弟子里,有的是兄弟一起出家,也有姐妹同时出家,甚至兄弟姐妹都出家的,也大有人在。例如:佛光山住持心培和尚,哥哥慧日法师、姐姐觉参法师等,兄妹三人先后在佛光山出家,成为师兄弟。

再如少校营长退伍的慧得法师,与姐姐满穆法师,二人先后在佛光山出家。他们的父亲唐顺华居士,警界退休后,对佛光山一向非常护持,尤其尊重僧团"僧事僧决"的原则,是一位非常有正见的佛教徒,他曾为自己今生不能出家而感到遗憾,后来一双儿女相继出家,终于完成了他的心愿。

曾在台南科技大学教书的觉元法师,与妹妹妙兆法师二人,双双入道,现在分别担任台北道场与新竹法宝寺住持。另外,在香港中文大学教书,现任佛光山香港佛香讲堂住持的满莲法师,与两个妹妹满醍、妙文法师都在佛光山出家,而且都十分优秀。

像这一类,一个家庭中有几个人同时在佛光山出家的例子,为数不少,当然也有单独一人在佛光山出家的,如佛光山前任住持心定和尚,父母一直是佛光山的护法,因为心定和尚出家,兄弟因此成为佛光会的重要干部。

在阿根廷布宜诺斯艾利斯大学建筑系毕业的工程师,现任国际佛光会中华总会秘书长觉培法师,父亲在台湾开设会计事务所,是一位名会计师,他把台湾各寺院做了多次比较后,欢喜送女儿到佛光山出家。

东吴大学毕业的吴宜庭小姐,即妙圆法师,曾任职中华航空,担任空服人员。父母为了她的出家,亲自上佛光山,跟我建立一段亲家因缘,并且殷殷叮咛祝福,希望女儿能在佛门好好修行。妙圆法师在担任佛光山文教基金会执行长的同时,取得佛光大学艺术所学位,现在回到山上来做培训班主任。

曾到澳大利亚留学的有圆法师,过去参加佛光青年团,她的父亲陈嘉隆居士是国际佛光会中华总会副总会长,母亲蔡端浬是中区协会的督导长,父母都是佛光山的虔诚护法。从小由姑母带大的妙士法师,姑母圆照法师现为屏东东海寺住持,妙士法师出家后,她也成为佛光山的亲家。像这一类的家长,都比一般世俗上的亲家更亲,更有来往。

想想,一个人生能有数千个亲家,这真是需要多少的福德因缘成就呢!由于佛光山有这么多徒众的亲家,除了上述所提之外,我也不及一一述说,现在只列举十位作为代表,一叙我与亲家的缘分。

家住员林的赖义明居士,是佛光山的功德主,原本要把两个儿子一起送到佛光山跟我出家,但是我跟他说:"只送我一个就好,一个留着在家照顾你。"他问我:"在佛光山兄弟姐妹一起出家的例子很多,为什么我不可以?"我说:"各有因缘。"于是,他把当时还在台中商专就读的小儿子,提早送到佛光山出家,他就是现在的慧宽法师。

出家后的慧宽,我要他继续把学业完成,甚至大学毕业后,又让他到日本留学。赖居士则为了儿子出家,特别发心替佛光山建了一间讲堂,并且提供一栋三层楼当书局,就如嫁女儿一般。后来讲堂不敷使用,他又把家里隔壁的土地捐献出来,重建

与拉达克地区的佛光亲属合影（慧延法师摄，二〇一二年九月七日）

一栋更大、更庄严的道场，也就是现在的员林讲堂。他甚至说自己学佛之后，赚钱生活已是小事，现在他的人生目标，就是要赚钱提供给我当弘法建寺基金，所以他参加佛光会，也当选过理事，对于佛光山所创办的大学、报纸、电视台等，都很发心护持，助力很大。

赖居士做人低调，从不居功，但是每年佛光山举办亲属会时，他都坐在第一排，有时候我请他上台讲话，他讲到自己当初送子出家时的自得，欢喜之情溢于言表。当然，慧宽法师也没有辜负父母的期望，自从佛光山丛林学院毕业后，先后担任佛学院老师及都监院院长，现在帮我在扬州鉴真图书馆办理扬州讲坛及推动文化工作。平时经常应邀到校园弘法，很受学生的欢迎。尤其他擅长用佛法来化解现代人的情绪，纾解压力，一年当中总有上百场关于心理咨询、情绪管理的讲座，俨然是情绪管理的专家。最近他把平时讲演的内容，结集出书《自在——人生必修七堂课》，甚受好评。

自从慧宽法师出家后，赖义明夫妇不管走到佛光山的任何别分院，大家都称呼他们"宽爸爸"、"宽妈妈"。他们送一个儿子出家，反而换来一千多个儿女，因此一直以送子出家为最大的光荣。

同样以送儿女出家为荣的黄宗昌、黄林足銮夫妇，在台东开设百货店，二十多年前他们的女儿永基法师在佛光山出家，当时台东佛教还不像现在那么开明，女儿在佛光山出家后，他们心里不舍，所以每个月都要上山探望三四次。后来自己想想也觉得好笑。好在女儿是在佛光山出家，如果是嫁人，哪能一个月探望三四次呢？后来他们另一个毕业于静宜大学的女儿满升法师，也在佛光山出家，这时他们不再感到不舍，而是满心的欢喜与祝福。

永基法师出家后，曾在善化慧慈寺担任主管，满升法师也曾短期在屏东讲堂当住持，后来因为对文学有很深的造诣与爱好，因此负笈南京大学攻读博士，顺利取得学位后，曾担任佛光大学的助理教授。

早在二十多年前，佛光山在台东还没有设立别分院时，黄居士就曾经请我到台东文化中心讲演，主持皈依法会，甚至每个月都带领信徒回到佛光山朝山。后来台东成立佛光会，他是第一任的创会会长，也是台东日光寺建寺的发起人。三十多年来，黄居士夫妇俨然成为佛光山驻台东的代表，甚至鼓励他的一位亲人，把名下的一间安乐精舍送给佛光山做道场，对佛光山的护持，可以说不遗余力。

像这样欢喜送子出家的亲家固然不少，但也有反对儿女出家

满纪法师、妙皇法师与父母合照(满纪法师提供)

的。例如居住在台东的孔健居士,他是孔子第七十代子孙,服务于教育界,是标准的儒家学者。他的一对双胞胎女儿,大女儿孔祥玲,台东师范学院毕业,二女儿孔祥珍,政治大学毕业。

这一对姐妹花大学毕业后,在母亲的支持下,选择在佛光山出家,我分别为她们提取法号满纪、妙皇。虽然父亲孔老先生极力反对,但是谁也没有办法左右她们,即使我出面劝说,也不能影响她们的决定。然而孔老先生认为他的子女出家是我的罪过,不但书信恐吓我,甚至还扬言要杀我而后快。

其实,满纪、妙皇法师出家后,我也经常鼓励她们轮流回家探望父亲,给予宽慰。只是孔老先生当时正逢丧妻之痛,太太死后,他把心中的不平之气,转加在我身上。不过我很能体谅他的心情,尤其后来听说他喜好石头，为了跟他建立友谊，我还特地购买奇石致送，他虽然没有给我回应，但也没有拒人于千里之外。

终于有一天，他出席参加满纪的毕业典礼，甚至还登台现身说法，以女儿出家为荣。后来满纪法师考取四川大学的博士班，妙皇法师考进武汉大学的博士班，他经常到大陆探视二位女儿，因为这样的因缘，在大陆认识了一位情投意合的老伴，二位女儿也感谢继母对爸爸的照顾，因此对继母孝顺有加，孔老先生到了这个时候，一家和乐，更加感谢佛门广大。

现在满纪已顺利取得博士学位回到佛光山，曾经南华大学、佛光大学都想邀请她前往授课，但她认为佛教的教育更为重要，因此在佛光山丛林学院担任专任教师，讲授《成唯识论》。佛教的唯识学是一门艰涩而枯燥的佛教心理学，现在满纪以一个比丘尼的身份长于此学，在她的教授下，将来必定后继有人。

在我诸多的佛门亲家中，同样曾经反对子女出家最激烈的，应该就是依法法师的父亲杨松村居士了。依法在就读台湾大学法律系二年级时，上佛光山出家。出家后，仍然继续未完的学业，爸爸因为反对依法出家，但又不能改变她的心意，所以大闹台湾大学，他认为台湾大学不应该收出家人当学生。但是三十年前，台湾已经逐渐开放，各级学校都有出家学生入学，大学也不能剥夺出家人念书的权利。

我记得当时好像失去理性的杨老先生到佛光山来，我一直想要安慰他、劝解他，但他完全不愿理睬我。一直到后来，依法台大毕业，再到夏威夷大学得到硕士，之后又到耶鲁大学得到博士学位，杨老先生率领家人到美国东部康州，参加女儿的博士毕业典礼。

回程经过洛杉矶西来寺，在西来寺的庭院遇到他，他很高兴的上前,要求我跟他合影,我当然随喜满人所愿。听说他回乡以后,拿着照片到处告诉人:"能与星云大师合影,这是我这一生最光荣的事。"

杨居士能欢喜,我也释怀。当初杨老先生反对女儿出家,我想是因为女儿从北一女,一直到台湾大学毕业,都是优秀生,他当时对出家人有所不了解,但依法出家后,从台大毕业,又到美国有名的夏威夷大学,再到常春藤名校耶鲁大学深研,一路行来真可以说都是在教育上享受最高的光环。所以有一次的亲属会,杨老先生特别在大众中,感谢佛光山对依法的栽培,他说当初因为不知道佛光山的教育体制,因此非常反对,请我要原谅他当时的心境。

依法从耶鲁毕业后,先在美国伯克利大学做过研究,后来又在加拿大大学任教,回到台湾后,也在台湾中山大学执教,我曾经推荐她当选十大杰出青年。可以说,依法不但光大佛教,提升佛教,对他们杨家而言,也像男孩一样的光宗耀祖了。

还有一个类似的个案,那就是依空法师出家时,父兄反对之厉害了。

依空是宜兰人,家中兄弟姐妹众多,她在四五岁时,就随着姐姐在雷音寺儿童班拜佛。我记得她几位聪明伶俐的姐姐都非常有善根,但没有因缘随我出家学佛,反而是依空在中兴大学毕业的前一年,也就是一九七一年佛光山举办大专佛学夏令营,共有六百人报名参加,分两梯次举行。

第一梯次开始,第一天报到后,到了晚上十点钟,我下楼巡视,看到一位年轻的学生,在布告栏前张望,我即刻上前问她:

"小姐,你看什么呀!"

她说:"我是来参加夏令营的,听说名额已经满了!"

夏令营报到是在下午五点就已经截止,怎么到现在还在这里徘徊?我知道这必定是有心人,因此即刻跟她说:"没有问题,我帮你报到!"

于是她很欢喜地如愿参加了夏令营。到了结营的时候,她要求要出家,我说:"你再好好地仔细考虑一下,不必那么着急!"

就这样,她回到中兴大学,把最后一年的学业修满。我心想她修业期满后,应该可以上山履行承诺,但是她写了一封信给我,说她的老师见她国文造诣很高,成绩优秀,已经介绍她在省立彰化高中教授国文,她想到在佛门里也需要这些经历,因此请我同意她前往教学一年。

一年很快就过去了,她又写信给我,说:"我要辞去教职,但是两班的学生哭哭啼啼跪在我面前,不让我上山,希望我能继续留在学校教书。"

接信后,隔天我刚好要到福山寺巡视工程,路经彰化,就约她前往一叙。她当下毅然决定辞去教职,到佛光山出家。我想这当中最大的力量,就是我告诉她:"现在学生跪在你面前,求你继续教学,一二年后,即使你跪在他们面前,请他们留下来继续念书,他们也不能留下来!"

大概就是这几句话影响了她,尤其出家后,又有慈庄、慈惠法师介绍她到日本东京大学修学硕士。回台后,我要她到师范学院教书,她也利用时间,再到高雄师范大学继续修得文学博士学位。现在依空出家已经三十年了,让我想起她出家时,父兄强烈反对,大哥曾经拿刀要杀死她,父亲则是派人把她从佛光山带回家中,关在家里的阁楼上,不准与外人见面。据说当时慈庄法师、萧碧霞师姑都是她的邻居,到她家坐等一天,她的父兄铁了心肠,就是不准她们见面。

后来，大概是依空坚定的意志软化了父兄，终于主动放她回山。我记得在依空出家第二年或第三年的时候，父亲曾到佛光山探视她，我特地约见他，请他吃了一碗花生汤。我对他说："你的女公子在这里出家，我们就如亲家一样。"后来他逢人就说我是他的亲家，那一碗花生汤让他终身难忘。

一九八九年，一位来自香港的十几岁小女孩屠颖，考取了佛光山丛林学院，听说是一名跳级升学的资优生。她就读初中时，正逢我到香港弘法，她就已经来听过我讲演了。

由于她是从香港远道而来，当她表明出家的意愿时，我要她先获得父母的同意。没几天，她就取得父母的同意书，我为她提取法名"觉幻"，当时她那欢喜的表情，我直觉这个女孩很有善根，不是爱慕虚荣，而是真正觉悟到世间"一切有为法，如梦幻泡影"，很自然的发自内心流露出来的法喜。

只是"觉幻"这个名字，我觉得与我推动的人间佛教，太过高调；同时看她出家后的表现十分优异，因此有心提升她的辈分，就改名为"满耕"，意思就是让她"落地耕耘"，将来才更能开花结果。

满耕从丛林学院毕业后，到美国西来大学就读，由于她在香港读书，英文成绩很好，所以不久就顺利从西来大学毕业。接着又在西来大学校长陈迺臣先生推荐下，顺利考取北京大学哲学系，亲近名佛教学者楼宇烈教授学习。

二年后取得硕士学位，又再继续攻读博士，而后以一篇《星云大师的人间佛教理念与实践》的博士论文，获得北京大学楼宇烈，中央民族大学王尧，中国社会科学院杨曾文、张新鹰，及南开大学郑辟瑞等教授给予高度评价。尤其国家宗教事务局叶小文局长，亲自为论文写了下列评语："倡导人间佛教，建设人间净土，已成为两岸中国佛教界的共识和归旨，满耕的这篇博士论文，以佛光山教团为典型范例,有系统地探讨了星云大师对当代人间佛教思想的理论建树和实践成果。作者在全景式的描述中,既有对人间佛教思想脉络的深入探寻,又有对其实践经验的系统总结。特别是作者对佛光山在当代佛教教团管理制度上的创新和现代组织形式落实的揭示,具有一定的借鉴意义和参考价值。"

满耕与四川大学的满纪,可能是来自台湾,最早在大陆取得博士学位的出家僧侣了。尤其满耕有一对很开明的父母,二人在香港都是虔诚的佛教护法,也是奉公守法的港民,育有一男一女,儿子送往印度学佛,女儿送到台湾佛光山出家,姐弟二人今后都会在佛教里有所成就。

我在香港弘法近三十年,光是在红磡体育馆每年的佛学讲座,就持续了二十年未曾间断。每年讲演时,耕爸爸、耕妈妈都是忠实的听众,每次我都叫满耕约她的父母到讲堂谈叙,她那老实的父母都说不要耽搁我的时间,只要能在一旁听我讲演就非常满足了。

曾经他们夫妇也到过佛光山当义工,也把佛光山看成是自己的家,其实佛光山本来就是他的儿女亲家。他们在佛光山感到满怀法喜,尤其我曾在法堂请她的母亲用过简单的便餐,她说一生值得回味。

现在满耕继她的博士论文后,又再完成了一篇三十万字的文学作品,我想这应该不只是我的欢喜,也是她父母最大的安慰了。

在许多出家弟子当中,比较殊胜稀有的,就是三代同堂一起跟我出家的慧和法师,与他的女儿慈庄、外孙慧龙、慧传这一家了。

早在一九五二年,有一位绅士型的中年男士李决和,到台北邀约我到宜兰弘法。他曾开过大安百货公司,在宜兰相当有名望,我到宜兰弘法前,他已经辞谢世俗的业务,发心专门当佛教的义工。我到宜兰后,很自然地就做了我宜兰念佛会的总务主任,后来跟我

与慈庄法师(右二)和慧龙(右一)、慧传(左一)法师及慧龙、慧传的母亲李新肃(左二)合影于如来殿"佛光山开山纪念碑"前

出家,法名叫"慧和"。

不久,他鼓励在兰阳女中教务处任职的二小姐李新桃跟我出家,她就是现在的慈庄法师。慈庄出家后,曾经留学日本,是佛光山女众的大师兄,曾担任西来寺的住持,对于我在世界各地建道场,贡献很大。

从最初的台北松江路佛光山台北别院,到美国的西来寺,欧洲的英国伦敦道场、法国巴黎道场,她常年拎着一个小包包,走遍世界各地筹建寺院,尤其她把基督教的教堂改成佛教的寺院,把列为古迹的巴黎古堡变成弘法道场,可见其开拓能力之强。

尤其她在美国洛杉矶创建西来寺时,历经八年的时间筹建,期间经过六次的公听会,一百多次的协调会,才有今天号称"北美洲第一大寺"的西来寺。

慈庄法师的大哥是彰化银行的经理，弟弟是石门水库的工程师。她的两位外甥慧龙、慧传法师，都在佛光山出家，慧龙从小跟随佛光山第二代第四任住持心平和尚一起入道，丛林大学毕业后，因为擅长海潮音的梵呗唱诵，经常在海内外主持法务，现任南投清德寺住持。

慧龙的弟弟慧传，屏东农业大学毕业后，曾任普门高中校长、西来寺住持、国际佛光会青年团的团长。性格温和，却是精明能干，而且长于口才，现任佛光山都监院院长，统领佛光山海内外二百余所别分院的法务和行政。

慈庄的父亲慧和，跟随我二十余年，可以说鞠躬尽瘁，护教不遗余力。尤其他有一种观念："不入佛门，就不像是我家的儿女！"正如宋朝宰相吕蒙正说："不是佛教徒，不皈依三宝，不要投生到我的家里来。"

慧和不但教性很强，尤其一心向往大陆，用心研习汉文，甚至大女儿李新肃，还嫁给出身湖北的一位少校军官方铁铮，慧龙、慧传分别是他们第二、第三个儿子。

慈庄法师的母亲李张壹老夫人，高龄一百多岁时，身体还十分硬朗，过去我们经常吃宜兰的豆腐乳，多数都是出自她的亲手制作。平时只要道场有事，不分早晚，也不管有请没请，都是任劳任怨，所以若说我佛化了他们的家庭，不如说这许多佛门亲家，把他们的儿女送给佛教，成就了我弘法利生的事业。

替我翻译的慈惠法师，素有"佛教界的才女"之称。与慈庄、慈容，是当年宜兰女青年当中的"三剑客"，一起参加我组织的文艺班、佛教歌咏队，帮我演出话剧，尤其慈惠替我翻译台语、日语五十年，曾经留学日本大谷大学，取得文学硕士的学位。后来日本佛教大学校长水谷幸正，鼓励她继续攻读博士学位,但她毅然回台,帮我办理佛教教育,除了佛光山丛林学院以外,西来大学、南华大学、佛光大学的筹建工作,她都帮我分担,一肩扛起。

她有亲弟一人,中兴大学园艺系毕业,曾担任非洲农耕队队长。姐弟二人的父亲张辉水,母亲张燕,可以说是我的佛门亲家中,最关心佛光山事业的人了。张老先生是一位中医师,曾做过板桥林家花园的经纪人,他们的家庭和慈,父母姐弟非常亲爱,他让慈惠学佛出家,曾担任宜兰慈爱幼稚园创园园长,再任《觉世》旬刊编辑,又任佛教丛林学院训育主任,后来前往日本留学后,回山帮我筹建佛光山,筹办佛教教育事业,担任普门高中首任校长,至今还在经办佛光山百万人兴学运动,孜孜不倦地为兴隆佛教事业而忙碌。

这一切应该都是源于当初父母的叮咛,要她既入佛门,一定要好好把一个出家人做好,所以慈惠自我要求严格,在现代的生活中保有传统的思想,对丛林寺院的规范非常坚持,早晚课诵、禅修念佛都非常的认真。

张老先生对我主持的宜兰念佛会,护持有加,家里的厅堂供奉有大藏经,尤其张老先生喜好音乐,慈惠得自父亲的遗传,音乐素养很高,除了当年参加佛教歌咏队以外,近年来主办的"人间音缘",每年都接引数十个国家的青年到台北参加佛教歌曲比赛。另外她也带领佛光山梵呗赞颂团,到世界各地用音乐弘法,可以说为佛教的发展开创了一个新的里程碑。

遗憾的是,佛光山开山大约十多年后,我请慈惠邀请她的父母上山一游,张老先生说,法界都在他的心中,哪里一定要上山呢?所以张老先生夫妇,在有生之年从未踏入过由他女儿帮忙筹建的佛光山一步,让我不禁遗憾万分。

内外佛光亲属相聚一堂,甚至有远从拉达克地区、马来西亚、印尼、美国来的亲属

称出家弟子俗家父母为"亲家",每两年举办一次"佛光亲属会"(二〇〇一年)

二〇一二年佛光亲属会大合照

佛光亲属会

为了感念徒众的父母将儿女送到佛光山，奉献佛教，并且让他们了解子女的学习情况，一九九三年起，佛光山每两年举办一次"佛光亲属会"。名为"亲属会"，起于我还是沙弥的时候，看过志开上人写信给母亲，信上称呼母亲为"亲家"。目前，佛光山不但特别为徒众的父母举办"佛光亲属会"，更由"传灯会"专责单位照顾一千多名出家弟子的生、老、病、死，也关怀慰问各个佛光"亲家"。

出生在民间信仰家庭的慈容法师,大哥曾任远航商船的船长,其他的兄弟姐妹,有的在医界悬壶济世,有的在教育界作育英才,有的在海外指导农业开发,她和另一位妹妹依来法师先后在佛光山出家。

依来法师现任慈善院院长,慈容法师曾在日本留学,专攻社会福祉,所以现在佛光山养老育幼的慈善事业,以及很多社会教化工作,都由她领导。

慈容能干而不怕辛苦,虽然已经年过七十,但未曾想过要退休,大概就是做一天出家人,就撞一天钟吧!她是澳大利亚南天寺的第一任住持,欧洲的多所道场都是由她帮忙创建的。尤其国际佛光会成立后,担任秘书长,在五大洲推动佛光会的业务,不但为佛光跑天下,尤其她擅长办活动,我在台北"国父纪念馆"三十年的讲座,每次都有数千人听讲,她把歌舞融入到讲座中,可以说开创社会办大型活动的风气之先,也带动风潮。甚至在香港红磡体育馆、马来西亚莎亚南体育场八万人的弘法活动,都有她的贡献。

四十多年前,慈容发心出家学佛,她的母亲和父亲吴老先生一样,都不希望儿女出家入道。但是她们全家十一个儿女,都是宜兰念佛会、学生会、儿童班的成员,甚至现在除了妹妹依来法师与她一起出家以外,还有一个文化大学毕业的妹妹吴美惠,是美国西来寺的护法,也是佛光会的会长;另有一个妹妹吴素芬,是台湾艺术大学教授,经常为佛光会的舞蹈团编练歌舞。

当慈容法师担任普门寺住持时,她的母亲特地搬往普门寺,与慈容法师同住。后来吴老夫人跟慈容法师说:"我们一家的儿女虽多,但是最有出息,成就最大的,就属你了!"

后来吴老太太临去世前,特别找我,捐献了一千万元,帮助佛光山的建设。像吴老太太这样,把人和财都送给佛光山,可见我的这许多佛门亲家,对佛门的贡献是多么重要。

在佛光山开山十周年的时候,一位台湾大学数学系毕业的陈开宇来到佛光山出家,成为慧开法师,可以说是一件很难得的事情。因为慧开法师出家,他的父母虽有多位儿女,也都在教育界、学术界,获得博士、教授的名义,但父母仍然依赖出家的儿子,与慧开法师长住在佛光山当义工。

慧开法师的父亲陈鹤袖老先生,过去曾为军人,位阶将军,因公受伤而退伍,虽然损失一条腿,但是拄着一根拐杖,仍然健步如飞,尤其写得一手好字,佛光山许多文疏中的书法字,都出自他的笔下。

慧开法师出家后,曾在普门高中教书,后来升任校长,但我鼓励他不可以此为满足。我说:你的兄弟都是博士、教授,你为什么不也去读个博士呢?后来慧开辞去校长之职,前往美国,获得天普大学宗教系博士,现在已是南华大学代理校长,而且是教授生死学的专家。

我想起了慧开法师的父母,因为长住在佛光山,和我经常在路上见面,或在各种会议、讲座中出现,我感受到慧开法师的母亲生性乐观、明朗,所以生育的儿女,也都性格豪爽、大方。尤其陈鹤袖先生军人出身,非常讲究忠诚、义气,在佛光山居住的那几年,我见他护持常住,只要有人对佛光山不友善,他都咬牙切齿,痛恨不已。

除了上述的亲家以外,现在佛光山的大寮(厨房)、园艺组、环保组,都有很多亲家发心当义工。这些亲家也都非常自爱,他们跟随儿女上山学佛当义工,但不涉及佛光山的最高行政,也不经办佛光山的财务运作,他们只是在佛光山莳花刈草,烧菜煮饭,打扫庭院,一者为了跟儿女同住,再者为了安度余年,也能自得其乐。

再有，随着祖庭大觉寺的重建复兴，开办了培训班，加上多年来海外的弘法，许多大陆优秀青年认同人间佛教的思想理念，陆续加入了弘法的行列，如慧东、妙海、妙悯、有岸、如清、有纯、有如、有勤等等。二〇〇九年时，我还特地在宜兴大觉寺举行大陆徒众亲属会，邀请徒众的亲属来寺里与子女团聚，让亲家们了解自己的子女在佛光山出家后的生活与未来的前途发展。

现在佛光山的事业扩大了，有电视台、报纸、大学、美术馆、诊所、佛光会，还有各地的别分院等，很多亲家们更是纷纷投入到佛教的圈子里来。当中尤以在各地佛光会担任督导、会长、秘书等干部，确实奉行人间佛教，推动佛光事业的人，为数最多。

例如：道融法师的父亲洪进国居士，是彰化二林分会督导，也是檀讲师；妙鸿法师的父亲胡高荣居士、姑姑胡高缎居士，分别是彰化北斗分会督导和中华总会监事；永富法师的母亲陈玉卿居士，是社头分会督导；担任过香海文化执行长的蔡孟桦小姐，妹妹是如志法师，他们的父亲蔡朝丰居士，曾任屏东东港分会督导；慧中法师的父亲林合胜居士，是屏东新埤分会督导；慧浩法师的父亲简志达居士，是台北仁爱分会督导；觉辉法师的母亲刘莲香居士，是台南第一分会督导；妙慧法师的父亲杨重雄居士，是桃园分会督导；妙瑜法师的父亲谢仁兴居士，是屏东南州分会督导；如庆法师的母亲李蕙兰居士，是泰山第一分会督导；永融法师的母亲陈敏华居士，是高雄分会会长等。

对于这么多佛门亲家，他们护持佛光山的心意，不但把子弟送入佛门，而且随着儿女在佛门担任义工，奉献心力，真是让人感动不已。

世间上的儿女亲家，有的兄弟数人讨了几门媳妇，有的姐妹数

人嫁了几个家庭,永结秦晋之好,成为一般的亲家。在佛门里,父母送儿女出家修行,都是有重大的因缘,冲击着人生的想法。这些年轻男女学佛出家,也像世俗的婚嫁,他们也在研究,嫁到对方是好是坏?有的人任由命运安排,也有的出家后就如同重新再世为人一样,人生从此有了不一样的发展。

所以,出家学佛,转换一个环境,改变另外的一种生活,不只是常住和父母成为亲家这么单纯而已;重要的是,青年儿女在佛门里能否争气,能否光大佛门,能否升华人生?父母师长只是一个因缘,前途发展,都要看每一个人自己的造化了。

在此寄语佛光山数千位的亲家们,儿孙自有儿孙福,你们的儿女都像公子、公主一样,在佛光山成长。就算是苦行僧,所谓"欲做

我与佛门亲家的因缘

于佛光祖庭大觉寺观音殿与徒众及亲属合影(慧延法师摄,二〇〇九年三月二十二日)

佛门龙象,先做众生马牛",你可以拭目以待,看他们未来的成就。不过,"一佛出世,千佛护持",年轻人入道,还是需要大家多方的加护、鼓励与庇佑,才能让菩提幼苗更加成长、茁壮,终至花果圆满。

175

名中有我 我在名中

我的侍者群相

我在想,
佛光山大多数的人
大概都希望来开山寮做侍者;
但是,
我没有用侍者的习惯,
总觉得"三分师徒,七分道友",
僧团是建立在平等上面。
当初的佛陀也说,
他是众中之一,
我们个人不可以把获得的公共财富、权力,
拿来自己作威作福。

说到我的侍者群,很惭愧,我在四十岁之前,经常行脚在各地,一个人到处无家处处家,并且因为身手矫健,自己会煮饭,会整理打扫,很少假手他人,因此,我用不到侍者,也没有觉得谁是我的侍者。

四十岁之后佛光山开山,才正式有一位莺姑,因为人长得太胖,不能做别的事情,自愿在我误餐的时候,为我张罗饭菜,应该算是我的侍者了。

周玉莺

人称"莺姑"的周玉莺,出生于一九三四年,其实,她是我在宜兰弘法开始时的信徒,后来到三重文化服务处、寿山寺、佛光山开山初期等,经常由她供应三餐给我吃。莺姑不太讲话,有着很好的烹饪技术,体型虽然肥胖,但手脚伶俐,我从外面办事回来误餐,不要十分钟,就备好饭菜给我吃了。

就这样,大概过了十年左右,由于莺姑的年纪渐大,常住体恤她多年辛苦劳累,就在本山佛光精舍准备一间房间让她退休养老。但她不肯,说要回去跟女儿同住。后来听说她回到台北,我因为经常在外云游弘法,也就与莺姑断了音讯,不晓得回到台北的情况如何。一直到二〇〇一年,莺姑的家属把灵骨送回佛光山万寿园供奉,我才知道她已往生。师徒一场,也是一种缘分,莺姑虽然没有在佛光精舍安养终老,不过,现在总算也长伴在佛祖身边了。

达德师

在莺姑之前,大约一九五六年左右,有一个达德师,应该是我第一个侍者。她是冬山乡白莲寺妙慧法师的弟子,不知是自感苦恼,或者因为多病,还是与师父不投缘,就和一群罗东的小学生投在我的门下。我心想,她觉得自己不受师父的欢喜,我可不能也让她有此感觉,所以就特别嘱咐宜兰雷音寺当家,也是她的师叔妙观师好好照顾。

达德师是宜兰罗东人,小小的个子、一副见人害羞的样子,加上身体不好,常常疼痛到两只脚在墙壁上踢弄,叫人心生不忍。她经常动不动就晕过去,甚至曾经死了两天,又再把她救回来。大家说帮我煮饭的工作比较简单,就来做我的侍者。她善于烹调,很有当家的才能,可惜人长得矮小,不过,我觉得天生我才必有用,任何人都有她的用处。那时候,原先小小的雷音寺,因为"欧珀"台风损坏,我打算要把它改建成四层楼高、地基有二百坪的建筑,我就叫她来帮我筹建。达德师听了我的话,非常认真,一手登记功德,一手支付工钱,负责许多重建的工作。

雷音寺建好之后,一九五七年左右,信徒为了让我可以写作,在台北购置了一间房子叫"普门精舍"。那是风景非常美丽的别

达德法师(中者)与宜兰念佛会儿童班师生合照(林清志提供)

墅,不是很大,约有一百坪,是前"国大代表"何芝园的故居,因为何将军另有他的住处,便把这间别墅让渡给我,我就找达德师帮忙当家。

　　那个时候,达德师的年纪也不小了,应该有四五十岁,和一位老太太(也就是赵伍锦梅女士的母亲),一起暂住在那里,帮我照顾新北投这间房子,学习佛法。因为平时也没有太多事,偶尔我回到台北,几个信徒来访,她们就负责供给餐饮,大家倒也忙得不亦乐乎。

　　后来,因为头城灵山寺的老师父妙圆师,是达德师她们宗门的人士,要收达德师为法子,并且要把头城的灵山寺传给她,让她担任主管。我想,我不能妨碍达德师的前程,非常欢喜为她祝福,还送她到灵山寺去就职。

　　虽然灵山寺位在偏僻的山区,达德师也不辜负我的期望,本着我的精神爱护青年、成立念佛会，并且推动人间佛教。

过了几年，达德师想把头城的这座灵山寺，交给本山的徒众道慈接收。道慈是个老实人，她坦诚跟我说，自己不是一个领导者，不能离开团体，离开了团体不能生活。后来常住就以道慈挂名代表，另外调派觉年前往管理。觉年是马来西亚人，她和道慈、道悟、达德等，同在佛光山的篮球场上组成"地虎队"，也是身手矫健，非常勤劳的人，这几年把寺里整理得相当清净。

听说觉年在头城灵山寺几乎常与毒蛇为伴，因为山里不少虫兽经常在那里出没活动。甚至一九九七年社会轰动一时的"白晓燕案"，凶嫌陈进兴都到灵山寺探访过，觉年还开示他要出来投案。我问觉年，陈进兴这个杀人魔王来的时候，你怕不怕？没想到觉年回答我说，是他怕我，我哪里会怕他呢？觉年不愧有弘法者的勇气与精神。

收了达德师做法子的妙圆师，俗姓萧，据闻是本山萧碧霞师姑的亲戚，后来灵山寺由萧师姑的父亲萧松枝先生发心重建，说来也可算是他们家的祖庙。之后，辗转交由佛光山管理弘扬佛法，成为大众共修的道场。他们的发心，也值得写下一笔历史记录。

道慈法师（永会法师）

说来，做我的侍者最久的，应该算是道慈了。

道慈是宜兰人，一九五八年生，今年已经五十多岁。十几岁时，就已经开始帮忙寺里打扫、抹地、擦桌子，虽然不是属于才智型的人物，但她心无城府，性格天真。

例如，为我准备的毛巾，大多是女孩子用的绣花四方巾。我因为经常嘴角破皮，每次使用绣了花的毛巾洗脸擦拭，不小心碰到伤口就会流血，实在疼痛难忍。我跟她说，普通毛巾就好，何必找有绣花的呢?

道慈回答我说,绣上一朵花不是比较漂亮吗?不然你就反过来用好了。想到这是她喜欢的形式,我也就自己忍耐一点,不去拂逆她的喜好了。

道慈的性格慈悲,非常欢喜小动物。她经常从外面捡回不少松鼠、小鸟,就在我的开山寮后院饲养起来,等到长大一点时,再把它们放生回到大自然。这些小动物们都听得

道慈法师(永会法师)

懂道慈的话,也认得她的声音,只要她一喊,都会有所回应,或者随手一招,小鸟就飞到她手上,甚至松鼠就在她身上爬来爬去,是习以为常、司空见惯的事。

有一次,道慈跟我说:"师公,您帮我的松鼠、小鸟起个名字吧!"

我说:"你这么多的松鼠、小鸟,我哪有这么多名字可以起?"

她回答说:"没有关系,您起好名字后,我喊它们一号、二号、三号、四号。"

我平常也没有跟侍者建立什么交往,想到她为我做那么多事,难得要我为她做一件,难道我不能满她的愿吗?

我就说:"好吧!以后天上飞的鸟儿就叫'满天',地上跑的松鼠就叫'满地'。"这是因为那个时候在本山出家的弟子,都是以"满"字来题取法名;例如,满谦、满可、满信、满润、满莲、满方等,干脆也把它们归到"满"字辈吧。

道慈一听,从此以后,也就真的把那许多松鼠、小鸟叫起"满地"、"满天"来了。这些满天、满地们,因为久被饲养,道慈也没有把它们关在笼子里,就这样经常飞东飞西、跑来跑去,如入无人之境,使得我的法堂开山寮好像变成马戏团里的动物园了。

后来,她又不知从哪里弄来一条小金丝狗,长得非常可爱,央求希望我把它留下来。我说,不行,必须把它送人。这是因为过去我已被小狗来发一世、来发二世搞得牵肠挂肚、精疲力竭,所以坚决地要她把小狗送走。道慈当然拗不过我,虽然心里非常舍不得,但也只有忍痛割爱了。

看到道慈每天认真地为这许多不知道已经是第几代的满天、满地们喂水、喂食,还为它们清理粪便,看起来,我也只是她照顾的满天、满地之一而已。

不过,她一直很安分地做侍者,我因为经常外出弘法不在山上,刚好有满天、满地做伴,我也就乐见她对这些小生命的关爱照顾了。

道慈早年入道,成为佛光山第三代弟子,后来提升她做第二代取名叫永会,但她仍然习惯喊我"师公"。算一算,也做了我十八年的侍者。但是我想,我总不能让她一生永远为我端茶、煮饭,考量到她的前途发展,我就叫她调职。由于她对常住忠贞爱护,为人厚道尽责,对我的东西也熟悉,于是在开山三十周年时(一九九七年),就让她去负责宗史馆了。

道慈确实不负所望,她善于收藏、整理,什么东西应该分什么等级,如何归类,她都如数家珍。例如,我每年写给信徒的春联,从一九九五年第一次题的"平安吉祥"开始,到二〇一三年的"曲直向前,福慧双全",她都收有原版。甚至我四十多年来,每年开春写给护法朋友的一封信,也都收藏在她那里。

道慈大部分的时间都待在本山,我以为她只知道山上的师父、长老,对外面的人没有什么认识。但有一次,我随意问起徒众,咦?五十年前,名画家席德进先生替我画的一张速写,不知道在哪里?道慈立刻说,师公,我等一会送来给您。没有五分钟,果真就给我了。可见道慈对档案的管理非常清楚。

道慈不但对我这个师公尊重,包括一千多位的第二代师父,也都一样平等尊敬。在宗史馆里,第二代的长老,如心平、慈庄、慈惠、慈容、慈怡、慈嘉、心定、心培等,都一一替他们设立专柜介绍。

另外,在宗史馆外面开放式的历史走廊上,佛光山从开山、传戒、会议、青年团、佛学讲座、国际交流等等弘法活动的照片,她都一张一张地标示、展出。我曾经问,你不怕被人弄坏或拿走吗?她回答:师公,您放心,正版的,我已经另外保存并且拷贝了。我想,近二十年来,如果有人到佛光山参观过佛光山宗史馆,就可以知道,那些都是道慈的贡献了。

最近,我在写一笔字,看到她从我身边经过,我喊一声"站住",顺手就写了一副对联:"道行无私满虚空,慈悲有心遍天下。"她非常意外,开心得不得了,左一声"感谢师公",右一声"感谢师公"。看来,道慈一生虽然为人辛苦服务,却过着禅悦法喜、快乐知足的生活啊。

道悟法师

第四位要说的侍者,就是道悟了。

道悟为我做侍者也是十有余年,她出生在一九五二年,今年已

我的侍者群相

道悟法师（二排左一）随我到金门弘法

经六十多岁。按照她这个年龄看，不应该是"道"字辈的第三代，甚至，在佛光山的徒众中，许多二三十岁的年轻人都是第二代，为什么她是第三代的弟子呢？

因为在佛光山，还不到二十岁出家的弟子属第三代，第二代的弟子都是她的师父。道悟十九岁剃度，人生得矮小，当时要求跟我出家，我只有说："那你就做第三代，拜慈庄法师做师父吧！"她说只要能出家就觉得非常高兴，也就乐于做佛光山的第三代弟子。

时光荏苒,一晃眼,她也六十多岁了。

道悟能做一手好菜,也很有供养心。说起来,在我的开山寮里工作很不容易,因为个个都是师父,甚至比她小个二十岁、三十岁,甚至四十岁的人,她都要叫师父。尤其在开山寮服务,还要有见人欢喜、不排斥别人的个性,特别要谨言慎行,不能搬弄是非、对哪个人说好说坏。道悟有此性格。

道悟还有一个优点,就是容易接受常住的调派,你要调动她到常住哪里帮忙几个月,或到哪个地方做什么,都会毫不犹豫地衔命前往,把工作做好。

好比有一段时间,我的母亲住在南京雨花台,经常叫人带信来跟我说,雨花精舍是佛光山的啊,你要找个出家师父来管理,你不能让我们在家人老是住在这里啊!

后来,道悟就前去南京跟我的母亲一起生活,加上我的家族亲友不时的要去探望母亲,我也不晓得道悟那一年的日子是怎么过的,也没有跟我提起。我想,她的做人处事,忍耐的工夫儿还是很相当的。

我常常写字,由于道悟在佛门久了,有时候也能提供我一些句子。有一天,她跟我说,师公,你写的墨宝偈子都太佛法了,一般在家人都希望要有福报、要能富贵,写一点通俗的字句给社会人欢喜吧!

道悟有这种人间的性格,我听了很高兴,就跟她说,我写一个对子送给你:"道无古今,悟在当下。"她也欢喜得不得了,她说:"师公,当初我就想要了,但不敢跟您说,今天您自己写给我,这是我终身收藏的宝物,我会好好珍惜。"

后来,佛光山渐渐大起来,往来的人多了,她小小的个子,煮给我一个人吃饭还可以,有时一下子来了几十个人,就不是她所能胜任的。所以我就跟她说，你只有换个职务了！

道悟表示她喜欢在我的左近工作，希望不要调得太远，后来常住就调她做传灯楼的知客，还有二位小姐帮她招呼前后，照顾客人的茶水。在佛光山，政务性的职务是有任期的，但事务性的工作可以不必调动，她这一做，也差不多快十年了。

我还记得道悟喜欢听闻佛法，她见到我经常出外弘法，总想要搭个便车跟着去听讲。我说，道悟，你听了我二十年的佛法，哪十句话给你影响最大？你说来给我听，说得好，我就带你去。她一听，忽然愣住，一句话都说不出来。

现在，道悟已经不是当初的吴下阿蒙了，虽然是六十多岁的年龄，而且又属第三代，有时候第二代的徒众偶尔有一些理路不通、情绪不佳的时候，我都告诉他们，你去找道悟谈谈。道悟尽管是第三代弟子，但在第二代的前面也毫不畏缩，畅论做人处事的道理滔滔不绝。

有一个聪明能干"永"字辈的弟子最是佩服道悟，她对我说："道悟法师，我领教了，我站着听她讲话，整整就听她讲了两个小时。"说来，这也是人与人之间的缘分吧！

觉具法师

第五位要说的侍者，就是现在开山寮的当家觉具，至今，她应该也做了十有余年。

觉具还没有出家前，曾经在素食餐馆的厨房掌厨。她在我的开山寮工作，起早待晚，她有服务的性格，不论什么人来，要吃什么，都乐意张罗，从不嫌你来得太迟或太早。

尤其她没有嫉妒心，十年来，我没看她对哪个人不好，或嫌弃什么人给她不方便，也没见她发过什么脾气。很多人说，在厨房里

与觉具法师及其父母合影

很容易有无名火,但她都是温和以对。瘦长的个子,看似弱不禁风,一旦站到厨锅前面,就有大将之风,指挥若定。

有时候我随众过堂吃饭,偶尔我会客忙碌误餐了,她都会为我准备饭菜,按理讲,在开山寮应该只有我一个人吃饭,但是常常来跟我开会讲话的人,一来都是几十个,觉具都能够在短短时间内煮好,供应给大家食用,她的调配、她的典座能力,真是有她的特长。

觉具是新竹的客家人,有着客家人勤苦的特性,性格耐烦,对人也没有抗议的声音,一切都是默默地忍耐下来。她曾经就读南华大学宗教研究所硕士班,在南华大学读书、服务的师兄弟们,也都靠她一面读书一面供应三餐,后来大家就选她担任南华学舍的当家。

我挂念她这么一个小小瘦瘦的身材,能负担南华学舍的当家吗？但听到这个消息，为她感到欢喜，还从澳大利亚替她买了一百条的羊毛被、几百罐的绵羊油，让她可以在有人来参访时义卖，算是为南华学舍添油香吧。

但是她做了不久，我再去时，已经是别人当家而不是她了。我也不方便追查来龙去脉，想想，还是不开口也就没事了。

觉具从南华大学回到佛光山，在云居楼服务时，每天都有千人以上来吃饭，她都可以策划得条条有理，大家就建议她可以到开山寮服务。时光真快，一晃也有十年了，平时我很少跟她讲话，也不知道觉具现在的心理是怎么样了。佛教讲究印心，我觉得青年弟子假如常常向长老善知识学习，能有请法、受教的精神，能和长者印心，那就会有很大的进步。

陈逸民

上述说来，我的侍者大部分不是太胖，就是太瘦，或者太矮，都是小侍者。但是有一个例外，那就是旅居在日本的陈逸民居士，他也应该纳入到我的侍者群。因为，二十多年来，我在世界各地弘法，每逢讲演、法会，几乎都是他做侍从的角色，所以大家都称他为"侍卫长"。

陈逸民是彰化人，出生于一九五六年，日本明治大学毕业。在一九九一年，我到日本成立国际佛光会时，道场派他来替我开车。在车上，我跟他闲话经营事业的理论，他说他听了深感受用。从此之后，每到日本，逢我需要坐车，他就自告奋勇，开着他的宾士车来担任我的驾驶。特别是他听我形容替我开车的依照、永均，能把刚硬的汽车开得像橡皮筋一样柔软，也就更加注意自己的驾驶技术，发心要开得像行船一样平稳又舒适。

陈逸民参加佛光会后，就跟随我到世界各地布教，留下许多弘

与陈逸民在一起（蔡荣丰摄）

法的足迹。一九九八年，我到印度菩提伽耶传授三坛大戒恢复比丘尼戒法，当地突然出现一大群活泼大眼睛的小孩围着我，几乎让我动弹不得。一旁的陈逸民也不知如何是好，直问我这么多可爱的小孩到底是从哪里冒出来的？

同年，我带领僧信二众到泰国恭迎佛牙舍利回台湾供奉，以及二〇〇二年到西安法门寺迎请佛指舍利来台，我看到大众在佛陀面前的平等与和平，以及对佛法的渴求和期盼。此后，陈逸民就经常陪我穿梭两岸，播撒人间佛教的种子。

印象最深刻的是，二〇〇二年时，我有一趟中南半岛弘法行程。在缅甸那加来古寺佛学院，为了对我说的佛法表示恭敬，一千三百多位沙弥和沙弥尼，僧鞋全部脱在门外。我正讲得热络的时候，一瞥竟然看见陈逸民着急地帮同行者找寻鞋子，不禁让台上的我莞尔一笑。那一次，我特别感动沙弥学院巴丹塔札咖拉比完他法师对教育的重视，特地捐赠一万美金，聊表寸心。

在柬埔寨的时候，陈逸民看到许多在内战中受到地雷伤害的小孩，心生不忍，掉下了恻隐之泪，让我看到外表刚强的他，内心也有柔软的一面。走访柬埔寨世界文化遗产吴哥窟时，因为地形不平，他帮我扶上、扶下，像我的一枝拐棍，让我的行走方便许多。

那一年，佛光山在日本本栖湖畔设立了本栖寺，为了协助我了解周遭环境，陈逸民特地去考快艇执照以便帮我开船，并且介绍富士山下五个火山湖的由来。他说只要需要他，他都乐意服务。国民党荣誉主席吴伯雄、国家宗教事务局叶小文局长，都还坐过他开的船游本栖湖。

二〇〇四年我到欧洲弘法，由于行程紧凑，几乎一天转到一个国家，十几天下来，有一次我讲完话下台，看到疲惫的他还在打盹，嘱咐身边的人不要叫他。事后，他腼腆地问我说：师父您难道不会累吗？其实，身体的累，休息一下就好了，主要是心要不累，因为弘法利生都来不及了，哪里还说什么累？不知道跟随我多年的陈逸民能不能体会得到呢？

陈逸民的反应机灵，勇往直前，热情豪迈，每到一个地方就跟当地大众融和在一起，留下不少美好的好因善缘。尤其，他跟着我出席海内外万人以上的法会多次，增加他许多人生的经验。像两次在马来西亚莎亚南体育场八万人的弘法大会，他又要照顾我上下起坐，又得关照到热忱的信众，应该体会不少进退之道吧。

有一次他翻阅地图，圈出曾经与我走过的世界都会，除了上述，光在美洲，东岸从多伦多到纽约、北卡、迈阿密，到中美圣路易、奥斯汀、达拉斯、休斯敦等；西岸则从温哥华、西雅图、旧金山、洛杉矶、圣地亚哥，甚至到南美洲巴西圣保罗，走访热带雨林亚马逊河。此外，也到过南非的开普敦、约翰内斯堡，澳大利亚的悉尼、布里斯班、墨尔本、伯斯，以及新西兰北岛奥克兰、南岛基督城等等。算一算，竟然也行遍将近三十个国家了。

随侍多年的侍者永庄(左一)、永均(二排右一)、永会(二排右二)及慈容法师(右二)、萧碧霞师姑(右一)在海外弘法时的合影(慈容法师提供)

我非常感谢他,特别是近几年来,我的腿力不继,上下坡台,推起轮椅来相当吃力,他也不嫌弃,像侍者一样顾前顾后。

或许有些人不以为然,大师是大家的,为什么只有他可以做大师的侍者呢?一来,由于陈逸民非常积极,无论我去哪里弘讲,我一到,他必定前来报到;二来,他很低调;三者,我的进退、快慢,行事的步骤,他很熟悉习惯,我想,这大概是重要的原因吧。因此,说到我的侍者群,就不得不把被称为"侍卫长"的陈逸民列入这一章了。

讲了上述的侍者群,我在想,佛光山大多数的人大概都希望来开山寮做侍者。但是,我没有用侍者的习惯,总觉得"三分师徒,七分道友",僧团是建立在平等上面。当初的佛陀也说,他是众中之一,我们个人不可以把获得的公共财富、权力,拿来给自己作威作福。

就像当初大家请阿难尊者出来担任佛陀的侍者时,起初他不肯,后来透过目犍连长老向佛陀提出了三个希望:第一,佛陀的东西,无论新旧,他绝对不要;第二,如果有信众请佛陀应供,他不能侍奉前去;第三,不是见佛陀的时候,他不去见,此外都愿意侍奉佛陀。佛陀一听,欢喜赞叹阿难提出这些要求。因为阿难是为了要避讥嫌,免得人家误解他滥用公权力。

因此,我时时刻刻也是想到,我要融入大众,我也只是众中的一个,即使是一个小小侍者,在我的开山寮里,他也有很大的尊严。

例如慈惠法师、慈容法师等,他们常常要来我这里吃饭,要一起乘车,以便共同商量一些事情。但是这许多长老师兄,对待我们开山寮的小侍者跟我一样,也是礼遇有加,尊重厚待。

好比小侍者喜欢把冷气开大一点,长老师兄不会用命令的口吻叫你关小一点。有时候胃口不好,长老也不会说你应该把饭菜怎么煮,大家都相敬礼让。所以,佛光山上下一条心,从开山寮的侍者和长老的相处,长老和这许多小师弟、小徒弟的相处,就可以看出这种良好的默契了。

所谓"侍者",在佛门里有六种,等于现在一般机关的机要秘书,或者是主管的特别助理,或者是侍从室的侍卫长。所以,侍者的角色,在丛林里面可大可小,行事的内容,也视寺院的大小需要而定。任何一个大和尚,他的侍者就等于他的幕僚、行政团队,也是生活起居的保护人。这六种侍者:

一、书记侍者,主要帮助住持处理文书、相关信函。

二、衣钵侍者,保存常住的印信、大和尚的衣钵,以及传承的法物等。

三、汤药侍者,关照住持的医疗、饮食、健康等问题。

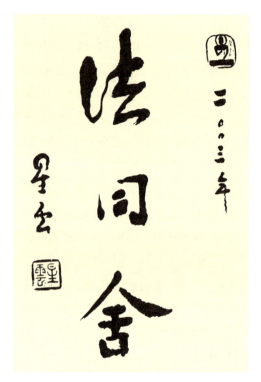

以"法同舍"勉励书记室全体侍者

四、管香侍者,法会时,协助住持烧香行礼,又叫烧香侍者。

五、接待侍者,代替住持接待客人。

六、干办侍者,帮助住持处理各项弘法寺务。

从这样人事职务的安排中,可以了解到过去丛林的规模。不过,像我们现在建寺一切从简了,从剃头、洗衣都是自己来,哪里一定需要动用到侍者来帮忙呢?

不过在佛光山,虽没有像过去丛林所用的六种侍者,但早期也有所谓"五堂二会"的组织,也就是宗务堂、教育堂、文化堂、慈善堂、福利堂,以及计划工作会和策进工作会,师徒共同参与,集体创作,展开弘法利生的事业。这就是佛光山初期开山的情况。

不过,后来山上的人众慢慢增多,组织也愈来愈扩大,大部分的人众都是为常住服务,传灯会则有专人为人事服务。为了普及徒众的佛学教育及宗门思想,我从一九九〇年起,在开山寮下设立了书记室,帮我收集资料、汇编教材文章。从依晟、永庄、满义、满果、满济、永应、永海、觉明、觉了、觉涵、妙蕴、妙开、妙熙、妙松,到现在的妙广、妙觉、妙昕、妙杰、妙显、如超、如介、有敬、有融,还有人间佛教研究院的妙凡、妙光、有德、有方;培训班的妙圆、有圆、如因等等,都参与其中,说来也算是广义的书录侍者了。

总之,人都是要彼此相互帮助的,几十年来,我的侍者群也更换多人,曾经服务过的如:依照、永文、永均、慧龙、觉念等人,由于他们的能力强,后来都承担常住的工作。依照是香海旅行社执行长;永文虽然长期患病,但依旧精进不懈四处弘讲;永均身兼福利监院监寺及物流中心主任;慧龙先后负责慈悲基金会、台北松山寺及南投清德寺住持;觉念则负起佛光山电视弘法的工作,做了人间卫视总经理。到现在开山寮的妙瑜,安分守己,是一个负责任的优良驾驶,而汤药侍者妙香,除了照顾我的医疗外,因为她的主动、热忱,也参与了许多常住工程、联系等工作。其他做过的还有许多人,碍于篇幅,也就不一一去叙述了。

見諸佛法
以皆大歡喜

我的讲演缘

我常常都感觉惭愧,
我哪里有什么东西能在大学讲?
这都是佛法的因缘。
因为他们没有听过佛法,
而我在佛教几十年来的酝酿、温习,
总知道一点人生的佛法、生活的佛法,
在烦恼苦闷的时候,
该如何用佛法来鼓励自己,
因此能获得大家的会心一笑。
或择其善者而从之,
也或者是野人献曝,
只是希望对大家有利益、有贡献。

在我青少年的时期,并不知道我会讲话,在栖霞律学院里,很难得有个讲演比赛,院长大本法师评我为第一名,自己心里很不认同,只觉得是大本法师存有私心。

我又不会讲演,哪里会得第一名呢?一定是因为我的师父和大本法师是法兄弟,基于人情的关系才给我第一名。这个心态让我后来很自责,因为我感到自己很不厚道,人家对我一片好意的鼓励,我居然用这样不好的心眼去批评他,至今仍感到惭愧。

不过,我是真的从来都不知道要如何讲演,因为我一直在寺院里过着关闭式的生活,到二十岁以后,才有机会见到广大的社会。虽然大开了眼界,但是与人说话还真的有困难。只要我看到五六个以上的人,讲话就会发抖,相当不自然,在佛经里有所谓"大众威德畏",我就是这样的情形。

于香港红磡体育馆讲演,连续二十年佛学讲座,每场皆万人参加(一九九九年十一月十二日至十四日)

甚至后来到宜兰弘法,虽然当时我的年龄都快三十岁了,但是一看到几百人来听我讲话,我依然浑身发抖,就算手抓住桌子,也是不停地发抖。不过,习惯性地抖了两三分钟,后面也就不抖了。我自己心里总是警告自己,讲讲话不必怕啊!我讲话,他们听我的话,大家也不会对我有什么不好,怕他们做什么呢?但是,这样自我训练还是不行,到了要对大众讲话的时候,还是会很自然地发抖。一直到三十多岁以后,讲话发抖的习惯才慢慢去除。

所以我想,这实在需要靠人的毅力来突破,假如我没有毅力,就不要讲话,也不要去讲演了。但是我深知,如果我不这样做,就不能弘法;就算有这样的畏惧,也要不惜一切地向自己奋斗。因此从以前畏惧讲话,到现今能侃侃而谈,我已经进步很多了。现在来了几千人、几万人听讲,也是多多益善,我已经没有畏惧的感觉了。

在我一生弘法讲演的岁月中,有很多的趣事与趣谈,倒可以在

于新竹交通大学演讲（一九七七年）

《百年佛缘》里向大家做个告白。

　　初到台湾，我第一个讲话的工作是在台湾新竹青草湖。那年是一九五一年，我担任"台湾佛教讲习会"的讲师兼教务主任，学生只有五十人左右，每次上台对学生讲话，最初的一两分钟都不自然。

　　这让我想到，父母在孩子幼年的时候，如果能经常让他在大人面前多一些表达，应该是很重要的教育。因为，小孩可以顽皮一点，从小养成不畏惧和人相处或侃侃谈话的习惯，性格必定落落大方，不怕讲话。如果像我一样，从小就没有融入人群中，没有培养跟大众讲话的习惯，"大众威德畏"就会变成难以矫正的毛病。但庆幸的是自己并不因为有这样的毛病就不精进、不向上发展，反而一有讲话的机会，总是努力以赴。

当时每个星期天,在新竹城隍庙前都会举行布教大会,新竹县佛教会邀我前去弘法。因为我是佛教学院的老师,在当地属于知识分子,我如果不去弘法,那要找谁去呢?我就当仁不让地前往了。每次从青草湖外出弘法,都要先向派出所的警察请假,获得他们点头准许了,我才能到新竹。还记得路程遥远,走路将近要两个小时才会到,不过有这个让我上台的机会,一定要把握。在为期一年多的布教弘法中,让我有自我训练的好机会。

在庙口讲演,群众来去就像潮水一样,大家一步走来,一步又走去,每逢我讲到故事,群众就会慢慢向我集中,故事讲完之后要讲道理,大家又慢慢散去,一场讲演约两个小时,人慢慢聚合而来,或者人慢慢解散而去,常常都要几个回合。我从那个地方学到一个经验,有时要"以事显理",有时要"以理明事",理事要圆融,要契理契机,思考如何将故事与佛学结合,才是一场最好的弘法讲演。这也是我后来一直很用心佛经里的故事,或人间社会生活小故事的原因。

不过,一则短短的故事也不容易讲,有一些朋友也爱讲故事,但是讲了以后,往往其他的人不笑,只有自己在那里哈哈大笑。要把故事讲得让人哈哈大笑,自己却不笑,这才是讲故事的本领。

一九五三年初我到了宜兰,宜兰是一个乡城,平常没有什么活动,当地居民忽然听说一个外省的年轻和尚要来说法,一下子涌进两三百人。每次的集会中,我也体会到一个技巧,光只是讲说还不够精彩,如果有图片会更好。于是我向日本购买许多幻灯片,再用幻灯机播放出影像,也就是一般所说的"看图说话",这更容易吸引信徒的喜爱,他们都认为这是在放电影。

最初十年,先讲《观世音菩萨普门品》,然后讲《弥陀经》,再讲《金刚经》、《心经》,也讲《大乘起信论》、《八识规矩颂》、《维摩

以新的弘法方式，带领青年将故事绘成连环图画，让听众看图听佛教故事（一九五五年十月二十三日）

经》，几乎没有外出到其他县市讲说。可以说，我在宜兰讲了十年，台北都没有人知道。

宜兰人很保守，没有人评论过我会讲不会讲，喜欢听或不喜欢听，也都没有人对我表示过好或不好。其实，讲演也是需要听众的回响的。讲者讲过了以后，有人一起讨论讲说的内容，这对讲者来说是一种鼓励，也是很有帮助。不过，我在宜兰，也很习惯接受信徒们这种平平淡淡的应对，我讲我的，你听你的，讲听之后，完全没事。

十年后，我转移到台北讲演。那时候，新公园有个台北艺术馆，我也做过讲演，现在这个地方已经撤除了。后来，我再到中山堂光复厅讲说，那是过去"国大"开会的地方。我在中山堂讲过之后，一下子在台北很受大家的重视及赞许。可是，在台北以外，依然没有人知道我星云会讲经说法。再后来，又到台北"国父纪念馆"讲演，每年讲三天，连续讲了三十年没有间断。当时每次讲演都像过年一样，人不但多而且很热闹，大家听闻佛法听得很欢喜。

自一九九〇年起在香港红磡体育馆举办佛学讲座二十余年，每年吸引听众六万余人，带动香港学佛风气

红磡讲演

　　一九八九年，我在香港油麻地梁显利社区服务中心主持三天讲座，主讲"胜鬘夫人十大受"、"普贤菩萨十大愿"、"因果报应十来偈"；同年又应邀前往香港沙田大会堂主讲"禅师与禅诗"、"禅心与人心"、"禅道与禅法"。由于香港人热切闻法，听众越来越多，一九九〇年起，场地更换至香港红磡体育馆。二十多年来，香港人由过去忌讳见到出家人，到现在欢喜学佛、行佛，可以说每年不辞辛苦连续三天讲说弘法，起了相当大的作用，改变了香港人对佛教的看法。

我的讲演缘

后来,我到南部高雄讲经说法,高雄人比较热情,讲过了之后,又一直要我再到别处去讲,我讲过的场所不断地扩展,不过也和我在台北一样,我在台北讲,只有台北人知道,在高雄讲,只有高雄人知道。

再后来到香港讲演,情况就有不同了。我在香港弘讲的地方很多,来的人也多,尤其在香港红磡体育馆,大概每次都有两三万人来听

于台北艺术馆讲演"从金刚经说到般若空性的研究",由慈惠法师翻译(一九七五年十月)

讲,不但听众多,今天讲完,明天全世界都知道了!

原来很多香港人的亲朋好友,都散布在全世界各地做生意,我讲演的时间从晚上七点讲到九点,解散后,听众们回到家大约是十点、十一点,那正是他们的亲朋好友在欧美的早晨,他们就互通电话,讨论讲演的内容。所以,我在国际上的知名度一下子提高了。

一般人说"一夜成名",我是真有这种感觉。我在香港红磡体育馆,也是一年讲三天,连续二十年没有间断过。

回忆起来,我在香港讲演的扩散力确实很强大。例如一九九二年,澳大利亚南天寺要动土,我去主持奠基典礼。当时我们在澳大利亚没有信徒,也没有朋友,只是有这个热心,因为政府提供土地给我们建寺,有这样的好因好缘,就欣然前往了。

南天寺位于澳大利亚东南岸的卧龙岗市（Wollongong），大家已经准备好几百个便当，供应前来参加奠基典礼的信徒。原本估计人数最多是三百人而已，但是后来我想了想，万一人来多了怎么办呢？我就说服大家，至少应该准备一千份，但是大家总认为我的估计是错误的，一定会失算。

回到我们住的地方之后，我前思后想，万一来参加的人真的有一千人以上怎么办？我们宁可多做一点，吃不了不要紧，如果不够吃，在那个荒山郊外，信徒们去哪里吃饭呢？也有人提议，可以临时去买面包，但是给人面包不如给便当吃。所以我和徒众们一夜没睡觉，又多包了五百个便当。

第二天，典礼正式开始，来的人数居然在五千人以上，只好临时炒面，连泡面都拿出来炒。怎么忽然有这么多的人来参加呢？我听到许多信徒在路上聊天，虽然他们都讲广东话，但是我多少能听懂一点，意思大概是打电话给他的媳妇、儿子、亲朋好友，说星云大师在这里建寺院，叫他们要来参加。这次在卧龙岗的奠基典礼，让我深刻领教了香港人的扩散力。

说到听众的反应，台湾的听众，在我接引的信众里算是最没有反应的。我在台湾，从乡村讲到都市，从寺院讲到学校，从监狱讲到工厂，从民间讲到官府，讲的好与不好，几乎都没有得到过反应。一场讲演等于水泡，讲完，水泡就消失了，一切归于平静。

我曾在台湾的三个电视台游走，从"中华电视台"到台湾电视公司；从"中国电视台"再到其他的电台，录制过数千集的节目。所有的艺人，恐怕都没有像我这样的经历，三十多年来，在电视台讲说不停。我一样也没有得到过反应，讲得好或不好？我还是不知道。

不过，宜兰弘法队的队员倒是曾经给过我一些鼓励。记得我在农村庙口广场讲演过后,大概都已经晚上了。要回寺时,农村的民众总是鼓掌欢送。我们踏着月光,几十个弘法队的队员骑着单车,一路就在朦胧的月光下唱着歌回程,回到道场都已经十一二点了,但是所有的人都不想解散,兴奋地在那里讲说今天弘法的成果。

我在《弘法者之歌》里写着"银河挂高空,明月照心灵,四野虫唧唧,众生心蒙眬",描述的就是当时的情景。农村的听众有没有受到影响,我不知道,但是弘法队的队员一个个地受到感动,甚至发愿参与终生弘法的工作,为佛教努力。外出度众有没有得到效果先不谈,"自度"倒是真有效果了。

其实在五十年前,我们在台湾的弘法也不全是那么顺利,有好多场次,几乎都和警察捉迷藏。记得有一次,我们在龙潭的一个乡村神庙前举办弘法大会,当时有一两千位听众,我才开始讲说不久,就有警察人员走到讲演台旁,用低沉的声音呵斥我,强势地要我下台,命令我解散。不过我一下来,也很不客气地对警察说,我们讲的都是净化社会人心的道理,不是违法集众,那场讲演到最后当然是自然解散,没有出任何问题。

还有一次到花莲讲演,没有事前宣传,也没有广告,我到的那天下午才开始敲锣示众。记得有一个人打着锣,"铛!铛!铛!……"好几声,然后就说:"各位父老兄弟姐妹,今天下午七点,在某寺庙的广场,星云法师要讲说佛法,欢迎大家参加。"接着又"铛!铛!铛!……"就这样重复地说。不久,警察找到我们的团体,呵斥我们,说要找主事的人。

一些年轻的弘法队员都吓得手足无措,只有我向前走去,我说:"我们是从台北来弘法的,为什么台北可以,花莲却不行呢?"警察拿我没有办法,也只好勉强答应我们在这里弘法,只要负责好安全及交通。这当然没有问题,我们一定负责到底。于是我谢谢

警察后,就回去讲演了。

当时在外面演讲,经常要经过这样的波折,实在说,在那个威权时代,确实要有一点勇气,才能在台湾散播佛法的种子。

我到底是如何从一个讲话会发抖的人,变成可以向大众演讲的人呢?其实有几个例子可以跟大家做个说明。

我这个人胸无城府,常常想到要讲的主题,都会事先告诉同伴、同寮的法师。可是到了当天,那个主题往往被人抢在前面讲,就把我的题材讲完了。所以我很着急,心想:"糟糕!今天要讲的话都给人讲完了,怎么办?"我只好急中生智,再重新思考另外一个讲题。

所以到了后来,信徒经常提出一些问题来问我,我大部分都可以立刻给他回答,绝不会拖泥带水,为什么?因为我已经训练自己的头脑,可以马上应变,在时间紧急的时候,也能将所学的、所经历的事情,以最急迫的时间浮现在自己的脑海中。

关于这样的事情,煮云法师是我很好的兄弟朋友,对我最为佩服。不论在哪里讲演,人家出个什么题目,他总是说我星云某人"不成问题"。但是,这个"不成问题",可是在多少艰难的考验下,慢慢才真的"不成问题"了。

更有些时候,常有团体找我讲话,只给我三分钟、五分钟,那是最难回答的。因为时间那么短暂,能讲出什么呢?我也不断地磨炼自己,虽然只是三分钟,我总要给人一些金玉良言,所以不管时间长短,我都会欣然应许。

尤其经常也有人问我:"请你给我一句话吧!"突然要说一句话,该从何说起呢?这一句话实在比一场演讲还要困难。因为一句话就要让人可以一生受用,所以我常常在紧急之下,马上要了解对方是什么身份、什么程度,再送他一句话结缘。

后来我自己也得知,原来每一句话都可以做为"一句话"的座右铭,但要观机逗教,否则不能尽如人意。例如:"做己贵人"、"享有就好"、"肯定自己"、"不忘初心"、"忍耐最好"、"我是佛"等等,我也会引用像"相信因果"、"明因识果"、"惜缘惜福"等,来做为开示的结缘。

还有一些突发状况,也训练我在短时间内就能打好腹稿。五十多年前,初到宜兰,访客特别多,写文章、编辑等的事务也很多,有时候一天忙下来,不知不觉就到了晚上。忽然要我上台讲演,真不知该如何是好?

一般的老师在上课前,都要做一些准备功课,但是我都没有办法准备,到台上去能讲些什么呢?也经常会有脑海里一片空白的时候。这就训练我,也逼迫我必须要有急智,要能应付突发事件。

后来不管是忙到晚上,忽然要讲演了,只要自己在椅子上静坐五分钟,或者去拜佛十二拜,跟后再到台上,就会自觉很有力量、很有内容。所以佛法里常说"佛菩萨加持",大概就是这种力量吧!

一九六七年,佛光山开山以后,当时我担任东方佛教学院的院长,朝山会馆经常来一通电话:"师父!有一些信徒要请您开示。"朝山会馆有许多信徒,各种职业的人都有,他们集中而来,有的是建筑工会,有的是水利会,有的是艺术团体的老师,有的是企业家,还有妇女、青年或儿童,各种职业的人士都有。面对这许多不同的对象,我要如何讲说呢?

幸好,我每次从学院到朝山会馆,都要经过一座桥梁,每每我走过这座桥的时候,就让我可以思考该如何讲说佛法。这座桥,就是佛光山的"宝桥",佛经有一个故事叫"宝桥度佛",我真的就是靠这一座桥,给我一点思考的时间,所以我很感谢这座桥梁对我的贡献。

因为来的人各有不同的职业,我必须要像观世音菩萨"应以何身得度者,即现何身而为说法",所以我见到农夫,就跟他讲农业;

应新加坡义安理工学院佛学研究会之邀,举行佛学讲座(二〇〇一年四月七日)

见到商人,我就讲经济;见到青年,就跟他讲佛教对青年的关系;遇到妇女,就讲家庭治理之道,往往都能收到效果。经常也有些性质类似的团体来,比方妇女的团体,我就把昨天对妇女讲的话,对今天第二批的妇女再说一次。

但是那个时候,朝山会馆有一位叫宏恩的服务员(依庵法师),只要我一开讲,她就站到旁边做听众。我怕她取笑我老是每天都讲同样的东西,所以都尽量讲不同的内容,要想出很多不同的题目,当时的确是很困难、很辛苦的。到了今天,我很感谢依庵法师,她自己也不知道帮助我这许多的进步,逼迫我去思考,逼迫我去用心。

所以,一个人在学习的阶段,只要能接受压力,接受推挤,能够乐观,就会有所进步。

在这些情况之下,我也研究了很多方法来学会讲演,例如,用"四分法"最为妥当。什么是"四分法"呢?如果只是漫谈,听众会记不清楚你讲过了些什么,所以最好把大纲第一、第二、第三、第四,都列点下来,让听者至少都能记住纲目,了解我说的大意。

我也学会了逆向思考。因为讲演不能老是像老生常谈,就像"劝世文"一样,老是要人家忠孝仁爱、信义和平、三皈五戒、四圣谛、十二因缘,这样终究不能交代得过去。我觉得可以改为逆向思考,在讲说的内容里加进一些不同的看法,比方:"你对我错"、"你大我小"、"你有我无"、"你乐我苦"。

这许多的问题,看起来都很简单,但都不是一般人能想得到的道理。因为一般人只知道"我大你小"、"我对你错"、"我有你无"、"我乐你苦"。但是将这个思考反过来想,你再说出一个道理,就可以收到很大的效果。好比我经常引用一个故事:

一个张姓人家经常家庭不和,就问李姓人家:"你们家都一团和气,为什么我们家经常吵闹不休?"李家人就说:"因为你们家都是好人,我们家都是坏人。大家都是好人,就容易吵架;而我们家都承认是自己的错误,都是坏人,那就不容易吵架了。"这个话究竟是什么意思?

我接着举例说:好比李家的茶杯打坏了,一个人就赶快说:"对不起,是我错了,是我把茶杯打坏了。"另一人会说:"是我放在那里的,都怪我不好!"大家都承认错误,当然就吵不起来了。

张家的人不是这样,茶杯打坏了,打坏的人就先大叫:"谁把茶杯放在这里?"打坏的人没错,都是放的人的错。放茶杯的人也不服气,就说:"是我把茶杯放在那里,谁叫你把它打坏呢?"所以张家就经常吵闹不休。

这样的故事往往能收到很好的效果,目的是教导大家,认错是美德,认错是勇气,只要学会"你对我错",反而能解决问题,不伤和气。类似这种人间生活的譬喻,让我深深感觉到佛教对生活的重要,很适用于佛教的人间化,于是心中慢慢思考、荡漾、成形,后来索性对太虚大师的人间佛教打起了招牌,彻底地宣扬了。

受广州中山大学许宁生校长之邀,于南校区怀士堂讲演"人生财富知多少"(二〇一一年四月十三日)

除了在时间紧迫下养成快速打腹稿的方法之外,在诸多讲演经验之下,我也找出一些讲演的技巧。

例如讲演时,我一向不喜欢讲说陈腔滥调,我认为应该做到"语不惊人誓不休",所以常用故事来表达佛法深奥的道理。可以讲的故事很多,如:"哭婆与笑婆"、"二鬼争尸"、"师徒大小"、"石头的价钱",甚至"三八二十三",等等,这许多话题,往往都能赢得广大群众的欢喜。

还有,演讲不但要说故事,还要有些新意。假设一场讲演,台下坐了几百人、几千人,如果台上的人只是个人耍嘴皮子,内容也会显得单调乏味,这样说、那样说,也不一定都能合乎大家的胃口,所以可以将音乐和舞蹈串联起来,和讲演合在一起,提高大家的注

应乡亲之邀,前往鉴真图书馆"扬州讲坛"登坛开讲"人生与财富"(二〇一一年九月二十五日)

意力。好比我在"国父纪念馆"讲演之前,都有十五或二十分钟的表演,如敦煌舞、古典舞、佛教音乐、梵呗赞颂等,这些表演都能收到很好的效果,这也是弘法者应该注意的问题。

说法要注意的重点很多,不过最重要的是要契理契机,所谓"上契诸佛之理,下契众生之机",这才是佛法。

我在一九五二年,对《普门品》,即所谓的《观音经》曾有过一些研究,其中最重要的地方,就是告诉我们观音菩萨三十三应化身、十九种说法,真的是妙趣无穷。因此我每次讲说的时候,总会想到对方是什么人,应该跟他们讲说些什么道理。

二〇一二年十二月十六日晚上,一群大陆的麻醉师来访,要我为他们说法,我就跟他们讲麻醉医师的贡献。假如今天来的是师范学校老师的聚会,我就改讲佛教的教育,这就是所谓"应以何身得度者,即现何身而为说法"。

很多地方为什么会请我去演讲?其实也是因缘所成。像我的徒众们,知道我常常在各处讲说,所以哪里有需要演讲,都会告诉我说:"师父您去!那里有工厂,工人需要佛法;师父您去,那是一个官府,官员难得请出家人说法;师父您去……"到处都是这里很重要,那里也很重要,所以我自己就体会出"你重要,他重要,我不重要",我都可以因应大家的重要。

其实我很平凡,我是一个没有进过学校读过书的平凡僧侣,哪里有什么东西可以向人登坛讲说?只是我自信我肯广结善缘。我有很多的朋友、信徒,都是承蒙他们跟我来往了以后,知道我的信用,知道我永不退票,知道我的诚恳,所以都很喜欢邀请我,鼓励我,要我到处讲演。

尤其在台北"国父纪念馆"讲说三十年从未间断,在香港红磡体育馆也是讲说了二十年从未间断,甚至我经常举办巡回讲演,在欧洲、亚洲、美国都有过巡回讲演。我也应马来西亚马华公会的决议,由六位部长联合邀请我,要我前去提高华人的地位,提升华人的团结,因此我在马来西亚也有过多次巡回讲演,每场都有一两万人,我也感觉到这对于马来西亚华人的团结,确实是有些许的贡献。

例如一九九六年,我在马来西亚莎亚南体育场,曾经创下八万人集会听讲演的记录;时隔十六年后,二〇一二年十一月,我们又再次举办一场同是八万人集会的讲演。这可以说是我在马来西亚结缘讲说五十年来,再一次掀起听法的旋风,承蒙当地信徒护法们及媒体界对我的厚爱。

我一生在世界各地演讲,不只讲了百千个场次,不过,我都没有收过任何的讲演费或钟点费。讲演了以后,我还要感谢请我讲

于全亚洲最大的吉隆坡莎亚南体育场弘法,八万人参加,写下马来西亚佛教史上弘法的创举(一九九六年四月二十一日)

演的人。有一次,台北有一个工厂找我讲演,后来他们要供养我两万块钱,我没有办法拒绝,我心想,他们赚了钱,就承蒙好意收下吧!我接受了以后,还可以布施给需要的人。

另外,数年前,有几次在美国西来大学以远距教学的方式讲《六祖坛经》《心经》等,五天课程,每人酌收美金三百元,不过,讲完也就捐给主办单位了。

我在"台湾省政府训练团"做过多年的讲师,也没有收过钟点费,不过有汽油费,但汽油费都没有直接跟我算过,我都是请司机签个字,再捐回给他们用做买书的费用或补贴其他。

多年来,我到各处讲经说法,有许多的供养我也没有收过。每次在台北普门寺讲演过后,总有信徒要给我红包。曾经有一位信徒要给我红包,给了几年,都没有办法交到我手里。因为我在台上

受北京大学周其凤校长之邀,至该校演讲,并获颁名誉教授荣誉。我以一笔字"无上士"相赠(妙香法师提供,二○一一年四月二日)

讲完,下台后,就直接从后电梯走了。从今天到明天,从明年到后年,信徒的红包在皮包里都磨烂了,还交不到我的手中。尤其近年来,我对信徒的红包更是感到于心不忍,我应"将此身心奉尘刹,是则名为报佛恩",如果贪图信徒的红包,还能算一个慈悲的法师吗?所以我对此尽量不用、不买、不据有,这也自是有一番体会了。

　　回顾这一生数十年的岁月,可以说,我讲过多少的乡村、讲过多少的寺院,甚至全台湾的监狱,几乎每一所都去讲说过佛法,也到各个大学、中学去讲,再讲到国际上的大学,如哈佛大学、耶鲁大学、康奈尔大学;大陆的北京大学、复旦大学、上海交通大学、南京大学等,我也去做过讲演。

　　看起好像我很神气,甚至应该感到骄傲,各处的大学都纷纷请

适逢厦门大学建校九十周年,应新闻传播学院张铭清院长之邀,于厦大建南大礼堂,讲演"空有之关系"(二〇一一年四月五日)

我讲演。其实不是的,反而我常常感觉惭愧,我哪里有什么东西能在大学讲?这都是佛法的因缘。因为他们没有听过佛法,而我在佛教几十年来的酝酿、温习,总知道一点人生的佛法、生活的佛法,在烦恼苦闷的时候,知道该如何用佛法来鼓励自己。因此,能获得大家的会心一笑,或择其善者而从之,又或者是我个人的野人献曝,只希望对大家有利益、有贡献。

　　我一生做人,自觉有一些慈悲、忍耐,也讲信用、承诺,也讲究发心、勤劳,尤其守时、慈悲喜舍等这许多性格。我演讲过后,也严格地要求自己,既然讲说给人听,自己也必须要能做到。我也觉得个人没有什么专长或艺能,但是我从讲演中不断自我学习、自我训练、自我成长,可以说收获甚多。

有事有理
有情有義

我的翻译人员

我虽不善于语言,
但有这许多拥有语言天才的徒众,
让我能够走遍五大洲,
对全世界各个种族的人士说法,
与其说我的法缘好,
不如说是我的翻译好。
所以,感谢佛法的因缘,
让这些人才出现,
解决了需要。
他们也借此因缘,
伴随我云游世界的步伐,
在国际舞台上,
让生命发光发热。

地球上有一百多个国家,但是世界上的语言,却不止一百多种,总加起来,何止千万种以上,实在很难做得到像"佛以一音演说法,众生随类各得解"。所以,只要我们换了一个国家,甚至一个地区,就要一个翻译人员。

我最早的翻译人员,应该就算是妙果老和尚了。但最早的因缘,是从我为他翻译开始。我当初挂单的中坜圆光寺,是在一个客家人的地区,他也是一位客家的长老。一九四九年,战鼓咚咚声中,军马倥偬,许多从大陆到台湾的官员,不少投奔到妙果老和尚的座下。当然,这许多人物的南腔北调,妙果老和尚也听不懂,我也不会客家话,只是我的扬州话慢慢地讲,他听得懂,于是我就成为他的翻译人员。

由于这样的感情,后来他就邀约我跟随他到竹东、峨嵋、杨梅、苗栗、新竹等地,

我的翻译人员

一九五五年在宜兰雷音寺讲经,我身旁的是翻译张优理小姐,也就是现在的慈惠法师,至今仍常随侍翻译,已有五十余年(永会法师提供)

这时候,就由他替我翻译了。我们经常到了一个村庄、一个家族群居的地方,他就用他的客家话说:"你们来啊、来啊!你们听'太'法师(大法师)跟你们讲法啊!"

其实,我讲的话,广东客家人也听不懂,妙果老和尚就说由他权充翻译。我想他的意思是,你看,我们的圆光寺有很多人才,包括外省的佛教青年。他很有心要提拔我们,让我们在台湾可以生存。

其实,妙果老和尚替我翻译的客家话,我能听得出完全不是我讲的内容。这样下来也就变成我们各讲各的,我讲我的,他翻译他的,横竖他也很会讲。因此,就容我把这位长老列为我的第一位翻译人员吧。翻译是小事,可是他想提拔外省青年法师的用心,这是一个老和尚大慈大悲的胸怀啊!

我的第二位翻译人员，就是比丘尼智道法师。智道法师一口标准的普通话，标准的福建话，标准的日本话，标准的客家话，她真是有语言天才。智道法师是苗栗人，居住在客家地区，我当初能在中坜圆光寺安单住下来，也是靠她向妙果老和尚推荐。我住下来之后，报户口、领新的身份证，也都是靠她帮助替我完成。所以我很感念她，她是我在台湾最初的助缘。

后来在一九五一年时，我在新竹青草湖的"台湾佛教讲习会"做教务主任，智道法师也是其中的学生之一。是学生，也是善知识，我对她非常尊重。她虽是女性，但有豪放的性格，一点都不拘泥，不虚情假意，所以有的时候我对外要讲演、讲话，就不客气地请她担任客家话的翻译员了。

智道法师佛学很有基础，记忆力又好，语言腔调又正，有她这位善说法要的人才来翻译，我那带有扬州腔不标准的国语，原本不容易让人听得懂，也慢慢地给人接受了。总之一句，由于这样，我在客家人的圈子生存了三四年之久。渐渐，一些生活上的客家话，我也能说上几句，只是腔调不是很正。不过，因缘难料，我与客家的缘分就到此为止，后来就到了宜兰闽南人的区域了。

台语、日语翻译——慈惠

宜兰人讲的话是台语，也就是闽南话。我初到宜兰时也是一样，彼此语言不通，不得已，就有了第三位翻译——李决和居士。那个时候李居士应该六十岁左右了，能在那样的年龄，听得懂中国语言，当时在台湾是很少的。不过，一位老人家忽然要翻译佛法上的语言，也是强他所难。

那时候，我也知道，要在宜兰弘法，不能不解决语言上的问题。于是，我就从十多个有过翻译经验的老少莲友中，挑出四个来担

我的翻译人员

应邀至日本朝日新闻馆讲"人心、命运、金钱",由慈惠法师担任日文翻译(一九九一年十月二十九日)

任,二位男士,二位女士,一位叫李决和,一位是苏灿辉,一位张优理,再有一位就是张慈莲。试验之后,张优理小姐富有语言天才,可以把不知道的、不懂的佛法,照原意翻译出来,这就很难得了。所以后来一直就由张优理小姐包办我的台语翻译,到现在已经五十年以上了。她就是后来的慈惠法师。

因为有了台语翻译,解决了语言隔阂,所以我就发起到乡村布教,甚至于环岛布教,再增加歌唱的人员,如:吴慈容、谢慈范、张慈莲等主持歌唱,张优理小姐就为我翻译,都是一时的人选。此后,各地嘉言美誉不断涌来,我就经常带着这些弘法队的青年,在台湾各地展开了布教。

由于当时我也没有钱买火车票,一行人骑着脚踏车,从宜兰出发,到员山、壮围、冬山、三星、苏澳,甚至到南方澳去弘法。我们没有集合的殿堂、妈祖宫、天帝庙、晒谷场、大树下等,都是我们布教的场所。

由于布教前一定需要广播宣传,通知大家来听。那个时候,吴慈容的台语广播词:"各位父老兄弟姐妹们,咱们的佛教来了,咱们的佛教来了!"在我那个时候听起来,真的是热泪盈眶,感动不已,终于,佛教敢大声地喊出去了。

慈惠法师在当时,素有"佛教界才女"的美誉,她的台语与惊人的记忆力,给大家誉为"录音机",你怎么讲,她就怎么译。她曾替印顺、演培、道安、东初、南亭、煮云、晓云等法师口译过,很多法师都因为她的翻译好,而纷纷特别向我借人,我认为是好事,便欣然应允。

这许多法师们对于稀有难得的翻译人才,格外地爱惜。有一次,南亭法师连续讲了四十天的《维摩诘经》,每天特别包车接送,将慈惠载往道场翻译,讲座前后还准备补品给她。这样的待遇,有如曹操待关云长,上马一提金,下马一提银,相当地隆重。许多法师都要慈惠拜他们为师父,而我也从未阻止过慈惠和这些长老来往,但她终究不为所动,还是跟着我到台湾各地翻译、弘法至今。

一九六五年,慈惠正式披剃出家,在苗栗法云寺受三坛具足大戒,尊证长老看上她的才华,特别将身为戒子的她调出来担任翻译,甚至允许她不用做早晚课,才能保持充足的体力与脑力。燃戒疤时,担任引礼的智道法师担心烧得太深,会把她这么好的记忆力烧坏,在香珠点燃没有多久,就草草吹熄了。慈惠后来说,到现在她的戒疤已经看不出来,就是因为当时引礼师父"对她太好了"。

慈惠有如我的"台语代言人",若不是她,我没有办法在台湾弘法。她的翻译,不只是翻译我的语言、意义,而且把我的想法、韵味、精神上的微妙传达出来,让人分享。常常要上台了,她连题目、讲演内容都不知道,甚至是临时才通知,我告诉她,这是一种考验,要她争气。而她总是能掌握我的精髓,忠于原味,不增不减,每次帮我翻译,都不需要记录,也不用稿子,却能将我的意思发挥得淋漓尽致,真是不容易。

后来佛光山的子弟如:慈庄、慈惠、慈容、慈怡、慈嘉等,都到日本留学,也以慈惠的日文最为流畅优雅,所以后来她也担任我的日语翻译。我记得有一次在东京一个学术会议上讲演,从京都来了四五位教授,我很不好意思地对他们说:"啊!你们不要这么辛苦,大老远跑来听我讲演。"

他们回答:"我们不是来听你讲的,而是来听慈惠法师的翻译,因为我们感到很好奇,一位台湾人为什么可以把日文讲得比日本人还要好。"由此可想,慈惠法师已经深入语言三昧了。

六十多年来,由于慈惠的翻译说法,可以说,她为台湾社会的和谐与沟通,做了最大的贡献。说来,这样一个年轻人,肯替人家做翻译,一做就是六十年,这是相当不容易的。不但如此,慈惠也替很多的佛教人士,解决他们在语言上传教的困难,她都热忱地一一替人服务帮助,这是更难得的修养。

特别是在时间上,横跨了六十多年;在空间上,从宜兰到台北高雄,从乡村到都市,从岛内到岛外,从寺院道场到"国家会堂";而在场数上,大大小小就更数不清而难以计算,可以说,我的弘法讲经,她是无役不与了。

英文翻译——妙光

除了台语和日文,英文算是我弘法的第三语言了。我在世界弘法奔走,有二十多位徒众都做过我的英文翻译,其中一位是来自澳大利亚的妙光。妙光是个小留学生,台湾人,十二岁跟父母移民到澳大利亚悉尼。初次在南天寺见到她的时候,还在就读新南威尔士大学。也不晓得听不听得懂我的口音,听住持满谦说是专门学翻译的，在大学只要放假，都在南天寺做义工，也受到当地澳大利亚人的认可，说她的英文讲得比英语人士还要好，特别推荐可以为我翻译。当时因为行程匆忙，我们并没有太多的交流。但是隔了数月再回到南天寺，听说有六个人要随我出家，其中一位便是这位不多话，个性内向的青年——妙光。

二〇〇〇年受完三坛大戒后，妙光便开始跟着我四处弘法，为我做英文口译。在台上，翻译的人，往往会成为主讲人的负担与包袱，奇怪的是，我也不用担心她听不懂我的扬州腔，英文佛学也不知怎么学得那么好。我不会英文，但凡是听过她翻译的人，都赞不绝口，表示我说话的内容，经过她翻译的英文，非常清楚易懂，措辞准确，声音优美，说话抑扬顿挫，就像唱歌一样，具备翻译该有的信、达、雅。我常叫她"妙光佛"，妙光则喊我"佛师"。我说她是跟着我"跑江湖"，就这样，妙光便以随侍英文翻译的角色，随着我"跑江湖"了十余年。

我常对人说，我这一生有三个缺点，其中一个就是语言不好。而长年行脚于数十个国家弘法，有了慈惠、妙光等人的翻译，也让各地人士免去了语言隔阂的问题，对我一生积极弘扬的人间佛教，留下深刻的印象，也让我和官员、学者和信徒的沟通更加顺畅。

例如，澳大利亚移民部部长菲力浦·罗达克问我："世界上的宗教领袖，哪一个最好？"我说："你欢喜的那个，就是最好的！"部长一听，拍手叫好。

当我在讲演时提到禅门公案里一位禅师半夜忽然大喊："我开悟了！我悟到师姑是女人做的！"正担心英文不知道有没有"师姑"这个名词的时候，全场英语人士听了，一样哈哈大笑。

后来我问妙光怎么翻译的？她说用"aunty"（阿姨）一词来代替，一样很巧妙的达到了相同的效果。当我和观众说"Thank you very

我的翻译人员

于菲律宾佛光山万年寺主持三皈五戒典礼,妙光法师担任英文翻译(二〇〇九年十二月十六日)

much"的时候,妙光也会很尽职地再翻译回"谢谢"。这许多类似的情况,都透过适当的翻译,将我的语言和幽默准确地传达给了观众。

曾经有美国的大学教授听了妙光的翻译,允诺只需要有译作,就愿意颁发博士学位给她。妙光多次在佛光山的国际活动,引起马英九先生的注意,特别赞叹佛光山比丘尼的高水准。我更曾开玩笑地告诉妙光:"两百万美元,买你的英文,我就可以在世界弘法了。"妙光则笑着回答:"师父,如果您会英文,我可就失业了,没有机会随着您到世界各地翻译。而且,我的英文就是您的,请师父尽量使用。"

我曾推荐妙光去当美国西来大学的校长助理,甚至数次建议妙光去读博士,但她都推辞了,告诉我,当星云大师的翻译,学到的比博士更多、更光荣。后来我也期许妙光要训练自己从事英文讲说、写作、教学、司仪等工作,现在她除了为我翻译,自己也同时在世界各地举办英文佛学讲座,甚至在人间卫视担任英文主播、录制英文电视佛学院的佛学讲座等。

二〇〇一年,"九一一"事件发生,我带领梵呗赞颂团前往纽约世贸大楼现场洒净,并为罹难者超度祈福。在祈愿文的开头,我特别说到:"慈悲伟大的佛陀,慈悲伟大的上帝,慈悲伟大的安拉真主,请您保佑您的子民,让他们都能在您的净土和天堂得到安息……"透过翻译,站在一旁的警察及清理现场的工作人员都流下了眼泪,仿佛心里得到了安慰。纵然有语言的隔阂,但透过信仰所得到的慰藉与希望,是超越种族之分的。

除此之外,我也应洛克菲勒基金会亚洲协会及鹿野苑基金会联合邀请,前往纽约洛克菲勒中心讲演,入场券销售一空,许多美国人无惧"九一一"事件的影响,特别前来聆听。我呼吁大家,在这非常时刻,要保持秩序,不要乱了方寸,被谣言打败,面对暴力的威胁,不应以暴制暴,而是应该用慈悲的力量来降服敌人。在这次十六天的美加之行,总计做了一场"宗教领袖的对谈"、四场大学与国会会议中心举办的"佛学讲座",每一场都提供英文、法文以及广东话的同步翻译。在没有语言障碍之下,上下交流,反应热烈。

二〇〇五年,我在洛杉矶西来大学以远距方式,同步线上教学,透过英文翻译,探讨"佛教与当代社会问题"。有来自十个地区,如美国、加拿大和台湾等地数百名中外学生上线聆听及提问。隔年再以《心经》为题,进行五天的远距教学课程,也得到热烈的回响。

二〇〇六年,我应邀前往梵蒂冈和教皇本笃十六世会晤,特别向教皇表示:"我带着台湾所有佛教徒和天主教徒的心意前来向您致意,并邀请您到台湾来。"教皇除了表示欢迎,也对佛教的包容性感到非常欢喜。数日后,我也应邀前往日内瓦联合国国际会议中心,就"融和与和平"做专题演讲,有八百位国际人士与会聆听,现场同步以英语、瑞士德语、广东话直译。

我不仅曾和约翰·保罗二世及本笃十六世两任教皇交流及交换意见,也和教内及教界人士等保持友好关系。二〇〇三年,我在巴西圣保罗 SE 大教堂与天主教福曼斯枢机主教,针对宗教对本世纪应该提供什么样的贡献进行"宗教对话",当时便由任职如来寺住持的觉诚担任葡萄牙语翻译。那一次,觉诚也展现了她语言的天才。

同年,我前往韩国访问,分别与松广寺、海印寺、通度寺、曹溪宗等代表会谈,由徒众依恩及韩国籍的慧豪担任翻译。之后,也前往中南半岛和马来西亚、新加坡南传首座达摩难陀长老、舍利弗比丘大学校长强帝玛法师、斯里兰卡法王寺第七代法王、缅甸比丘等法师交流过。我会见过教廷天主教传信部部长塞佩枢机主教、帕利亚主教及诺托秘书等,都是透过英文翻译与他们交流沟通。

说来惭愧,我是一介僧侣,凭着一袭袈裟,在全世界弘法都能受到当地国家元首、重要官员,以及文教界的学者教授给予协助。从印度总理尼赫鲁,泰王普密蓬,菲律宾总统马卡帕加尔,马来西亚三任总理马哈蒂尔、巴达维和纳吉布,厄瓜多尔前总统马华德,多米尼克总统克莱伦斯·西格诺雷特,尼加拉瓜总统博拉尼奥斯·赫耶尔,危地马拉总统波蒂略,到中南半岛各国家的政府领袖等,都和我有过交流。二〇一二年,弟子觉诚为了纪念我在马来西亚弘法五十周年,发动当地佛教界,共同在莎亚南体育场举办八万人的弘法大会。总理纳吉布不但特别拨冗和我见面,更祝福大会成功,我们对于世界和平的共同理念,跨越了宗教、种族、文化、语言的藩篱。

至于和学者教授的交流,在过去弘法六十年中,我曾到美国麻省理工学院、加州大学、康奈尔大学、耶鲁大学、伯克利大学,澳大利亚邦德大学、蒙特利尔麦吉尔大学、多伦多大学、印度德里大学、香港理工大学、香港中文大学、新加坡国立大学、新加坡义安理工学院、台湾大学、台湾成功大学等校演讲,主题包括"什么是宇宙人生的真理"、"佛教的真义是什么"、"禅与悟"、"自在人生"、"佛教的科学观"等,透过翻译,场场皆引起西方学子的热烈讨论与回响。

我虽然不会讲英文,但是我很会听英文。到了海外,常常有徒众在话语中夹杂英文单词,经过翻译的解说,我也慢慢找到理解的方式,并清楚记得这些词汇的意思。例如,在美国过海关时,他会问我:"你预计在美停留多久?""One Month"讲起来就像"我忙死",因为一个月的行程很紧凑忙碌。所以每次我总是能记得回答他"我忙死",然后就顺利过关了。美国有五十一个州,要全部记起来并不容易,但是像加州政府所在地的萨克拉门托(Sacramento),我就能记得是"三颗馒头"。

二〇〇三年,尼加拉瓜总统与危地马拉总统,分别来山访问会见,由于他们的名字不容易记,我便取谐音"泼地油"和"不拉牛",这样一来,也很容易记得了。其他像是"How are you?"、"Please sit down"、"Ok"和"Thank you very much"等句子就更容易记了,所以有时候我也不需要翻译,就能直接用几句简单的英文和外国人士交流。

我甚至只需要透过肢体语言和真情流露,就能让他们理解我所要表达的是什么。一九九四年,国际佛光会在东京举行会议,阿那努达法师是国立斯里兰卡大学的副校长,他对我说:"其实不必要英文翻译,因为看到您讲话,大家都在笑,我也跟着笑就好。但是当您请英语翻译,我听了以后,别人都在笑,我倒反而不觉得好笑,所以还是用看的就好了。"一句话,经过转译后,神情韵调就改变了。紧接着他又说:"为什么你每次说话大家都喜欢拍手?我正在研究这个问题。"由此可见,语言纵然重要,真心的交流,更能让人心领神会。

泰文翻译——妙慎

一九六三年，我与白圣长老等人组成台湾佛教访问团，访问东南亚各国，第一次到了泰国，并会见了泰王普密蓬。我更在一场中泰佛教辩论会上，阐述了自己对南北传佛教发展的看法："今日的佛教要团结、统一、动员。"当时担任翻译的是三十五岁的泰华居士陈明德，但三年之后，陈居士逝世了，那个年代，泰国懂中文的居士极少，不容易找到翻译，因语言的障碍，南北传佛教交流也相对受到了影响。

一九九八年，恭迎佛牙舍利赴台，当时佛牙在泰国停留两天，弟子满度在曼谷文教中心介绍了一位青年担任我的泰文翻译，那就是后来跟随我出家的妙慎法师，她是泰国人，毕业于南华大学宗教学研究中心硕士班。自从陈明德居士往生后，一直未能找到适合中泰文翻译的人选，所以我见到她时便说："我等你四十年了。"当时，她恐怕也不懂我的意思。后来她读了我写的《海天游踪》，才了解南北传佛教交流的历史。

妙慎在佛光山出家后，投入南北传佛教的交流工作，并担任我的中泰语翻译。妙慎聪明灵巧，也具有语言天分，中、泰、英文都会说。在比丘尼地位不受重视的泰国，她的语言才能，成为南传比丘与世界接轨的重要桥梁，不仅让她在泰国佛教界格外的活跃，这样的表现，更提升了比丘尼在南传佛教的地位。

二〇〇二年，泰国朱拉隆功佛教大学校长帕德索颇（Phra Tepsopon）带领十九位大学一级主管和南华大学签署学术交流时，曾经问到未来弘法的重点。我回答说"青年是佛教之希望"，并且鼓励校长要共同培养佛教人才，让他们到全世界各大学就读，甚至

泰国副僧王颂德帕布达勤那旺至佛光山曼谷文教中心拜访,妙慎法师(左一)担任泰语翻译(二〇〇二年十一月十二日)

在大学里当教授,这样才能提高佛教的地位。十年后的今天,泰国朱拉隆功佛教大学与佛光山创办的大学,已经培养无数佛教僧才,遍布世界各地。

二〇〇三年,我荣获泰国代僧王颂德帕布达勤那旺上座比丘颁发教育管理学荣誉博士学位;隔年,并获泰国法宗派副僧王颂德帕那瓦罗通颁发佛学荣誉博士学位。副僧王告诉我,中泰佛教之间如同兄弟,亦如鸟之双翼,缺一不可,我们要共同努力为教、为众生带来希望和幸福,并以泰国僧王之意,塑造一尊金佛赠送给佛光山,作为南北传佛教交流的纪念。现在,大乘佛教的课程,已经被当地两所南传佛教高等学府设为必修课,肯定了人间佛教的理念。

不仅是与佛光山的交流,泰国佛教界组团到大陆访问时,也邀请妙慎担任随团翻译,可见,今日世界虽然以英文为主要交流语言,中文也越来越重要。因此,我常常鼓励泰国的徒众要将中文学好,甚至还有英文,将来才能协助南传佛教"走出去",和世界接轨。

妙慎虽然很少和我在一起,但是透过翻译我写的《心甘情愿》等,也奠定了我们师徒之间的因缘。我期许她能让人间佛教的理念,在泰国这个佛教国家生根发展。她曾问我,该如何处理南北传佛教文化差异的问题,我不回答,只伸出双手平放在一起,意思是说,要用尊重与包容来化解差异。

我告诉她:"你要化为桥梁,虽然人们在上面踏过,甚至忘记了你,这样才能修炼无我的三昧。"可惜妙慎的身体不好,除了体重的负担,特殊的罕见疾病,也使得她必须与疾病作长期的赛跑,我也只有鼓励她要勇敢为法珍重了。

除了妙慎为我翻译泰语,现在还有一位年轻的比丘尼有方,也是泰国人,大学中文系毕业后,到佛光大学佛教学系取得以英文为教学语言的硕士学位。有方发愿要成为南北传佛教的桥梁,比丘尼将来在泰国的发展,也期待她能够走出一条光明的道路。

韩文翻译——李仁玉、慧豪

接下来要提到的,就是我的韩文翻译人员了。

第一位是来自韩国的李仁玉小姐,她最初是来台学习中国话,在成功大学就读中文系,并且在佛光山"中国佛教研究院"任韩文老师。每年寒暑假期,她总会回到山上来,春节期间就在厨房帮忙炒面。

有一天下午,她特地拿成绩单给我看,我问她将来计划如何?回韩国?在社会上工作?或者需要我帮忙吗?她回答说:"我明年毕业后,要回来佛光山服务,尤其是文教方面的工作,这也是我选

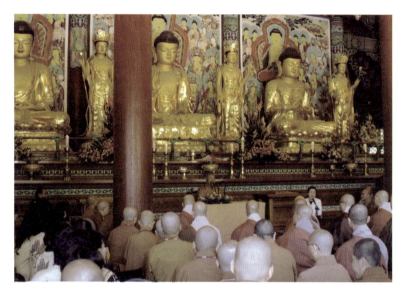

于韩国松广寺讲演"人生的规划",李仁玉担任韩语翻译(道璞法师提供)

择读中文系的原因。"

李仁玉毕业之后,曾在国际佛光会中华总会担任副秘书长,也曾经入道当师姑。后来她回到韩国,除了把我的书翻译成韩文出版,她常常担任韩国佛教国际交流的口译人员,有团体不惜以一日数百元美金,甚至也有三百美元一小时的价码聘请她翻译。李仁玉小姐的翻译惟妙惟肖,忠于讲者,不会走漏一字一句。在中韩佛教交流史上,可说发挥了很大的作用。

第二位是慧豪,同样是韩国人,十四岁时选择在佛光山出家才开始学中文,我安排他在沙弥学园上佛学课程,其他时间,则在丛林学院的外籍班学中文。当时,山上并没有懂韩文的人,可是因为佛光山与韩国佛教的友好关系,常常有韩国三大寺通度寺、海印寺、松广寺等佛教团体来访,没有翻译经验的慧豪,便经常被派去担任翻译。

我的翻译人员

会见韩国宝林寺住持德文法师(左二)等人,慧豪法师(右二)担任韩语翻译(二〇一一年九月四日)

二〇〇〇年,为了纪念佛教东传两千年,佛光山举办为期五十三天的"国际三坛罗汉戒会",特别邀请松广寺的方丈和尚菩成长老前来担任尊证,刚好由慧豪担任侍者,也为同期受戒的韩国法师翻译。

当时他还是沙弥,我看他还在学中文,要听懂这些佛门用语都很辛苦了,更别说是翻译。但是慧豪很有承担力,并没有以自己的中文不好为由推辞,我便将所有戒会的翻译人员召集到法堂,亲自将当晚要跟戒子开示的重点写在白板上,一一说明,希望借此增长他们的信心,对我所讲的内容有进一步的了解。几年后,慧豪告诉我,经过那一次短暂的教学,我的口音对他来说不仅不再是困扰,翻译起来也更加顺畅了。

每个翻译的人才，都需要时间养成，在那之前，给予他们因缘和信心非常重要。不仅我这么想，教授和尚印海长老也如此提拔后学。在戒场里，按照规矩，未满二十岁的沙弥在登完初坛，受了沙弥戒之后便应该出堂。但是到了二坛，讲比丘戒时，为了韩国的戒子，特别破例让慧豪这位沙弥来翻译比丘戒。只是还在学习中文的他，仅能将教授和尚的几句话翻译出来，还好印海长老慈悲，只对他说，"不要放在心上，尽力就好。"

二〇〇三年，我到韩国弘法，那次佛光山与海印寺签订"文化交流协定"并结为兄弟寺，在釜山也举行了国际佛光会釜山协会的成立大会。我特别带了还在佛学院读书的慧豪一同前往，不仅是让他为我翻译，也借此机会让他增长见闻，参与国际佛教交流活动。

后来，慧豪回到韩国当兵，二〇〇七年退伍后，回到佛光山继续养成。虽然人在禅堂，仍然发心支援常住的各项国际事务。从协助学术研讨会的口译、美术图典韩文稿件的校对、韩国来访团体的接待，甚至到大陆参加外语人才的交流会。

有一天我从海外返回本山，听到这位韩国籍的徒众发心帮忙翻译工作，特地将他找来，鼓励他："结缘很重要，这都是你未来弘法的资粮。"后来他告诉我，他听我这句话，原本心中因为事务繁忙而无法专心禅修的烦恼，瞬间化为发心的动力。此后，凡是要跟韩国团会面，我必定找慧豪来为我翻译，并对这些访客说："慧豪是韩国人，更是佛光山的宝贝，他对我们太重要了！"

现在，慧豪不仅接待韩国来的团体，也能翻译、代表常住交流，是佛光山不可或缺的弘法人才，更是台湾与韩国交流的象征。相信未来慧豪一定能不负我所望，成为中韩佛教发展史上的重要人物。

粤语翻译——觉梵

佛光山在世界各地设立二百多间别分院,也成为移居海外华人的信仰中心。在这个广大的华人族群当中,多数是说粤语的广东人。有别于一般华人移居到一个新的城市,首先询问的都是"哪里可以吃饭?"、"哪里可以赚钱?"广东人总是先问:"哪里可以拜佛?"此外,广东人勤于和亲友联络,常常我今晚在这个地方举办一场讲座,第二天早上,全世界都知道了。说来,人间佛教能够在五大洲快速传播,也要感谢广东人口耳相传的习惯。因此,除了当地的语言,"粤语"也相对成为海外弘法的重要工具之一。

我在香港弘法三十余年,从香港油麻地梁显利中心、沙田大会堂,到红磡体育馆,都需要仰赖粤语翻译的协助。说到粤语人才,觉梵算是很有天分的一位。她是出生在香港的闽南人,中山大学中文系毕业,持有香港中文大学教育学院文凭。二〇〇〇年十月二十九日,永惺长老在香港会议展览中心举办"万人禅修",我应邀为大众作禅修开示。

活动前一晚,我在佛香精舍与徒众们接心,听说刚到香港任职的觉梵是本地人,便问她:"你听得懂我说的话吗?"

她吞吞吐吐地回答:"还好……"

我说:"什么叫还好?听得懂还是听不懂?"

她回答:"大部分懂……"

我又说:"那好,我就说一句,你翻翻看'人间佛教在香港弘扬'……"

觉梵用粤语复述了一遍,我听了之后就告诉她:"明天你跟我上台,替我翻译。"她有些犹豫,不敢承担,怕人多怯场。于是我再

在佛香讲堂对信众开示,觉梵法师担任粤语翻译(觉梵法师提供)

告诉她:"在台上不要去想有多少人,专心听我讲什么,再说一遍就行了。"

隔天,为了不让觉梵上台不知所措,我让侍者递了一张开示大纲给她——"毗卢七支坐法"。当晚,她的表现不错,发音标准、音声平稳、说话不急不缓,偶尔遇到我讲的一些诗词偈语,经过我的补充,也算能将我的话完整地翻译出来。

随后的几年,每当我到香港弘讲,就由觉梵为我翻译粤语。从大型的佛学讲座、信徒接心,到随缘开示等,她总会在一旁待命,有需要时会立即拿起麦克风翻译,没有需要的时候,她依然会在一旁聆听。我想,她一次比一次进步的表现,应该是平时勤于阅读我的书,以及养成专注聆听的习惯成就的。当然,我对她的粤语翻译,也就越来越放心了。

除了上述的几位,其他曾经为我翻译过的徒众或信徒,算一

于佛光山法堂会议室会见韩国曹溪宗国际布教师一行,首尔佛光山住持依恩法师协助翻译(慧延法师摄,二〇〇七年十二月十四日)

算,也有近五十位,语言多达十四种,例如:担任过我的日文翻译的有京都佛教大学毕业的慈怡,日本爱知大学文学博士依昱,现任本栖寺住持的满润,佛光会东京协会创会会长西原佑一,目前在阿根廷弘法的妙众等。韩文翻译则有韩国东国大学研究所毕业的依恩,翻译印尼语的有满盛、觉灯、及灵应寺的宏慧法师等。

另外,为我做过英文翻译的还有台湾大学外语系毕业的满和,现任西来寺当家的妙西,纽约市立大学皇后学院艺术系毕业的满光,曾留学美国的妙觉,担任佛光山与斯里兰卡、柬埔寨、印度等非汉语国家等教界人士往来桥梁的觉门,担任西来大学校长室助理的妙弘。外籍的还有新西兰籍,香港大学佛学博士慧峰;伊斯兰教国家文莱出生,移民加拿大后选择学佛学出家,现任菲律宾总住持的妙净;新加坡籍,就读北京大学教育专业博士的觉舫。

慈惠法师（右一）、妙光法师（左一）、慧峰法师（左二）于佛光山如来殿会场，为参加"国际青年生命禅学营"的一千四百位来自四十个国家和地区的青年合力充当翻译（二〇一二年七月二十二日）

　　为我翻译葡萄牙语的有圣保罗大学毕业，带动巴西佛教的觉诚；西班牙文则有阿根廷布宜诺斯艾利斯大学建筑系毕业，现任国际佛光会中华总会秘书长的觉培。记得一九九九年我到欧洲西班牙时，觉诚特别推荐这一位来自阿根廷的青年为我翻译，就这样，觉培从欧洲起就跟着我，一路跟回到佛光山。觉培原本是个小乘性格，不肯发心的人，但在佛光山出家到现在，能够有今日的成就，也是一步一脚印，发心做事做出来的。

　　曾经为我翻译过德文的有大学主修德文，在德国带领义工翻译的妙祥、柏林佛光会协会督导丁政国、柏林佛光会副会长车慧文博士等；法文有在欧洲任职二十余年的满容、妙希，以及在联合国担任中、英、法文口译的汪晓茹，另外还有葡萄牙文、西班牙文及英文都很流利的如海，目前也在欧洲弘法等等。

在这么多为我翻译的徒众当中，最出色的还是属于慈惠，有别于其他语言，只需将意思翻译出来即可。翻译台语，不但一个字都不能漏掉，再加上听众里有许多资深的信众，任何疏漏都立即听得出来，下了台必定被叫到一旁教导一番，不是那么的简单。事实上，慈惠不仅仅有台语和日文的天分，甚至连英文、梵文、巴利文她都会。早期我在佛光山收到的英文书信，都是她为我翻译及回信的。

在台上，能让我不挂念，才属最出色的翻译。常常我因为讲得太投入，一时忘了翻译的存在，滔滔不绝，讲了一大段，才想起旁边还有翻译的时候，糟糕了！不知道她能否翻译得出来。

这种情况下最能够让我放心，不挂念的就是慈惠和妙光，她们不但文字、语言、记忆力非常好，更难得的是，能把我韵味和精神完整地表达出来。我虽不善于语言，但有这许多拥有语言天才的徒众，让我能够走遍五大洲，对全世界各个种族的人士说法，与其说我的法缘好，不如说是我的翻译好。

我这一生中，曾经学了四次日文，三次英文，但都没有成功。这么多的语言，穷我一生也学不了，例如英文，即使我学个十年，恐怕也学得不像样，没有用。所以，感谢佛法的因缘，让这些人才出现，解决了需要。

佛光普照三千界，法水长流五大洲。虽说我在全世界弘扬人间佛教，须仰赖这些徒众的语言才能；他们也借此因缘，伴随我云游世界的步伐，在国际舞台上，让生命发光发热。希望他们能够放眼世界，心系众生，让世界一家的局面，早日到来。

我可爱的动物们
——谈与我有关的小动物

鸽子去了,笼子里却飞来更多的鸟雀,
还有很多的小松鼠跑到我的园子里
吃龙眼、啃荔枝。
有时遇到风雨,
不小心从树上跌到树下受伤,
有的还小,没有自己觅食的能力,
我只好叫侍者帮忙养它们。
好在侍者道慈也欢喜这许多小动物,
她后来几乎不照顾我,
只专注在她的小动物身上,
我也不以为意。

佛教对于生命界规划为"四生九有"。所谓"四生",有胎生的动物,包括人类、牛、马等;卵生就是指鸟、雀、龟、蛇、昆虫;湿生,因潮湿而生的蚊蚋、蟣蠓、飞蛾等;至于化生,就是指神、鬼、妖魔等。

这四生当中,有两只脚、四只脚、多只脚的;有的居住平地,有的居住山林,有的居住海洋。其实,众生不只胎、卵、湿、化而已。《金刚经》说:"若有色、若无色,若有想、若无想,若非有想、非无想,我皆令入无余涅槃而灭度之。"这一切都是众生。不过这些太抽象、太广泛了,此处就不去谈它,只谈与我们接触最多的胎、卵、湿生。

俗话说:"三岁小孩猫狗嫌。"意思是,这时候的儿童是最顽皮的年纪,对小动物常常以逗弄欺负为乐。例如,有的孩子喜欢把小猫、小狗扣起来,让它们失去自由;或是用线把金龟子的脚绑起来甩动;甚至

我可爱的动物们——谈与我有关的小动物

率领印度朝圣团到印度弘法期间,巧遇小松鼠(一九八三年一月)

在路边摊或小沟渠把玩小鱼、小虾,直到它们死亡为止。我觉得对于生命的教育,应该要从幼儿开始,将来长大才会知道爱惜生命。一个国家如果人人懂得尊重生命,这个民族的未来才有希望。

其实也不是所有小孩都是天性如此,还是可以分成两类:一是爱护动物的,二是喜欢虐待动物的。所幸,我自己从小就很喜欢动物,如小猫、小狗、小鸡、小鸭,我把它们视为自己的生命一样。记得小时家里养了两条小狗,也不知道是从哪里来的,总之成为我们家庭的一员,我就必须爱护它们。但是人和狗的待遇是不平等的,人每天吃三餐,再怎样总会有一碗粥、一块饼、一点吃的东西,狗子却只准吃一餐,甚至有时连一餐都没有,这在我幼小的心灵中感到不能接受。

因为不忍心狗子没东西吃,虽遇兵祸荒年,我还是偷偷瞒着家人,替不会说话的猫狗,增加一点饮食。大人知道以后,也会骂我

在佛陀的国度里,我希望这里四生共存、人我共荣,这才是一个和平的世界(摄于印度孟买)

说:"人要吃都困难了,给猫狗吃那么多做什么?"骂一下就过去了,但是让猫狗吃饱,对我而言,却是很重要的一件事情。就这样,多少年当中,我终日与猫狗为友,对于附近邻居的儿童分区域、约斗、打群架,我都不参加。

从对猫、狗的爱护,进而看到家人每年到一定的季节,都会买许多小鸡、小鸭回来饲养。小鸡、小鸭并不贵,我就用平时积蓄的钱,也买了两只小鸡、两只小鸭回家养,并且做了记号,因为觉得是我的小鸡、小鸭,所以比较可爱。

那年大概是六七岁,记得我买的是一只小黑鸡和一只白色的小鸡。有一天,小白鸡给雨淋得全身湿透,我怕它寒冷,就把它放在灶门口,希望借着灶坑里的温度,为它烘干羽毛。哪知道,它还太幼小,因为受到惊吓,一时惊慌过度,就往灶坑的热火中心冲。我一看,大吃一惊,没管熊熊烈火燃烧,迅速往火堆里一伸,把小鸡抓了出来，但是它的脚爪已经烧坏，嘴也只剩上喙，下喙被烧掉了，所幸眼睛没有烧伤，还能看得见。那一次我也因此受了皮肉之伤，一直到今天，我的右手指甲都还长得不全，留下烧扁的痕迹。

我当时以为这只小鸡恐怕难以活命了，因为它只剩下半个喙，没有办法吃东西，但我还是不肯放弃。那时我年纪虽小，还是有一些方法，我就用茶杯装满了小米，每天一口一口耐心地喂它，希望它多吃一点，它也很配合地一口一口吃了起来。就这样子，虽然这只小白鸡身体残障，不像一般鸡子那么健全，重量大概也没有超过一斤重，不过，在我悉心照料下，居然养到可以生蛋。它的蛋，如同麻雀蛋一样小，我却很得意。想到本来即将逝去的生命，居然能让它再现生机，再造生命一般的神奇，所以，对于这些小动物就更加地悉心爱护了。

过去大德说："爱鼠常留饭，怜蛾不点灯。"当时我虽然不懂佛法，但我常常偷偷买一个饭团、一块豆腐放在锅边。等到人走以后，让小动物出来觅食时可以有东西吃。

那时候家贫，没有钱买油点灯，晚上正好不点灯。偶尔想看东西时，就在月光下，透过微光还是可以看得到。其实，那时候对于月圆月缺、昼夜长短这些问题都不懂，但是我知道，所有的生命都需要空间。我想，让出一点世界给这许多蚊虫生存，何尝不好呢？

及至稍长，进而学起大人来也养了一些鸽子。记得我养的鸽子，还会把别人家的鸽子带回来，真是欢喜得想要放鞭炮庆祝。偶尔自己心爱的鸽子也会一去不回，飞到别的养鸽人家去。我曾经为了一只飞失的鸽子跳水自杀，想要用这种办法逼迫大人，替我把鸽子找回来。但是因为自己从小深谙水性，从河流的这一边跳下去，又从河的另一边浮了上来，自杀不成，只有自己爬上岸，悻悻然地走回家。

于佛光山蓝毗尼园饲鱼

贫穷的人家,蚊蝇必多。在家乡时,苍蝇过多,对食物到处骚扰,我就把它们抓起来,关到瓶子里,处以三五个小时的禁闭,然后再放出来。对于蚊子叮人吸血,许多人一巴掌就把它们打死,我觉得不应该。它只不过吸你一点血,罪不至死,何必用这么重的刑罚?不过,我也有方法对治,当它的嘴钳入我的肉里吸血时,我便用力使劲,用肌肉把它的钳子夹住,它就飞不走了。这时我用手拨弄它的脚逗它,它当然会很恐惧,大概几秒钟后再把它放了,算是给它惩罚了。这就是我从小与小动物、小昆虫相处的点滴心得。

记得家里也曾经养过水牛,其实养牛的事情,还轮不到我这么小的儿童关心,家中另有较年长的大人、兄弟会去照顾。但我仍不放心,有时带它们到水边喝水,偶尔送一点草到它们睡觉的地方。我认为,既然养了它就要爱它,人肚子饿了、渴了会讲话,但它们不会讲话,只有靠我们人类用心去体贴交流了。

后来从大陆到台湾来,落脚宜兰弘法数年,当时的条件,人都不得地方住,就更谈不上动物的豢养了。有时走在河边看到鱼跃,或到郊外见到空中飞鸟,心里总想:假如我是水里的鱼,我要游遍五湖四海;假如我是空中的飞鸟,我要飞遍世界五大洲。我觉得鱼鸟有它们宽广的世界,从某些地方看起来,人类并不如它们自由自在。

不过,有时在水塘边,看到人们踩过留下的脚印,蓄积一洼的水,致使蚂蚁无法逃生,只有受困在那一方土块上。我看到此景,就会替它们搭桥,让它们通过。出家之后,看到"沙弥救蚁"的故事,提到有位沙弥本来短命,在一次旅途中救了被水淹的蚂蚁,后来活到七八十岁。我才慢慢懂得,像我这样不顾及身体、不重视健康的人,能活到八九十岁,对于童年的护生,也不能说没有关系。

一九六七年到佛光山开山建寺,因为地方扩大了,让我和一些自然界的小动物关系更加密切了。有一天,不知从哪里飞来一只赛鸽,脚上还挂有脚环,可以清楚地看出编号,只是不知主人是谁,看到它气喘落魄的样子,于心不忍,就小心翼翼地靠近,慢慢地表示友好,给它食物、给它水喝。哪里知道,它竟留下不走了,就一直挂单在我的屋檐下。由于我小时候养过鸽子,还算了解鸽子的习性,既然它不肯走,表示我们有缘。于是我就在水塔上面搭建了一个大型的笼子,让它在里面也可以自由飞翔,后来多了三五只,再又增加到十几只,大概一二个月后,竟然有一百多只鸽子。

那时候正逢开山期间,诸事如麻,让我没有心情养鸽子,顶多叫人多买一些米、多备一些水来喂养,不致使鸽子挨饿。但鸽子的性格还是要依人的,它要有人关怀,可是我都没有时间好好照顾它们。后来也想到,以自己的身份也不可以有这些习性,找寻这许多烦恼。最后,只有请喜欢鸽子的信徒,把它们带回去饲养。希望这许多的鸽子可以原谅,我实在没有力量收留它们。

小松鼠跑到园子里吃龙眼、啃荔枝,也跑到我身上。图为松鼠"满地"

鸽子去了,笼子里却飞来更多的鸟雀,还有很多的小松鼠跑到我的园子里吃龙眼、啃荔枝。有时遇到风雨,不小心从树上跌到树下受伤,有的还小,没有自己觅食的能力,我只好叫侍者帮忙养它们。好在侍者道慈也很欢喜这许多小动物,她后来几乎不照顾我,只专注在她的小动物身上,我也不以为意。

那个时候,佛光山出家的弟子以"满"字辈排行,我们还对这许多动物起了名字,会飞的叫"满天",地上走的就叫"满地",我的开山寮简直是满天、满地的家庭,热闹不已。后来,我觉得这样子的行为不像一位出家人,信徒看了,还以为我是一个没有成长的儿童,于是就跟道慈商量:"虽然把它们放走你会很痛苦,但不要这么想,它们都住在佛光山,我们还可以看到它们。"道慈让我说动了,于是在它们成长到一个阶段后,就野放了。目前佛光山有许多彩色的飞鸟,以及许多常常来讨东西吃的松鼠,穿梭在树林之中,不时给来山的游客惊喜,也算是不同的度众方式吧!

另外,树木花草的成长、庭园美景的布局,需要有人巧心慧手地维护,才能成为美丽的园区。有趣的是,园里有一些鸟儿,经过慧延法师的调教,竟然会念"阿弥陀佛",叫客人"喝茶",甚至跟你说"拜拜",我听了也很欢喜,因为佛光山不是住了一千多名的僧侣而已,现在也有许多的禽鸟动物为伴了。

我可爱的动物们——谈与我有关的小动物

尤其,住在后山的猴子增加了,经常前来大寮(即厨房)边觅食。寺里有人担心猴子会干扰大众的生活,商议如何驱离猴群。我告诉他们,猴子不会伤害人,只要对它友好,给它一些吃的东西,它们吃饱就满足了,不至于会对人类造成威胁。我希望这里四生共存、人我共荣,这才是一个和平的世界。

由于猴群的关系,加上慧延法师的兴趣,我就鼓励

动物也要人爱护

他干脆设立一个素食动物园,他也很高兴,后来动物园里有骆驼、马、羊、鸵鸟、孔雀,以及千百只各种的鸟类。每一个月,光是它们的食用,就要花卜好几万元。它们生活在后山的一角,成为生命教育园区,也是小朋友最好的户外教学区。

在佛光山,其实我们都能与这许多的动物友好相处,但最给我添麻烦的就是毒蛇与狗了。台湾位于亚热带地区,山上草木树林多、湿气重,许多种类的昆虫、动物生存其间,尤其毒蛇更是其中之一。晚上走路,大众都怕遇到毒蛇,不得已,我们只得跟毒蛇商量:"这里来往的人多,请让给修道者居住,你们另外设法躲到其他安全的地区吧!"幸好,到现在几十年了,佛光山大众对毒蛇的恐惧已经渐渐消除,大家都生活得安全无虞。

另外,就是狗的问题最让我苦恼了。因为狗对人类有了感情,比人更忠诚,为了不让大家为情所累,无所牵挂,因此我曾经立下

佛光山不准养狗的规矩。但说来因缘奇妙，一九七四年八月，世界青棒锦标赛在美国开打，中华队球员李来发打了一支二垒安打，正当大家在电视机前欢喜狂欢、鼓掌的时候，一位郑碧云小姐抱来一只小狗说："请师父替这只小狗起个名字。"那时候，大家看转播看得正投入，我也是聚精会神，忽然听她这么一说，就漫不经心地随口说："那就叫'来发'吧。"

这一只来发，为我带来了多年的麻烦。它吃饭的时候都找别人，吃过饭就来找我，对我寸步不离，我上课，它跟着我上课；我拜佛，它跟着我拜佛；尤其我在台上主持法会，看见它在台下来回闻着匍匐礼拜者的头部，我一面主持，一面还要挂念它会不会对人撒下尿来。平时我会客，它也一定要坐在我的旁边，这给别人看到了，会觉得我们出家人好像是飞鹰走狗之徒。我觉得不妥，想叫人把它送走。哪里想到，它知道后竟然数日不吃不喝，为了安慰它，不得已，只得让它再留了下来。

当时我也经常到台北弘法，它总是自己偷偷先上车，等到车行到半路了，它就从座位下出来了，意思是，车子已经走动了，你拿我也没办法了。来发好跟车，也爱乘车，却经常晕车；同行的人，经常要开一扇窗让它呼吸新鲜空气，又怕它会不会难过得要跳车，这下子，我还得请一个人来照顾它，真是叫我为难。

那些年，凡是到佛光山的人，说要找星云大师可能不太容易，但只要喊一声"来发"，来发一回应，就可以找到我了。就这样，我可以说过得很辛苦。

后来，不知道怎么的，来发突然不见了。起初我还很担心，它怎么了？到哪里去了？不过，另一方面也觉得，这样也好，我也算解脱了。没想到，大概过了半年多，山下一位村民来顺，他的妈妈抱了一只小狗上山说："听说大师的狗没有了，我这里有一只狗，送给大师。"我跟这一位老太太语言不通,讲也讲不清,她留下小狗,人就走了,我们也只有先收留下来。

这一只小狗慢慢长大,样子、颜色、生活、动作、习性,全部跟第一代的"来发"一模一样,连慈庄法师从美国回来,都以为它就是来发。来发可以说是一只很特殊的小狼狗,小小的身躯,一般是很少见到这种狗的。大家见到它也倍感亲切,觉得很有缘分,彼此如同家人一样地相处也分不开了。我就干脆为它起名字叫"来发二世"。这一养,也有好多年的时间。过世的时候,听说山上一百多人还替它念经,我想也算很哀荣了。

怀抱着澳大利亚国宝考拉(一九九五年)

说起动物,我在世界五大洲旅行,对世界各地的动物,也结了一些缘分。

像我到澳大利亚弘法时,在我住的地方,每天早上窗口都会有袋鼠前来讨吃的东西,我只有随缘给个面包等。有时候也会有袋鼠、无尾熊走进我们的殿堂,由于它们都是澳大利亚保护类的动物,我们也不敢犯法喂养,只有让它们自由。

在黄金海岸,有一些鸟类,会定时地飞到我们道场的树上,叽叽喳喳,此起彼落,像开会一样。有时候,水中有大约一二尺长的大鱼,也会游到我们住的附近来,昂起头来问候,似乎跟人很熟悉

心慈悲,鹦鹉小鸟也都聚集而来(慈容法师提供,二〇〇〇年)

似的。吃饭的时候,鸟雀一飞过,就把桌子的东西一扫而空。有一次,我到某一处山林里,那儿许多彩色的鹦鹉、各种的鸟类,一点也不怕人,主动地飞来跟你玩成一团。甚至还一股脑儿全部栖息在我身上,算一算,竟然也有十几只。估计一有动作就会惊吓到它们,我也只能由它们自由停栖;只是那尖锐的爪,抓在我的头皮上,可是一点儿也不轻松呢!

我也曾在洛杉矶的海岸边,遇到一只鸽子,我们相互对看许久,我原本想等它离开我才离开,但它怎么样都不肯走;我慢慢靠近,它就慢慢退后,跟我保持一定的距离,也不飞走。到最后还是我先放弃认输,因为我要赶时间,只有跟它说拜拜了。

有一年,我到纽约道场弘法,当时是由依恒法师担任住持。我们住在一栋房子里,每天松鼠都来叩门讨食,拿了花生给它,它也不马上吃;过一会儿,它又再来叩门,奇怪?怎么老是来要东西?为什么不吃呢?我们悄悄地注意它的行为,原来它把获得的东西找个地方藏起来了。据依恒法师告诉我,那些食物是它们要准备过冬用的。看到动物也都会想到明天而存粮,人们对自己的生存如何能不重视呢?

我在美国居住时,曾经看过三则动物短片,让我至今难以忘记:

有一只忠心的小狗,为了抚养五只刚出生的小老虎,带着它们翻山越岭,慢慢地训练它们生活的技能,扶养它们长大。有一次,在觅食过程中,遇到狮子要来吃这些小老虎,但这只小狗为了保护小老虎,几乎是以不要命的精神,冲上前与狮子拼斗,至死为止。看了真是令人感动。

另外一则,讲的是有一户人家,一对夫妻和儿子带一条狗生活在一起。不幸的是丈夫意外死了,这只小狗一直忠心耿耿地守护着小孩跟妇人,亦步亦趋。后来,来了另一位男人,他在家里的任何一个动作,小狗都不准许,让人不得不想到,它好像就把自己化身成男主人一样,负起责任守住这个家。

第三是丹顶鹤的故乡。有一只丹顶鹤在冬天南飞觅食时,不知什么原因受伤,从鹤群中失落了。后来被一个小孩子带回去照顾喂养,第二年春天,已经复原的丹顶鹤不得不要北飞回去了,小孩在父亲的帮忙下,依依不舍地将丹顶鹤野放。后来每年还飞回来探望这一个小孩。

我感于丹顶鹤的情义,三十年来一直想到丹顶鹤的故乡一游。后来才知道,丹顶鹤有两个故乡,一个是根本故乡,位在过了哈尔滨再往北的松嫩平原,甚至是俄罗斯;一个就是每年南飞过冬的临时故乡——江苏盐城,它就在距离我的故乡扬州还不到二百公里的地方。

"我终于见到了丹顶鹤!"二〇一一年九月,在一个下午快接近黄昏的时刻,我们抵达了位于盐城的丹顶鹤国家自然保护区,那

到江苏盐城"丹顶鹤国家级自然保护区"探望丹顶鹤。左为慈容法师,右为慧宽法师、萧碧霞师姑(二〇一一年九月二十二日)

　　一块湿地总面积有三百六十多万亩,光是核心区域也达十五万亩。有一只丹顶鹤还来到我的前面跳舞,展现它优雅的美姿,让我感觉到这一趟盐城之旅相当有价值。

　　当地的领导告诉我,盐城不但是丹顶鹤的故乡,还有传说中地藏王的坐骑"四不像",同样有一个三千多公顷的自然保护区,供它们过着自由野放的生活。其实它就是麋鹿,称作"四不像",是因为它的角像鹿、尾像驴、蹄像牛、颈像骆驼,但整体看则什么都不像,因此而得名。

　　那一次行程中,我还听说在我即将要去的阜宁县有一座鳄鱼养殖场,也是值得一看。从盐城行经一个多小时的车程后,我终于见到了鳄鱼。那一天见到的鳄鱼,比我在号称世界最大的泰国北榄鳄鱼农场所见的还要多。

我曾经看过亚马逊河风光的动物影片中,一只斑马在河边喝水,不料,竟被凶猛的鳄鱼当场吃掉。现在,我们走进了园里,见到了鳄鱼,不知道会不会也成为鳄鱼口中食物呢?只见那许多鳄鱼看到我们进来,竟然纷纷走避,或是下到水池里。我想,它们并不想以我们为食物吧!但听说在旁边观看的人,还为我们捏了一把冷汗。我倒是没有冒冷汗,不过,能可以和鳄鱼那么靠近,确实有一种奇妙的感觉。临走时,场里的主人姚先生还送我一只小鳄鱼的标本,让我带回去做纪念。

在此之前,我也到过东北沈阳,欣赏过有"丛林之王"美称的东北虎。可惜,那天看到的二百只东北虎显得懒洋洋的,不如闻说中的勇猛。不知是它们的营养不良,还是被管理员豢养得失去斗志呢?让我不感觉它们是老虎,反而像是熊猫,却又没有熊猫那么活泼了。

一九九四年,我到非洲弘法,在信徒的安排下,前往非洲的野生动物园参观。也就是那天下榻在动物园旁边旅馆的晚上,发现了自己有心肌梗塞的问题,动物们似乎也在提醒我,要好好爱护生命,稍有不适,就要有所警觉。

在未去南美洲的亚马逊河之前,对它的景致、风情已耳闻许多;但多少人恐吓我说,亚马逊河的野兽,甚至水中的鱼,都凶猛无比,对人造成很大的威胁。但当我乘船,亲睹亚马逊河的风光后,倒觉得它平静、原始、自然的样貌,在我眼中非常美丽。

我也曾到美国的黄石公园参观,一头熊从路的这边,慢慢地走到另一边,所有的汽车都停下来让它先行,为什么?因为这里原本就是它居住的地方,人类应该尊重它,才是礼貌。美国的畜牧业世界第一,但他们颇有护生的观念。一头老牛在路上走,司机不会按喇叭,叫它快一点离开;一群鸭子要通过马路,它们好奇地徐步前行,一走就是几分钟,所有的司机也不会催着鸭子快走,慢慢地等候,好像在观赏一幅会动的风景似的,等到鸭子全部平安通过后,他们再开车。美国虽然是没有明显的因果观念,但是他们对于生命十分尊重。例如,你可以吃鸡吃鸭,但是你不能把它脚朝上、头朝下倒挂在脚踏车前,这样的行为,法院是可以罚款,甚至判刑的。

不论是野生的动物,还是水里的鳄鱼、山里的猛虎,我觉得,它们还是应该放归到自然界比较适合。世间上所有的动物,就等于人我之间,你不犯我,我也不犯你,各守自己的疆界,能和平共存最好。

几十年来,我在弘法过程中,信徒最为关心的就是"放生"的问题。放生是件功德好事,但总是难尽如法。好比我听过一位老人家说:"捕鱼的,你明天多捕一些鱼,我要放生。"为了你要放生,他就要多捕一些鱼,但鱼在鱼笼里关太久,等到要放生时,已经死了一半。

我也听过有老人家说:"捕鸟的!你多捕一些小鸟,我明天庆祝八十岁寿诞要放生。"许多小鸟关了那么长的时间,等到你开笼时,能飞出笼外的鸟,也所剩不多了。

其实,像这样子不当的放生方式,只为自己求功德,反而害了这许多生命。甚至还有人买画眉鸟放生,买食人鱼放生等,这都不是放生而是放死。在我的理念是与其放生,不如多护生。

人为万物之灵,对于动物我们应该保护它的生命,让它在安全中颐养天年,这就是所谓的"上天有好生之德"。

我在佛光山佛陀纪念馆碑墙外,特地采用丰子恺先生的护生图,作为生命教育的教材。例如,图画里有一位屠夫提着一只猪脚,旁边有只小猪正看着那只猪腿。丰子恺先生幽默、仁慈地在图旁写了"我的腿"。又如,两只小鸭、两只小鱼在小溪里游着,旁边

佛光山佛陀纪念馆外墙彩雕有丰子恺的"护生图"

的竹竿上就挂着两只鸭子、两条鱼,并写着"今日与明朝",警惕世人生命无常的现象。还有一幅是一群小鸟在巢中张口唧叫,正等着母鸟返巢;但母鸟却中箭身亡。旁边写着:"劝君莫打三春鸟,子在巢中望母归。"

我对于古德有一首描写生命的诗最为感动,这首诗说:

我肉众生肉,名殊体不殊,原同一种性,只为别形躯;
苦恼从他受,甘肥任我需,莫教阎老断,自揣应如何。

人和动物,原是一样的生命,虽然身体形状不同,但都是非常可爱的,都是值得尊重的。因此人和动物之间,在感情上是可以交流沟通的,只要慈悲、关怀、平等,老虎、狮子也可以做朋友。好比过去高僧大德和老虎、狮子友善相处的例子,也是很多。

所谓"生权平等",佛教倡导一切众生的生存权利应该受到保障,这也是最合乎现代举世所关心的生态保育。唯有唤起现代人的共识,大家共同重视生权的提升,共同保护,才能还给地球上所有众生可爱而美好的生命。

人不相遇
贵花相和知

僧情不比俗情浓
——我对感情的看法

菩萨的姿态优美,
那是一种从世俗的美丽升华到内在的庄严。
因此美也不只是外相上,
内心的美,更让人赞扬回味。
美的人,美的事、美的物,人人追求,
但世俗的美却是善变的。
情爱也是,
所谓海枯石烂,
却也无法天长地久。

自从佛光山开山之后,经常有朋友、信徒来访,我总想邀请他们吃个饭,略尽地主之谊,但心中难免觉得过意不去,因为佛门的素菜显得清淡简单。不过,也正如丛林古德所说"莫嫌佛门茶饭淡,僧情不比俗情浓"的道风。这样朴实的待客之道,也许给人们认为佛门僧情比不上世俗的感情,缺乏浓厚的人情味,也就更别说一般人所向往的爱情了。

谈到世间的情爱,告子有谓:"食、色,性也。"孔子云:"吾未见好德如好色者也。"可见追求爱情、美色是人类与生俱来的本能。

就如常听到有人问:"人类从何而来?"佛经说"人是从爱而来"、"爱不重,不生娑婆",因此称人类为"有情众生"。可知,人是有情感、有情爱的生命。可以说,爱,是生命的根源。

僧情不比俗情浓——我对感情的看法

好比兄弟姐妹之间有手足之情，夫妻男女相爱为琴瑟和鸣，父母亲族是伦理关系；又如爱有私爱、小爱、净爱等。爱的心很复杂，有的是占有，有的是奉献；有的爱人，有的爱物、爱家、爱国。为了爱国而牺牲生命者，如岳飞、文天祥、史可法、黄花岗七十二烈士等忠君爱国之士，至今一直为人传颂。也有人的情爱无比的自私丑陋，如古代的帝王，像纣、桀、幽、厉之流，因荒淫无道而留下千古骂名。

说来，情爱确实就要从小由父母适当的教育，让孩子学习驾驭，若处理得当，不失为一种鼓励向上的力量。但如果爱的不当，爱的对象不对，爱的方法不对，爱的不正常、不应该，就会让双方产生烦恼痛苦，甚至身败名裂，以至于丧命灭顶。

因此，经典形容"爱河千尺浪，苦海万重波"，爱欲如涛、如海，所谓"水能载舟，也能覆舟"，倘若感情处理不当，容易让人沉沦。这些染污、不净、自私、执着的情感，造成人间苦痛的因缘，不可不慎！

为此，许多圣人批评情爱，教人远离爱染。佛教也说，自古生命在三界六道里轮回流转，都因为"爱"，将爱情比喻像一条绳索，紧紧束缚一切生命，很难从中获得解脱。

对于爱的态度，有的人拒绝、禁欲，有的人排斥、厌弃，甚至见异思迁、始乱终弃者，层出不穷，造成人间诸多不能和谐共存的纷扰，产生人间丑陋的问题。尤其，爱的阶段从恋爱到结婚。有人说法国人恋爱结婚又离婚，是一场"悲剧"；意大利人认为恋爱结婚是可以歌颂的人生，是一部"歌剧"；英国人恋爱结婚重视相亲相爱，是一场"喜剧"；美国人恋爱结婚，因离婚率太高，像一出"闹剧"；中国人恋爱结婚，家暴甚至情杀，时有所闻，可谓是一场"丑剧"。无论是何种剧本，总之，离不开酸甜苦辣、悲欢离合。所以，爱需要用智慧引道，要用慈悲升华。

261

佛陀成道后回到迦毗罗卫国,耶输陀罗向佛陀礼敬

我们应该如何发展与生俱来的爱?在家庭教育、社会教育中,都会教导我们如何爱人。各宗教、哲学对于爱情,无论私爱、大爱,也都有其理论发扬。佛教准许在家信徒恋爱结婚,认定这是正当的人间伦理而不禁止。但是佛教的五戒,其中一条"不邪淫",是指夫妻正常关系以外的邪淫,或者如贩卖人口、强暴,造成家庭或他人的不幸,或社会的混乱,则为天理法律所不容。有云:"问一声世间情为何物,未必要人生死相许。"茫茫人海,大地众生,各种爱恨、善恶,各种因缘,错综复杂,真是不易统御、不易化解,只有个人无怨无悔,或以理智来规范淡化,去体谅包容"爱"的无常变化。

一般人会对出家人好奇:"出家人对于情爱如何排解?"一心向道,心心念念只有佛教和众生的僧侣,不是心中灭绝了情爱,而是去升华去扩大。修道人如果每天顾念着自己的感情、眷属,又怎么能普爱众生呢?佛陀曾经为跟随他的弟子,制下许多的戒律。因为佛教在全世界的发展,倡导独身必有深意。出家人中,或有修道成功者,也难免有驾驭不了情爱的意念,一失足成千古恨,当然不能再成为僧团的一分子,将摒除于佛陀的教团外。

出家以后无家了,因为无家才能处处是家;不爱一个人,才更能爱大众。他是超越儿女私情之上,能对一切的众生兴起无限慈悲。例如,唐朝从谏禅师阖门拒子;又如佛陀出家修道,看似无情,却是大有情。他们把对妻儿的情爱,净化为对真理的追求,提升为对芸芸众生无私无求的关爱。

现今日本的佛教,打破佛陀的戒律,成家入世,美其名为出家人,不过只能称为居士佛教,只是一位教士,不能成为一个比丘,因为无法遵守出家的戒律。在生死轮回的爱情中何去何从?不论是僧侣,甚至是一般的社会大众,不得不三思而后行!

说起各种情感,一般人的心目中,母亲总是占第一,但在自己的记忆中,似乎爱我的外婆胜过母亲。有时自己也很惭愧,生养我的母亲性格包容、慈祥,但心中为什么爱外婆超过母亲呢?为何外婆特别与我合得来?

仔细回想,还是有原因可循,因为外婆信仰佛教,具有道德心,为人勤奋、正派、勇敢、不计较,相对于镇日与打牌为伍的母亲,我更喜欢烧香拜佛的外婆。幼小的我,把这种分别藏在内心深处,在大人面前,仍然是严父慈母为先的家庭伦理。

在栖霞山出家后,青少年的出家生活中,母亲有时半年、一年会来探望我一次,这令我感到反感;别的师兄、同学们都没有什么亲人来探望,为什么我的母亲会来呢?所以我每次都质问母亲又来干什么?似乎不近情理,但也同时感觉自己从小离开母爱,追求人生独立的发展。

剃度出家后，小小的年纪，单纯的童心入道，未曾想到男女婚嫁，也没想过人性的爱情欲念。直到弱冠之龄，深刻感觉，所谓"道高一尺，魔高一丈"，曾经有过一些亲戚长辈，要我离开僧团，回归俗家，甚至有的人愿意以女儿相许，有的人愿意许诺厚待，虽有过这许多诱惑，但不论生活如何艰难，我从不动摇。

例如，一位姓潘的老人家，夫妇俩对我非常慈爱，我也很敬重对方，但是他们一定要我做他们的儿子。我非常反对，自己自年少起都能离开父母了，为什么还要以其他人为父母呢？

此外，我的二舅母，直接跑到栖霞山找我，极力劝说我跟她回家，她说："我们没有儿子，你可以过继给你二舅为子，我们的大女儿与你年龄相仿，可以配你为妻，我们也会说服你的母亲答应。"

身处庄严的佛地道场，听到这些话，我感到石破天惊，不仅拒绝，甚至气愤二舅母的冒犯。从此，敬鬼神而远之，不再和二舅母来往。甚至在四十年后回乡探亲，我也从未跟她说话。

虽然有那样的坚决道心，但是对于人间美好的事物，也还会有欢喜赞叹的心念。记得每年春季，十方香客前来朝山礼拜，曾经有位虔诚的信徒，总在固定时间来山礼佛，她的举止大方，外表秀丽，相当引人注目。后来同参们公开心得，一致认为那位信徒犹如观音菩萨般庄严。但是，大家并非起了凡心俗念，只是单纯欣赏那样的美好。佛地人心，欣赏美的情怀还是难免有的，我也慢慢发觉到，这种美的情怀，也是一种爱念。

后来到了台湾，四处飘摇，什么都没有。初期，延平北路一些老太太们要拜我做师父，有的希望我当他们的儿子，有的希望我做他的女婿。但是，做师父与儿子的距离实在相差甚远呀！甚至，也有年轻小姐跟我坦言，是父母要她来找我，让她跟我熟悉、认识。

这许多的外缘，很容易让我陷入诱惑，连我的同参煮云法师都跟我说:"算啦!大家生活都那么艰难,信佛教也不一定要出家,你可以去做他们家的女婿,生活也会比较好过一些。"所幸,我有福德因缘,知道惭愧,我上无片瓦,下无立锥,自己的生活都无以为继,怎么能违背我的终生信仰,招惹这些情感的麻烦呢?

那个时候,我心里也知道,佛教的发展需要青年,青年也需要佛教。虽然我也是青年,但是我不敢和青年男女单独共事共学,为什么?人和人之间,倘若是"一对一"的关系,彼此的金钱是债务,彼此的感情也是债务,当有了债务,必定很难还清。

做一个出家人并不容易,做一个清白的出家人更不容易。我想,一个出家人,只要如法地生活在大众中,不要"一对一"的固定跟某个人相处,就会安全。因此,在我这一生中,无论到哪里,身边都有一大堆人围绕,任何行动、作为,没有人不知道,也从来没有超过五分钟,让别人不知道我在哪里。一个人独处的时候,我想,大概只有睡觉的时候吧。回想起来,这不也符合佛陀说"我是众中之一"?因此,现在年老了,在写字时经常写下"我在众中",作为做人处世,乃至修道上的勉励。

出家至今,最自豪的一点就是自己从未写过一封情书。虽然我读过很多的情书,也懂得情书的写法,但是还没有一个人让我写过。唯一类似情书的一篇文章,就是写给我的父亲《一封无法投递的信》。

十岁那年,中日战争爆发,家父在经商途中失去联络,自此,我再也没见过父亲。失怙的阴影,始终笼罩在我幼小的心田里,挥之不去。十六岁那年,我将思父之情宣泄在作文簿上,那便是《一封无法投递的信》。当时,任教国文的圣璞法师阅毕,在评语栏中写着:"铁石心肠,读之也要落泪。"他利用课余,亲自将我这篇文章重新誊写,投稿给镇江《新江苏报》,没想到竟然连载数日。充满丰沛感情的少年时期,这篇《一封无法投递的信》,大概也是我毕生中唯一的"情书"了。

说到书信,青年时期,这一类世俗的干扰还是难免。例如,我初到宜兰时,有一位居住在台北的唐姓高中学生,家世显赫,看过我写的文章,就拜托我帮她修改作文,那时我也没想太多,就应允了对方。她住台北,我住宜兰,彼此鱼雁往返。记得有一次,我改过文章后,就顺笔在信里写道:"我过去住在新竹,新竹是一个风城;现在来到宜兰,宜兰是个雨都,风风雨雨,这不就是人生的写照吗?"

没想到,这封信不知怎的,竟然在汐止弥勒内院,我的那许多同参好友中引起议论:"这个星云,怎么可以跟一个女学生在谈风风雨雨!"

感谢那次的教训,让我知道,原来,写信也会惹出这么多的误会麻烦,我不能让这种是非风雨打倒,应该要在风雨中更具信心。

在宜兰弘法时,感谢老一辈的信徒像李决和、张卢标、郭爱、免姑等这许多可敬的老人家对我的照顾,我也欢喜和他们交往。尤其,人称"爱姑"的郭爱老太太,总是特别关照我的饮食。其实,我并不好吃,青菜、豆腐、萝卜,就是美味佳肴;再怎么吃,也只是为了滋养色身。但她总是千方百计煮东西给我吃,有的时候,还特别准备食材,比方包个水饺,或者她知道我欢喜糯米类的食物,总是费时费力包个粽子给我,而且非得要看到我吃了,才表示放心。

这些老人家,她们对我如同父母般的爱护,关怀备至;我跟她们在一起,也不是凡俗的爱心,而是当做自己的长辈,做到《梵网经》所讲:"一切男子是我父,一切女子是我母。"

有人说,人生的爱情是与生俱来,不可避免的,但也不尽然。我们每一个人培养自己坚定的信心,有一些自己的爱好及目标。

僧情不比俗情浓——我对感情的看法

对于万物,有一种平等朴实的关怀,心系大众的普爱,就不会只顾虑点滴的私情,专注自我爱情。

就像我有许多的兴趣、爱好,比方我喜爱弘法、热心写作、享受宁静、嗜好阅读,尤其喜欢劳动、为人服务,因此我非常忙碌,忙得欢喜快乐。为此,我也常说:"忙是营养。"因为忙是一种动力、一种力量,我从劳动忙碌的生涯中,感觉到随着年岁的增长,佛法上的修持也升华了。

说来有几件事情,对我的思想影响重大。我的二舅父刘贵生,人长得一表人才,在我们晚辈的心目中是一位英雄。他平常沉默寡言,很少发表个人意见,只是默默工作,从不攀缘。多少人为他介绍婚配的对象,他都不要。后来,中日战争开始,日本人在中国杀人放火、窃盗邪淫,有一位夏先生的遗孀,带着六个女儿,最大的女孩已十岁,孤儿寡母,无人照料,我的二舅父就和她成家了。当时,别人对他都非常嗤之以鼻,认为不可思议,无法理解,"什么样的姑娘你不要,怎么会要这个寡妇?还带着六个小女儿一起嫁过来?"面对这么多的蜚短流长,和一般人所谓的"拖油瓶",二舅父丝毫不受影响,他的新家庭一样和乐融融。

多年后,这许多女孩子长大,各自婚嫁。当二舅母逝世时,我的二舅父才四十左右的年岁,后来又遇到另一个女人,也是类似情况,丈夫往生,有五个儿女,二舅父又和这一位妇女成亲,毫无条件帮忙她抚养五个儿女长大。

二舅父一生遇到这两个女人,纵然外界批评的声音不断,他依然安之若素,后来他活到九十多岁高龄才逝世。如何来议论他的一生呢?对于二舅父这样的人,我觉得人们不可以用世间男女的眼光来看待,在我认为,他已没有私情,完全是一颗菩萨心。因此,不能用有色的眼光去看待世间上的人事物,而把情爱完全抹杀。

267

这是有许多感人的菩萨道,蕴含在其中的。

二舅父的事迹,也让我想到一则故事:

有三个兄弟,相约到茅山修道,走到半路偏僻的山区,仅有一户人家,三兄弟就借宿一晚。后来才知道,那户人家只有一个寡妇带着四个孩子生活,日子非常艰困。第二天,三兄弟要出发的时候,小弟对两个哥哥说:"哥哥!你们去茅山吧!我想留下来照顾这一家人。"

两个哥哥虽然不以为然,但也想到"滴水之恩,涌泉以报",就勉强答应弟弟,二人继续往茅山出发。

三年后,寡妇要求跟弟弟结婚,弟弟说:"你的丈夫才过世三年,我们就论及婚嫁,心有不安,我应该为他守孝三年。"

又过了三年,寡妇又要求和弟弟结婚,弟弟又说:"我们就这样结婚,还是很对不起他!不如,我们一起再为他守孝三年吧!"

好几个三年过去了,寡妇再次要求与弟弟结婚,这时,弟弟说了:"我为了报答你的一饭之恩,留下来照顾你和孩子,现在孩子已经长大成人,也该是我告别的时候了。"

经过这么多的三年,大哥、二哥在茅山苦苦修道,尚未成道,小弟却早已得道。可见得,无情无爱,虽然可以修道;但是,有情有爱,也可以成道,这是一种净化的爱,是一种对天下苍生无尽的奉献。

同样关于修道,有一段发生在大陆丛林的事。有一位王姓在家居士,长期住在寺院里挂单帮忙,每日朝暮课诵,过着与出家人一样的生活,可以说是一位精进虔诚的佛弟子。有一天,王居士忽然穿起西装革履出门去,一连数天,都是如此。大家感到奇怪,这样虔诚的居士,一向安住在寺院里,为什么开始频频外出?有人好奇地跟随他出门。一跟上看:"不得了,王居士竟然进出青楼!"

僧情不比俗情浓——我对感情的看法

一群人惊魂未定跑回去报告住持大和尚,大和尚一听,也感到问题严重,把王居士找来问。王居士说:

"大和尚,我本来要先告诉您,但实在很难解释,请您跟我一起去看吧!"

"那样的地方,我怎么能跟你去呢?"大和尚回答他。

"用言语解释,只怕会引起误会,就请大和尚跟我去看一看吧!"

住持大和尚见王居士诚心诚意,也只有答应了。

一到青楼,二三十位妙龄女郎,穿着海青排队迎接、顶礼,王居士说:"请大和尚验证她们的《炉香赞》、《阿弥陀经》唱诵是否如法?"

住持大和尚这才恍然大悟。原来,因为她们命运多舛,不得不在青楼谋生,内心抑郁苦闷,王居士便为她们成立念佛会,教导她们念佛学道。这位王居士确实真有其人,后来出家,法名悦西法师,我也曾见过他。

来到台湾后,我也遇过相似的事情。在宜兰、高雄二地弘法时,我都是搭乘火车南北来往。铁路局上发行的《畅游》杂志,让人可以一路阅读解闷。车内的座位上,难免会有前一位乘客阅毕留置的杂志,偶尔我也会拿起来翻阅。

有一次,上面刊登一篇文章叫《我是一个妓女》,看完之后,心里生起无限的同情,总想着该如何帮助对方。信徒朱殿元及几位同参道友知道后,也想要表达一些心意,便一起凑了些钱。当时那样急切地找寻她,不知情的人或许会有异样的想法;但眼前赶紧找到她是最急迫重要的事,我们也就无暇顾及其他了。

辗转托人找到当事人后,跟她约定好日期、时间,请她务必来道场一趟,并且由道场里的一位优婆夷代为转达我们的致意。从联络人口中得知,原来文中这位女主角的父亲往生,母亲也病了,两个小弟弟需要读书,她刚刚高中毕业,实在没有办法才去卖身,以此养活家人。

所谓眼见不一定为凭,大概就是这个意思吧!世间是世间,佛法是佛法,这样的事情,应该用什么眼光看它?是世间法?还是佛法?世俗的眼光或许一时会被蒙蔽,但是了解真实的原委,却如此令人动容,我们怎能以俗情来看待呢?

谈到情爱,我们姑且不必讲到牺牲、奉献,但至少在情爱里面彼此不能伤害到对方。历史上有名的诸葛孔明娶妻,洞房花烛夜,新郎拿起喜秤掀开新娘的盖头。一掀开,诸葛孔明吓了一跳,妻子居然有一张出过天花的麻子脸。诸葛孔明非常失望,对新娘冷冷淡淡,不太理睬。新娘就对诸葛孔明说:"没关系!你现在后悔还来得及。我久慕你的才华,推测你与世俗人必定不同,对于女子想必是爱德而不好色,因此才想许配给你。如今才知,原来你也是个好色之徒,我遇到你,也是不幸,你不能接受,我也无妨。"

新娘如此教训了一顿,诸葛孔明感到很惭愧,重新以不同的眼光来看待妻子。后来事实证明,妻子果然聪明又有才,两人相敬如宾,彼此感情很好。

历代帝王的妻室中,朱元璋明太祖的结发妻子马皇后也很了不起。世人皆知,她是大脚皇后,出身不算高贵,却以贤德传世,时时劝谏心胸好忌的明太祖,解救许多差点惨遭枉死的臣民。马皇后往生之后,后人对她缅怀不已,并有诗歌赞扬,追封"孝慈贞化哲顺仁徽成天育圣至德高皇后"。这是明代所有皇后中谥号最长的,代表着她的德行高贵,受人景仰。

美是欣赏的,美是无邪的。菩萨的姿态优美,那是一种从世俗的美丽升华到内在的庄严。因此美也不只是外相上,内心的美,更

僧情不比俗情浓——我对感情的看法

让人赞扬回味。美的人、美的事、美的物,人人追求,但世俗的美却是善变的。情爱也是,所谓海枯石烂,却也无法天长地久。

我记得青年时期,有一次春节回去祖庭大觉寺过年,附近有一位十七岁的姑娘叫彭红珍,虽说是乡下的村姑,但模样清秀乖巧,村里的人都认识她。没多久,听说被抢亲了。我自忖:"不得了,这样一位规矩内向的女孩,居然被抢亲,肯定大受打击,要死要活了。"第三天,左右邻居相互告知,她要回门了。当我看到她那满脸高兴,眉开眼笑的样子,不禁愕然,原来世间的人,情爱那么虚假易变,短短的两天,就可以让人认命改变。

当然人的感情,也不能以这些来评比高下,相互较量。我一生推动"人间佛教",就是希望让每个人都获得尊严、平等,不要以为只有自己了不起,别人的好心好意都不算什么,把自己的伟大建立在他人的渺小上。事实上,每个人都很崇高,没有谁比谁差。

一九四一年,日本偷袭美国珍珠港,太平洋战争爆发。有一官员叫赵木高,带着太太、三个小孩到栖霞山避难。那时候,我们每天吃过晚饭后,年长的学僧们会到花园跑香。赵木高的大小姐年仅十二岁,也会带着弟弟、妹妹出来玩。她人长得很漂亮,却患有小儿麻痹症,我们的同学调皮,促狭喊她:"小瘸子。"

我听了很不以为然,心里为她感到不平:"你们怎么可以这样叫人家呢?"但是,当时我是学院里年纪最小的学生,哪有资格英雄救美,站出来讲话呢?

这让我想起幼年时,邻家的小女儿也是同样的状况,走起路来总是一拐一拐。附近的小孩老是爱捉弄她、嘲笑她。外婆告诉我,千万不能欺负人家,她只是外表有缺陷,内心跟我们每个人一样,甚至可能比我们更清净美好。我很敬爱外婆,就把她的话牢牢地记在我的心中。

我和赵木高一家人，彼此没有讲过话，两三个月后，她们也离开了栖霞山。由于是在单纯的丛林中生活，即使经过十多年，我也来到台湾，对于这件事，还是很有记忆。

应该是近一九六一年时，有一天，同参悟一法师来高雄；谈话之间，偶然提到："我们去台中看赵木高好吗？"

我一听，忽然记起这个名字，就很自然地说道："时局这么动荡，不知道他们也来到台湾了，他女儿赵梦霞也有来台湾吗？"

同参说："是啊，他们一家人都来台湾了，我们也常常来往。"

他接着又说："赵老太太常念着你，想和你见面呢！他家的女儿赵梦霞，以前大家常叫她'小瘸子'的，都已经中兴大学毕业了。"

我问："现在呢？"

悟一法师回答说："在花莲女中教书，你可以去她家，或者我叫她来看你。"

这样一说，勾起我的好奇心。最初想，去看看也好；随即第二念又起，决定还是不去了。因为过去我们并没有关系来往，也没有情谊，幼年记忆中的小女孩，现在也成长了，何必再去攀缘呢？

因为这样的两件事，后来引发我写"人间音缘"里的一首歌：《残缺也是美》。毕竟，如词里所述："月亮不一定要圆满，残缺也是种美丽；人生不一定要拥有，享有也是一种福气。"

早期的台湾女性地位不高，我经常勇敢地为女性讲话，并且提倡两性平等。曾有同参嘲笑我是"妇女工作队队长"，并质疑为什么弟子中大都是女性出家？其实，无论哪个宗教，本来就是女众比较多。因为女众的心地柔软，心思细腻，性格上与宗教比较相应，对于心灵层面的追求，也比较容易自我发觉。

我对待女性的确很热心，总觉得"弱者，你的名字是女人"，我应该为弱者发声。我倡导男女平等,实际上要做到真平等很困难,因为基本上男女性格不同,男众的体能、力气比女人大。但除此之外,生命人格是平等的。好比佛陀开悟后的第一句宣言就是"众生皆有佛性",并且主张"四姓平等"。

为此,我在佛光山佛陀纪念馆陈列的十八罗汉当中,就列有三尊女众罗汉,虽然这是佛教弘传史上的创举,但事实上,早在佛陀时代就有女众修道成就的记载。所以,无论男性、女性,公平正义是很重要的,基于佛陀的教示,强调男女平等,佛光山也重视"四众弟子,僧信平等",相互尊重。

一般说来,凡夫的情爱比较贪恋于男女之情。如果情爱能够随着我们人格的递增而日益提升,随着道德的长进而日臻纯净,那么凡夫的情爱也会愈来愈升华,从爱自己、家人,进而爱世界全人类。

记得我来到台湾,才刚有饭吃、有安定的住所时,就想到:应该还有很多孤苦无依的小孩,或者无人奉养独自生活的老人家,总想要为他们做些什么事。那时,我们没有育幼院、养老院,也没有多余的房子可以让他们居住,只有把一部分的僧寮让出来给他们使用,以尽一己之力。

到了一九六七年,宜兰基督教创办的一所"兰阳救济院",在经营上出现困难,希望我助一臂之力。我感念天下的老人,都是我的父母,便应允接收这所老人院。那时,我问佛学院的学生,有谁愿意前去服务吗?甫毕业的绍觉、依融,两个人一举手就是服务了四十年,从未忘记初心。一九七六年,佛光山内另外开辟一区,设立了"佛光精舍",提供老人颐养天年;一九九五年,我也受高雄县政府的委托,接办管理凤山"崧鹤楼",成为第一所公办民营的老人公寓。

这许多老人家,鹤发童颜,甚至有高龄一百多岁的长辈,我都可以称他们祖父、祖母了。老人的体力、眼力等各方面功能虽然退化,但老人拥有丰富的人生阅历,可以作为后代学习的榜样,可以把智慧、经验传承给后代,所以说"家有一老,如有一宝",老人实在不能轻视。

育幼的部分,一九六九年时,佛光山照顾的小孩愈来愈多,有的父母不在,有的是警察送来,甚至也有来自印尼、马来西亚的小孩。最初,也有孩子父母姓名不详,我就说:"就全部登记在我的名下吧!"因为我俗家姓李,所以育幼院里很多的小孩就跟着我姓李了。

弟子中也有人持反对意见,他说:"师父,你不可以这样做,登记你的名字,不只会被人误会,将来他可能会要求把佛光山的产业转移给他。"

当时,我没有顾忌,坚持决定这么做,为什么?这些孩子的心性纯洁,都是可爱的儿女,我走到哪里,他们见到我,总是师公长、师公短地热情叫唤,教人怎么不增加对他们的亲情呢?

《礼运·大同篇》说:"老吾老以及人之老,幼吾幼以及人之幼。"我们都是生命共同体,很多的父母生下儿女后,没有办法教养他们,我们尚有微薄之力,帮忙照顾又有何难?生命宝贵,有尊严的爱才有价值,我们给予他慈爱,如自己同胞兄弟、骨肉亲人,这种爱才能获得大家接受。

后来,我把孤儿院扩建到斯里兰卡,印度的菩提伽耶、拉达克等。我在巴西有两百多位"如来之子"(如育幼院),道场住不下那么多小孩,只有每个礼拜给他们一袋米、一篮菜,白天在寺院团体学习,晚上就各自回家。甚至我建议他们踢足球,只要踢到一个程度,可以带他们到台湾来打,把台湾的足球带上世界。另外,在马

僧情不比俗情浓——我对感情的看法

佛光山大慈育幼院长大的院童成家了,与身为家长的我照张全家福(二〇〇〇年十月十五日)

　　来西亚、印尼、泰国有许多的善堂师姑,把领养的孩子送来佛光山,我也协助他们受教育、学习。看这些孩子一年一年地长大,一个一个地成长,这比任何事情都更加快乐、更加有意义。

　　由于这样的关系,我经常想到这许多小孩、老人。甚至,路上碰到衣衫不整的小孩,就想到可以跟我回佛光山;见到无依的老人家,就想到可以请这些长辈到我们的老人公寓居住。心中拥有对儿童、少年、老人的爱,觉得爱个人太渺小,爱大众、世界,普爱芸芸众生,才能扩大自己的世界。

　　"爱"情要有恭敬,是一种净爱。对于小孩、老人,或是残障人士,要学习爱他们,不能嫌弃。爱不是占有,而是奉献,如同培养爱情,不是只爱"我"的,也要爱"你"的;因为爱不能据为己有,爱要当礼品送人,占有的爱情是下等的,奉献的爱情是上等的,享有的爱情是高等的。

我们虽然出了家,俗家的父母、眷属仍是离不开自己的生命。我曾经见过家师志开上人写了一封信给我的母亲,向他告知我的学习状况。信上开头称谓写着"亲家大人",我恍然大悟,并且留下深刻的印象。原来,生我的父母,可以跟佛门的师长成为"亲家"。

数十年后,也就是一九九三年,我在佛光山首次举办"佛光亲属会",邀请徒众的父亲、母亲来佛光山,和他们的儿女一同和我聚会,让大家成为亲家。我有很多徒众,他们都有父母家人,所以我有百千个儿女,我更有百千位以上的亲家。

想到家师志开上人,他是我如父如母的恩师,对我的爱护,虽然不像父母爱小儿小女般的处处关照,但是,师父对我用心良苦的严厉,却深深地影响我日后的出家人生。师父为了让我安住,在少年成长期,他从未给我一毛钱,虽然日子艰苦,却养成我没有用钱的习惯。后来我身染痁疾,师父并没有嘘寒问暖地安慰,只是差人送了半碗咸菜给我,那意义深重的半碗咸菜,让我立下弘法的志愿。师父对我的种种,点滴回忆起来,看似无情的教育,其实隐藏多少对我的"深情",殷切盼望我不忘初心,不离佛道的大爱,正所谓"爱之深,责之切"啊!

人虽然有七情六欲,但是情爱可以升华、可以扩大。爱的升华是慈悲,慈悲就是佛教的爱,所谓"慈能予乐,悲能拔苦",予乐拔苦的生活中,不只自己充满了爱与慈悲,更能带给别人快乐。可以说,我的"爱"像冬阳,温暖大地;像和风,给予生命清凉。

其实,修道人对于信仰本身就是爱,好比我爱佛陀,我才能信仰他、恭敬他;如果我不爱佛陀,不信仰他,我怎么拜得下去呢?就因为爱佛教、爱常住、爱大众、爱很多利益人天的事业,我更感到世

僧情不比俗情浓——我对感情的看法

慈悲就是佛教的爱，所谓"慈能予乐，悲能拔苦"。勉励马来西亚青年团团员，发挥"青年的力，菩萨的心"普施大爱（二〇〇三年二月十日）

界的宽阔，怎么能为了狭义的爱而裹足不前？希望今日有志的青年，能普施大爱。爱个人容易患得患失，是私爱、小爱，也是"有碍"的；爱众生是普爱、升华的爱，能够一切"无碍"。

我们要当一位爱书人、爱道人，甚至爱一切事物，所谓"吾有法乐，不乐世俗之乐"，更可以学习做一位爱佛人。世俗的感情，如同盛开的花朵，娇艳灿烂，但转眼间，随时变化；超凡的感情，无情却似有情，长养我们的法身慧命，"莫嫌佛门茶饭淡，僧情不比俗情浓"，这淡中有味的佛门僧情，才是真正隽永的道情法爱。

無生法忍

我就这样忍了一生

出家的人事业以修行最重要,
忍耐就是修行。
忍耐不但是力量,也是智慧,
有"忍",就不会受外力动摇。
有人说,贫无立锥之地,
我也真的感觉到什么叫"一贫如洗",
毕竟家里真的什么都没有。
幸好我养成一个"空、无"的性格,
也建立了我不一定要拥有的习惯,
只要有天地、星辰、日月给我观看,
只要有花草树木给我欣赏,
无论身在世间的何处,
都能有一碗饭吃饱,
人生的美妙,
不都是在当下吗?

做一个出家人,需要具备很多美德,如:勤劳、和众、发心、慈悲、苦行等,最重要的,就是要有"忍耐的性格"。做为一个出家人,如果性情粗暴、脾气急躁,与人相处有不能容忍的情形,在僧团里生活,必然不会是容易的事。

说到"忍",忍饥、忍寒、忍热、忍苦、忍难,这些都还算平常,最难忍的,是忍委屈、忍冤枉。其实,出家人若是忍一口气,算不了什么事情,但是,你若遇上了十口气、百口气,该怎么办呢?除了忍,还能有别的办法解决吗?

一般解释"忍"的说法,比如"你骂我,我不开口,你打我,我不还手"就算是忍了。但是佛教解释"忍",与一般人的解读不同。成佛,要有三十二相、八十种好,要福慧俱全,这就是佛陀的"三祇修福慧,百劫修相好",相好从哪里来呢?都是从忍中修来的啊！讲起来，修"忍辱波罗蜜"是最重要的修行了。

生忍法忍无生法忍

"忍"之一字，应该是智慧与力量结合的意义。如果你只是接受，而没有力量担当，不能算忍；你有力量对付，而缺乏和谐的风格，那也不算能忍。"忍"，是智慧中有力量，力量中有智慧。佛教学里说明学习忍辱法门有三个层次，第一生忍，第二法忍，第三无生法忍。

所谓"生忍"者，意指我们生存在这个世间生活，要能保持和谐的生命，必须要能"忍"。"忍"是认识、接受、担当、负责、化解、消除，更要有许多智慧与力量的美德。

例如，我们生存在世间，别人给我一句话、一个东西、一个责任，必须要能接受以后，还要能担当；担当了以后，要能负责；负责了以后，要能化解；最后，是要能"消除"。但是，没有智慧，又缺乏力量，又如何能做得到呢？

儒家所说的修养"仁"，"仁"是儒家学说的核心，圣人的德行。简单地说，努力养成好仁之气，喜怒不形于色，也是要先忍之于口，不能轻易说话；但是，脸上会不好看，如果面上要表现得若无其事，必须忍之于心，最后，不论如何令人难堪的事情，心上也能无挂无碍，那才能算有一点"忍"的功夫。

举一个例子来说，假如别人送一个礼品给我，其实我心里并不喜欢，但也不能拒人于千里之外，不喜欢也要能接受；而我喜欢的东西，人家不肯给我，也一样要能坦然接受。总之，外境的一切事相诸缘，如：称、讥、毁、誉、利、衰、苦、乐这八风，我们通通都要能接受，还要能担当，能负责，能化解，能消除，所谓"大事化小，小事化无"，那才是忍的功夫。

"生忍",指我们在人世间彼此相处、来往,为了和谐生存,必须凡事都要忍一忍。其实,修学"生忍"也不是那么容易。例如,禅门有个公案,宋朝大学士苏东坡,被皇帝贬谪在瓜州做官的时候,他作了一首偈语:"稽首天中天,毫光照大千;八风吹不动,端坐紫金莲。"意思是说,学佛以来佛光普照,就算八风吹动,也不会影响我了。

苏东坡认为自己有修养,一时得意,就跟书童说:"你乘船到江南金山寺,帮我将这首偈语,交给大和尚佛印禅师看看。"

书童听了之后,就遵照吩咐,乘着船摇啊摇,摇到江南,上了岸,进了金山寺,就把这首偈语,呈给佛印禅师。

佛印禅师看了,也没有讲话,只在上面批了几个字,就说:"把这个拿回去,还给你们的学士。"

书童离开了佛印禅师后,坐船又回到瓜州,苏东坡看到了,就

瓜州古渡(扬州政府提供)

问:"你这么快就回来了?"

书童说:"禅师没有讲话,就叫我回来了。"

苏东坡说:"你怎么不等他看过我的诗偈,讲几句话,评论了之后,你再回来?"

书童说:"他没有评论,只在您的诗偈上写字。"

苏东坡:"喔,写了字啊!拿来我看!"

苏东坡原指望佛印禅师大大地称赞,急忙自书童手上取回诗文。一看,上面批了"放屁"两字。

苏东坡大怒:"你这个老和尚,我看得起你,写个偈语跟你论道,你不赞叹我就算了,怎么可以恶口骂人?快准备船!我到江南金山寺和佛印禅师理论一下。"

当苏东坡到金山寺的时候,看见佛印禅师就站在门口,不等苏东坡说话,佛印禅师就哈哈大笑说:"学士啊!学士!你不是八风吹不动了吗?怎么一屁就打过江了呢?"

苏东坡这下子才恍然大悟,原来自己只是纸上谈兵,心地上的真功夫,还差得远了。

所谓"八风吹不动",就是指"称、讥、毁、誉、利、衰、苦、乐",不论善恶、好坏都不会动心。怎么人家才批评一个"放屁",就这么不能忍受呢?苏东坡自觉惭愧。所以说,"生忍"已经很不容易做到。

再说"法忍",法就是所谓一切事相、一切语言、一切概念,人情冷暖、世事沧桑都是"法"。我们生存在世间上,对于周遭的环境,一定有好与不好,你每天要跟环境赌气吗?当然,不能和心外的诸法赌气,那一定是划不来的,必须要接受诸法,要能担当、负责,可以化解、消除,才是"法忍"。

所谓"无生法忍"者,那是修行最高境界,一切法不生,一切法不灭,这是没有生死的境界。死也何尝生,生也何尝灭,那是一个不生不死的平衡法界。本来无一事,何处惹尘埃?世间的事情,所谓"天下本无事,庸人自扰之。"没有因,就没有结果;没有生,就不会有死。如果说,人的境界超越到一种无形无相,无住无证,空诸一切,安住在"无生法忍"中,那就是禅悦法乐的人间净土世界了。

贫苦养成的坚忍

我生长在一个贫苦的家庭,父亲最初务农,但不惯于耕种,所以庄稼收成变卖后,他把微薄所得拿来开店经商。先后开过香铺、酱园、成衣店,但短期经营后,最后都是赔本而失败以终。因此家计愈加匮乏,日食三餐也就更加困难。我们兄姐四人,可以说,都是在半饥饿的状态中,度过了童年。所幸我们并没有因为饥饿而沦为乞丐、小偷,或是流落外地游荡。

对于童年,除了"苦"的印象以外,已记不起成长过程的细节了。只依稀记得,外婆偶尔会拿些食物来接济我们。其实,本来我们的老家也薄有祖产,但是经过几次变卖田地,虽曾风光一时,不过因为父亲并没有求生的技能与职业,一家数口终究坐吃山空,风光不久后,饥饿的苦难岁月,便又再度降临。

我的父母辛苦生养我,给我最大的帮助,就是让我有"忍"的性格,家庭艰苦的环境,促成我能够忍受日后在生活上所遇到的种种苦难。就算没有饭吃,我也不会感到苦恼,甚至在七八岁的时候,我知道家里贫苦,因此,在天空蒙蒙亮的晨曦中,就自己学会到外面捡拾狗屎,再把狗屎堆积起来做肥料,也能卖掉换几个铜板。

黄昏的时候,一些放牛的牧童都牵着牛回家,牛也很有规矩,它们知道要回家了,总会在路上留下不少粪便。因为牛只吃草,牛粪并不脏,我们把牛粪捡起来,如果拿不动了,就在地上拖,回家以后也学大人,把牛粪贴在墙上,就像大饼一样,晒干以后可以当柴烧;卖掉了也能得到几个铜板贴补家用。父母见我有这样的性格,非常欢喜,常常赞美我,使我感到家庭虽然贫苦,但从不以为苦,反而觉得有乐趣,而我小小年纪,能为家庭多少付出一些,自己心里也很快乐。

有人说,贫无立锥之地,我也真的感觉到什么叫"一贫如洗",毕竟家里真的什么都没有。幸好我养成一个"空、无"的性格,也建立了我不一定要拥有的习惯,只要有天地、星辰、日月给我观看,只要有花草树木给我欣赏,无论身在世间的何处,都能有一碗饭吃饱,人生的美妙,不都是在当下吗?

十二岁出家后,偶尔想写一封家书向家中报告平安,但是,往往写好的信,过了好几个月,甚至一年了,都还是寄不出去,因为从来没有钱可以买邮票;衣服破了,用纸糊一糊,鞋底破了,用硬纸板垫一垫,也能勉强走路。我就这样子一天又一天,熬过岁月,再怎么贫苦,依然还是能忍受。

即使生活中各方面的条件都很差,也不以为苦,因为我生来有一个乐观的性格,总能自我发掘人生的乐趣。生活虽然穷苦,也正如孔子说颜回:"一箪食,一瓢饮,居陋巷,人不堪其忧,回也不改其乐。"这种贫穷但又快乐的境界,佛教和儒家都有共同的体会吧?

栖霞山忍八年

我出家的寺庙,应该是在宜兴大觉寺,那个时候,师父正在栖霞山做监院,因此,就在栖霞为我方便剃度;所以,也有人以为我在栖霞山出家。其实这也没有错,在这里出家、在那里出家,不都是一样出家?

自小家庭贫苦,在栖霞山出家后,也还是过着一贫如洗的日

昔日参学的南京栖霞古寺

子。原本辉煌的栖霞山,早已毁于"洪杨之乱",失去过去的荣景。直到一九一九年,才由宗仰上人发心重建。寺庙虽有诸佛菩萨庇佑,上有屋瓦,下有地砖,就是没有粮食,仅是一个穷寺。

记得出家初期,正逢抗战时期,栖霞山住了几百人,寺里没有香客,也没有田产,经常好几个月也吃不到一餐米饭,每天只有杂粮能糊口,甚至厨房锅里的水已滚开了,还没有米下锅,大寮只好传消息告诉大众,今天午餐要慢一点才能打板、开梆。回想起来,那段日子也真不容易忍受。不过,那个战乱时期,也不是只有我们的处境穷苦,整个苏北,可以说家家户户都贫苦。

我在栖霞山最大的苦难,不是贫穷,而是身心的磨炼。尤其以十五岁受戒时为最,一到了戒场,戒师就先找戒子问话审核:"你有杀生过吗?"

我答:"没有杀过。"

戒师:"你蚊子没有打死一只?你说谎。"啪!啪!啪!……

确实是说谎,没错,赖不了账的。

再换一个戒师:"你杀生过吗?"

我答:"有。"

戒师:"哎哟!罪过!罪过。"啪!啪!啪!……又打。

第三位戒师问我:"是谁要你来受戒的?"

我答:"是老师要我来的。"

戒师:"难道老师不叫你来受戒,你就不来了吗?"说罢,杨柳枝一连串又如雨点般落在头上。

到了下一个戒师那里,他又问同样的问题,因为有了第一次的经验,于是答道:"是我自己要来的。"没想到"啪!啪!啪!……"脑门上又是一阵痛楚:"可恶!老师没叫你来,你竟然胆敢自己跑来!"

第五个戒师,还是问先前的问题,这回经验丰富,所以毕恭毕敬地答道:"是我自己发心来,师父也叫我来的。"

自以为这个答案应该很圆满,结果,"你调皮,这么滑头!"当然又少不了一顿狠打。

顶着一脑子的乱冒金星,来到最后一位戒师的座位前,我没等他问话,直接就将头伸了过去,向戒师说:"老师慈悲,您要打,就打吧!"

是自己来的要打,是师父叫来的,没出息,也要打。不如我们虚心合掌,请老师慈悲教诲,老师要打,就打吧!总之是要打。

类似这样的对待,实在是不胜枚举,那个时候的教育就是"无情对有情,无理对有理"。就是不准你有理,你在无理之前都能接受,将来有理的时候还能不接受吗?"打得念头死,许汝法身活",你过惯无情无义的生活,人世间的慈祥温暖,你能不感动吗?戒场里那种打骂是大慈悲,我认为有道理。如果换成我,我也打不下手,一般人实在不容易做到。

白塔山下的饿夫

我在栖霞山八年多的岁月,可以说,每天都在半饥饿的状态中度过,那时候年少,又吃得多,稀饭没有七八碗不会饱。后来还有人吓我,说:"你不要那么能吃,听说有个地方的人,什么都吃,后来肚子就裂开了。"这当然是不会有的事,也没有那么多东西可吃。虽然三餐不济,但是劳苦的出坡还是天天有,像除草、搬运、擦玻璃,到山上采无花果,回来还要自己剥开,卖给人家换一些钱,贴补常住。

除了每天的饥饿与劳动之外,我们的生活用品也是极为缺乏的。还记得,在栖霞山七八年的生活当中,我只穿过两套衣服。其中有一套衣服的质料很坚韧耐穿,是一位老和尚留下来的。有时候会为了节省,就直接不穿里面的衣服,只披这一件中褂了。

日子如此穷苦,其实也可以溜到外面去做工,不过那时候的我,从来都没有动过那种念头。只想做出家人。那时正逢抗战时期,日军常常轰炸,我们睡的床铺,是从栖霞师范学院搬回来的,由双层铁皮制造。当时我睡在上铺,不远处一片红光,"轰!"一声,玻璃全都震碎,我从床上悬空飞起掉到地下。不过心里倒是没感到恐惧、害怕,也不怕军队、刀、枪,总认为不会打死我。为什么不怕呢?因为这种情形就像家常便饭,早就习惯了!曾听过有人开玩笑说:"我们是从枪林弹雨中出来的,怕什么?"我没有这样说过,不过就是这个味道了。

尽管大家都生活在半饥饿状态中,也没有人说要离开,离开了又能到哪里去?到处都是兵荒马乱,一天有一餐饭吃就饿不死了,还算不错。八年中,也不是天天都只有一餐,的确也有过一段时间,一天可吃上两三餐,甚至有时还会有点心,全视常住经济状况而定。实在不得办法时,一餐也没有得吃。不过,到我的师父志开上人掌管的时候,日子就有好转了。

一九四五年,我离开栖霞山前往焦山佛学院。焦山是一个富寺,几万亩的田地分给好多县市,一年的租谷收回来,就可以吃上两三年,不缺粮食,所以我到焦山后,就像到了天堂一样,每天饱食终日,日子很好过。

可是,人不是有了饭吃就能满足的,他还要有理想、有理念。当我渐渐成熟,想要实践理想的时候,发现自己和当时焦山佛学院院长东初法师的理念已渐行渐远,所以在征得师父的同意后,我就离开焦山佛学院了。

离开焦山之后,在一九四七年底,我回到白塔山祖庭大觉寺一段时间。那一年我二十一岁,年纪轻轻就获得担任小学校长的机会,因为这是政府任命的职务,我也极愿意承担,感到为公家服务是自己的荣幸。这个时候的我也懂得如何读书了,于是就在祖庭一面精进自修,一面就做起校长来,实在很感谢宜兴教育局任志盘局长给我这个机会。

白塔山的情况,跟栖霞山一样,也是无隔宿之粮的穷寺,没有人要住。后来,家师没有办法,收留一位从其他寺院过来拜他做师父的满成法师担任当家,也算是我的师兄。白塔山的米粮不够吃,主要原因是,我们田地里的收成,只够吃到隔年的四月、五月,至于六月、七月就挨不过了,一直要等到八月才会再有收成。这样一来,这两个月不得粮的时间,只好用借的。借一石米,过二个月,可能要还二石、三石,利息很高。

我回想起过去王安石曾提倡"青苗法",这个法令实在重要。因为农民眼看着自己田里的青苗长成,还不能收成,就任有钱的人摘去。一年不到,已经吃不到粮了。假如政府能够放赈,先给大家两个月米粮,等农民收成后再来还粮,大家就可以免去借粮的利息了。

不过,江苏的农作物收成比安徽要好一点,安徽种的田,假如在六月、七月借了粮后,到七月、八月就不得吃了,只好出去逃荒,称之为"逃荒佬"。在我们家乡江都经常看到,一来都是几百人,也不能得罪他们。乡人集合起来,给他们吃一餐饭,他们吃饱就走了。幸运一些的是,我没有经过这样的生活,假如穷得再不得吃,也只好出去逃荒,过的就是这种日子了。

在白塔山,早上吃过两碗稀粥,就到小阁楼上用功,十一点不到就饿得发慌,实在等不到十二点吃饭,只好下楼跑香消磨时间,希望赶快有饭可以吃。

或者我在小学里教完书后,下课回来不得中饭吃,也不能喊人弄饭,因为我既不是当家,也不是住持。所以我常常饿得只能用跑香来转境,希望借此忘记饥饿感。古人陶渊明曾经描写饥饿的诗:"三旬九遇食,十年着一冠",意思是三十天才吃九餐;或者"饥者欢初饱,束带候鸣鸡",刚刚才高兴吃饱了,但是下一餐就要束着衣带,等明天鸡叫了才能吃。那时候的我,颇能体会陶渊明的处境。

还记得寺里负责煮饭的是一个工人的太太,因为在栖霞山受的训练,让我很规矩,不看女众,也不讲话,因此我从没有和她说过话。其实,如果我跟她讲上话,也许她会用一点米汤给我吃,不过从来都没有。

后来也就跟满成师兄抗议,早上吃过之后,还不到中午,就饿得不知如何是好。穷年饥馑,饭菜里根本没有油水,甚至看到油就想喝它一口。现在的人,一定很难想象怎么会想喝油的心情。

师兄说:"在你楼阁上的小坛子里,不是有过年存下来的糖果吗?"

我说:"有糖果吗?我不知道有啊?我没有吃。"

师兄说:"我知道你没有吃。"

我反问他:"你怎么知道我没有吃?"

他说:"我有做记号。"好在我没有吃,假如我吃了,不就成了偷吃了吗?

在那个时代,我深深觉得应该自己从事生产,免得被讥为社会的寄生虫、消费者,我们必须要消除这许多不雅的名号。

大觉寺有土地,我们就想开发农场来生产。后来听说农场里不只要种植,还要养猪才会有肥料,池塘里要养鱼,才能利用池塘里的水赚钱。猪跟鱼养大了,还要卖给人家吃。这不是等于杀生吗?

本来,农场和办学校是我的希望,但是这一听,农场梦粉碎了。当时虽然我在小学担任校长,但因国共内战的关系,白天学校里有国民党的军队进出,晚上又换共产党的游击队巡逻。期间,还遭共产党逮捕,坐了十天的黑牢。生存不下去,觉得人生没有希望了,不得办法,又再跑到南京去讨生活。

那时候,国共战斗已经打打停停,停停打打,我想再回栖霞山去当个知客。说明心意后,栖霞山的当家想,住持已经是我的师父志开和尚,如果又让徒弟来当知客,那么一来,师徒一里一外合作,别人还有什么机会?几位当家联合起来叫我不要做知客,可以选

来台不久,与同参性如法师(左一)、了中法师(中)穿着台湾木屐合影

择其他职务;但是我没有其他专长,梵呗、法器也不拿手,因此意愿不高,就转到南京华藏寺去了。

初到台湾的穷困

在南京,没有什么好日子过,也有人叫我到延安,延安是共产党的根据地,基本上我对共产党的社会还不是很了解,也不晓得台湾是什么情况。总之,看到战争的伤亡,想要服务救人是没错的,于是就参加"僧侣救护队",糊里糊涂地到了台湾。

初到台湾,正是"二二八"事件发生之后,这起事件造成台湾人相当排斥外省人。其实,外省人不全是坏人,本省人也不是不好,只是因为误会引起,使得双方都受到无谓的伤害。说起来,是政府误解台湾人的暴动,而台湾人误解外省人都是坏人所引发的事件。我还听说,当时许多本省人家里的地窖、隔间、床下,救了不少外省人。

其实，民间老百姓都很善良，实在是因为各个时代的政府，有各种不同的际遇，权力有时会使人疯狂，而造成憾事。

我在挂单不着、寻友不遇的情况之下，睡过神庙，也睡过甘蔗田，一直想融入台湾这个社会。因此，我把所有零用的东西通通丢弃，只留下身份证和师父给的十三块银洋，另外买了一顶斗笠、一双木屐，把自己装扮成台湾人的样子，希望能够公然地走在路上，不受人盘查。

我不能老是在神庙、甘蔗田里过生活，总得找一间寺院，正正当当地生存，于是在一九四九年二月到了台中宝觉寺。这是因为在大陆的时候，曾收过学长大同法师寄给我一封信，说他想办三千人的佛教学院，邀我到台湾来教书。

由于大同学长这句话说得太大，让我思考再三。我晓得，以当时佛教的现况，不论由哪一间寺庙来办理，都不会有力量办得了三千人的佛教学院，令人难以相信，也就没有接受他的邀请了。回想起来，其实，不论什么情形，应该都去碰碰运气，试试看才好。

我们在半夜二点钟到了宝觉寺，大家都睡觉了，一时找不到人问。后来，得知金山的慈霭法师，以及栖霞的同学莲航法师等都在这里，非常兴奋，就从窗外叫他们："喂，起来。"

他们看到我们来了，也很意外，说："你们怎么也到了台湾？"一聊之下，才知道，原来大同法师因有匪谍嫌疑，不久前逃到香港去了。我们投亲不遇，就问这二位法师该怎么办？他们说："这里的住持是从日本大学毕业的日本和尚林锦东法师，他为人四海，明天试试看吧！"

第二天，我们带着惶恐的心情等待，见到林锦东时，他看到我、广慈和弘慈三个状似彪形大汉的出家人，我想他应该有所顾虑的。

随台湾佛教访问团至泰国三王宫前。左起：净心、贤顿、白圣、本人、净海等法师（一九六三年七月）

等他问出缘由，他就说："因为最近人多，没有办法再让你们安单了，建议你们可以到月眉山灵泉寺找慈航法师，慈航法师正要办佛学院，需要师资，你们去之后，也许可以解决他的问题。"我们当然知道此处不留人，只有另找留人处了。

尽管没有安单下来，我还是很感谢林锦东派了一位宗勤法师为我们带路，一起坐火车前往灵泉寺。

没想到，下午到达台北车站，要转车往成子寮观音山的时候，天空忽然下起倾盆大雨，等到一小时后，就听说山区崩坍，道路中断，交通也封闭了。我心里想："糟糕了，慈航法师那里去不成了。"

宗勤法师说："在这里的南昌街有一个十普寺，那里面有不少像你们一样的外省人,我带你们到那里去吧!"从台北车站到南昌街不算太远,我们一行四个人走路过去,约莫半小时就走到了。请求见负责人,并且询问挂单的机会。

最先是道源法师出来,他一看到我们,就用责备的口气说:"你们怎么也跑到台湾来?"当然,他的话问得很不得体,到台湾来还要什么资格?你能来,为什么我们不能来呢?不过,大家也不好辩论这个问题,旁边还有好几位大概是十普寺里的住众,有的关心,有的慰问,有的告诉我们在台湾居住的难处。

最后白圣法师出来了,他说,十普寺人太多,无法再接受挂单,并且建议:"你们最好到善导寺去。"我们一听,觉得非常好,至少有人指出一条能去的明路。所以我们又从南昌路的十普寺,步行到善导寺。一路上,一直下着倾盆大雨,台北市的道路都被大雨淹没了,我们在滂沱大雨中涉水行走。那应该是在现在的新生北路上,当时有一条琉公圳,我不小心就滑到水沟里去。当时,水势相当湍急,幸好我从小熟谙水性,并不害怕,只不过看着我的小布包随着流水就要漂走了,我一急大喊:"我的钱包。"

因为水性不错,最后我还是拿到钱包。爬上了岸,看见广慈、弘慈两个人大惊失色,吓得脸色都苍白了。人家说:"落水要命,上岸要钱。"偏偏我是落水要钱,上岸好像什么事都没有了。毕竟在那种艰苦的时期,几块钱,就等于是我们的活命钱啊!

终于在黄昏到达善导寺,住持达超法师出面说:"善导寺大部分的房屋都给市政府的兵役科和警务处的交通大队占领,实在没有房子给你们住了。"

事实上也是这样。但已经黄昏了,我们也就不再多言,就请求在佛殿上的大钟底下过一宿。就这样,我们全身裹着湿透的衣服,在大钟下睡了一夜,第二天,我们便动身前往灵泉寺找慈航法师。

因为我们听说慈航法师是一位慈悲伟大的长者,在艰苦时刻喊出口号:"抢救僧宝!"呼吁台湾要抢救大陆来台的年轻僧伽,将来佛教才会有人才。我们殷切期盼见到他。

当日下午一点多钟,我们终于抵达灵泉寺,慈航法师却不在寺内。在这里挂单的外省僧侣,多半都是以常州天宁寺为师承的法师,为首者就是佛学高深的默如法师。广慈、弘慈法师也都是常州天宁寺出身,我也和天宁寺有过因缘,本想着应该可以留下来,大概也是因为人满为患,默如法师看到我们的时候,就交代说:"不可以再接待那三人了,叫他们离开。"

在灵泉寺里有位实清法师,与我们在大陆曾是同窗,他问我们吃过饭了没?我们三个人才回想起昨天晚饭,还有今天早饭、中饭都没吃。这时,几位青年朋友很讲义气,一起凑了一点钱,买一些米,煮了稀饭给我们吃。等到吃饭的时候,已经是下午三点多了,由于连着三餐没得吃,捧碗的手还不停地在发抖,那碗稀饭吃起来,真是香甜美妙、美味无比,至今难以忘记。

这几位道友不但凑钱给我们吃饭,还把我们留在寺里,也没有上报常住,只叫我们不要出来。由于我的衣物都已随水流走,刚好利用那两三天的时间,把在宝觉寺收到的一块布拿出来自己裁缝,做了两件换洗的衣服。

等到天气放晴,同学们建议我们可以去中坜圆光寺,因为慈航法师应该正在那里准备办毕业典礼。到了圆光寺,才知道原来慈航法师还没抵达。由于那正是寺众吃过午斋不久,承蒙一位比丘尼智道法师好意,还张罗了饭菜给我们吃。

智道法师说,她知道我的名字,看过《怒涛》杂志上有我的文章,认为我是一个不平凡的人。她还建议妙果老和尚出来跟我们见面,没想到老和尚见到我之后,欣然同意我留下来,要我别离开了。

那时慈航法师还没抵达圆光寺,我心里想:"见到慈航法师后,也不知结果如何,如果叫我们走,我们也不得地方去,现在有人愿意留我们,那当然要留下来。"于是我们马上答应留下来。

过了一天之后,慈航法师来了,许多人前呼后拥跟随着他,他们正是要来这里举行毕业典礼。典礼后,再把佛学院的学生,全部带到新竹青草湖灵隐寺去办佛学院。

我心里想,也不用到那边了,此处留我,我就不要得陇望蜀了。

慈航法师走了以后,留一位自立法师协助慈航法师处理圆光寺学生善后的问题。他为我们着想,说:"我现在正在编台湾佛学院毕业特刊,你们迟来,也没有户口,是不是把你们三个人的名字也编在特刊里,将来你们会有一个依据,表示是台湾佛学院的学生,在安全上对你们有利。"那时候的环境紧张,动辄得咎,我们当然很乐意。

所以,现在许多毕业的学生,看到那份特刊上有我星云的名字,经常都喊我同学,其实我一天课都没有上过,哪里有资格和他们成为毕业同学。实在是因为当时的情况困难,只好借着毕业登记的名义来得到一些方便。

尔后,我也在这里忍受了两年的苦行生活。妙果老和尚很看得起我,偶尔叫我代他办理一些文书,那个时候他是新竹州佛教会的理事长,新竹州包括新竹、桃园、苗栗现在的三县市,那个时候统称新竹州,但是,其实在这个寺庙里有七八十位住众,但都是一些老弱之人,能够做事的人只有我们几个外省的年轻人。

我为他们收租、管理塔院、抬往生者去火葬,那个时候没有现代化的火葬场,都是用木材堆起来就烧了。同时,打扫庭院、供应饮水,每日到街上准备七八十人三餐食用的米菜等等。总之,那个

浩霖长老(右二)自美国返台,来佛光山参访(一九七七年六月)

时候的我,每天好像都是汗流浃背地在工作,好在我从小在栖霞山训练一身的好功夫,怎么通水沟、怎么扫落叶、怎么整理荷花池、怎么看管纳骨堂等,我都游刃有余。为了感恩圆光寺对我的收留,只有用身心劳动来回馈。两年后,也就是一九五一年,我就转到新竹"台湾佛教讲习会"去教书,才结束这一段苦行生活。

在这里的一段光阴,还有一件事情令我印象深刻。初到台湾时,已略为感觉到佛教对文教的忽视。在大陆,我担任过小学的校长、老师,但是没有人重视这种文教的经历。

比方,有一次我在写文章,一位常在寺中帮忙的达贤姑走来,苦口婆心地对我说:"法师!你要去工作,不然你会呒饭呷(国语:没有饭吃)唷!"

我才发觉,原来在这里,一般人都不会重视文人。歇息写些文章的时间都不得有,得要付出劳力,才算工作。虽然如此,有鉴于文字般若对弘传佛教的重要性,我还是笔耕不懈,也就不理会他人的看法了。

感谢圆光寺对外省人的收留,后来才有在美国纽约市东禅寺的方丈浩霖法师、澎湖观音亭的广慈法师、在菲律宾隐秀寺住持的自立法师、宿雾普贤寺住持唯慈法师、松山寺的弘慈法师等,这些善缘都要感谢圆光寺的缘分。

一忍增加十年的修行

一九五三年元月,我到宜兰弘法,一开始就很注重青年的集会。例如,我向"教育部"立案文艺补习班、青年团、弘法队、歌咏队、学生会、儿童班等,但这都是短期的教育,一时也不会引起他人的注意,于是我改变方向,想从幼教开始。因为办一个幼稚园,幼稚园会有固定的老师、固定的教室、固定的人马,我可以借这许多固定的人马来发扬佛法。比方,带小朋友到各级学校、工厂表演,还可以动员幼教老师帮忙弘法。

经过了一段千辛万苦的时期,幼稚园两间教室终于快要成功了,当时也已经外派四位女青年到省教育厅办的师资训练机构里学习,只要她们回来了,就能为我担任幼稚园的各种工作。

不过,幼稚园还必须向政府登记,向政府登记就必须要有董事会。我虽没有行政经验,不过我一听,就知道该如何筹办董事会,我虽没有认识的信徒可以来做董事,但知道董事里必须有一些具备教育经验的人士参加,这些人士在董事会里总数要超过三分之二。因此,我邀请宜兰高中老师程郁尊,宜兰念佛会资深信徒甘素月、郭爱、李决和等人入会。

十几位人士的名单送到市政府后,大家也准备好要开会选董事长。经过郭爱居士的建议,宜兰市公所一位退休的科长张老先生也来参加,当然来者都是有缘人,我都非常欢迎。会议开始,首先由我担任主席,那时我心里想,董事会大概会选我来担任董事长,因为,我得建设房子、要盖许多教室,还要订定许多政策、文化发展、筹募经费等,我以主席身份跟大家提到要选一位董事长,热心的郭爱居士赶紧说:"是我邀请张科长来参加,我要推举张科长做董事长。"当时我吓了一跳,只剩下一个月筹备,幼稚园就要开学了,董事会不但要上呈许多报告,还需要到教育局里办理许多手续,这下子,幼稚园不晓得来不来得及开学?

不过,当时张科长也没有推辞的意思,我就说:"张科长,大家选你做董事长,这个会议就请你来担任主席吧。"于是他就上台,我就下台了。

就在这个时候,做记录的宜兰高中教师程郁尊先生,立刻把笔往桌上一掼,大骂:"为什么?这一点佛法都不懂吗?幼稚园当然是法师做董事长,怎么随便找了人就来做董事长?"

那位张科长一时也搞不清楚情况,不知道大家发什么脾气,只有愣愣地站在台上。

程郁尊先生又说:"这个会,我不参加了!"说完就生气离开了。

现场一团乱,大家就怪罪郭爱:"你怎么可以叫别人做董事长,不让师父做董事长呢?这是佛教念佛会办的幼稚园啊!"

郭爱说:"师父可以做园长嘛。"

"师父怎么可以做园长?幼稚园园长都是女众担任的,园长和董事长不同的。"

"那这样好了,那我们再请师父做董事长好了,请张科长下台,别做董事长。"

但是那位张科长说:"我已经来了啊!"

其他人只好再劝说:"张科长,董事长还是请师父做,还是要请你下台吧。"

张科长一直站在台上。

其他人只好又说:"让师父做董事长,你不要做,你做董事就好了嘛。"

后来张科长下来了。

大家说:"师父,请您再继续做主席,我们大家选您做董事长。"

经过这几番折腾,我心里实在很困扰。心里有许多的挣扎,虽然上到主席台只有十步路,却感到有十万里路的遥远,难道我还要再回头,去争个董事长吗?我也不要。为了选举,场面要这样难堪吗?我也不愿意。既然大家最初没有要我做董事长,那我就不要好了,不是因为生气不要,而是既然没有诚意,就不要了,幼稚园也不是我独资建设的。

其实,我那时年龄也不是很大,说来也是年轻气盛,心里感到很委屈,叫我下台时,已经是一个耻辱了,让我下了台后,又要再上台,这更是一个耻辱啊!感觉就像一个皮球被踢来又踢去。

接着我又想,就短短几步路而已,只要能一鼓作气上台去,幼稚园就能成立,就能开学,送出去的四个青年就能回来教书,就有职业;假如我不上台,这出戏后果怎么个唱法我不知道,但幼稚园必定不能开学,修学回来的青年老师也必定无事可做。

我的思绪千回万转地激荡着:什么叫难堪?什么又叫荣誉呢?我上去就有幼稚园,不上去就没有了!"我"有这么重要吗?幼稚园比"我"更加重要。只要我忍一下这个难堪,不就有一个幼稚园了吗?最后,我终于又再上台。董事会开完后,幼稚园也顺利地成立了。经由这一次这样的忍耐,我觉得自己的修行,着实又增加十年。筹备幼稚园的过程中也有很多事情要忍耐。例如:幼稚园要开办了,没有石灰粉墙,就找负责采购的郭爱,我说:"爱姑(郭爱),要开学了,墙赶快要粉刷一下。"她就跟我说:"我家松年(郭爱侄儿)讲,念佛会经费不足,没有钱不能粉刷。"我一听也很自在,喔!没有钱,不能粉刷。

过了几天,工人在粉刷,我说:"不能啊,不能啊!我们没有钱,不能粉刷。"

刚巧,爱姑从旁经过说:"我们家松年讲,不粉刷难看,还是要粉刷。"

总之,不要做,也是松年讲的;要做,又是松年讲的。那我们在这里究竟算什么呢?当时听了这个话,有地洞都想躲下去,实在令人难堪,也感到很难为情。我何人也?为何在这里受耻辱,一点尊严都没有吗?我哪里是个传教师,是个师父?我算什么呢?真是感叹不已。想想还是算了,做了就好,即使是屈辱,既然来了,也要忍气吞声。

所以,为了办这个幼稚园,我真的增加了十年的修行。日后我也明白,为了成功,必须多方忍耐!能忍,你的功行就会增加,就能成功。

忍是解决万事的争端

我和林松年居士在佛教里共事,将近有二十年的时间。他是一个有为的青壮年绅士,思维敏捷、做事快速,当时我曾想,假如宜兰县的县长由他来担任,县政发展一定是一日千里。可惜,他只是开一家"生美旺"工厂,做个老板。

林松年有着日式的思想,基督教的个性,是一位热忱的佛教徒,在宜兰念佛会皈依法名叫"觉尊",全家都非常热心护持佛法。尤其,林居士的阿姨郭爱是一位助产士,我的年纪足以做她的儿子,郭爱却把我当作父亲一般地孝敬。

林居士非常聪明,性格孤傲,对人具有影响力、说服力,却经常得理不饶人。我之所以能到宜兰,与他在幕后促成有关,但他不肯直接邀约我,怕负担责任,他便叫空军军官马腾居士,和天理堂香铺店的李决和居士,一再邀约我去宜兰。但实际上,到宜兰后,跟我接触最多的就是林松年居士。

林松年能力很强,我就邀请他担任宜兰念佛会的总干事。他确实很有指导能力,常常来对我说,希望念佛会要这样做,或要那样做;今天一个主张,明天又换另一个主张,甚至,我都来不及跟在他后面变化。

但实际上,我对于人间佛教的看法以及一些新风格,他的确提供我不少意见。例如:唱歌、游行、敲锣打鼓、提灯布教等,这许多新意的弘法方式,让原本初来乍到还有所顾忌的我,经过他的支持后,我也乐得随顺成就了。

他的性格粗枝大叶,可以说是粗鲁。我在念佛会小房间的门,经常都只是虚掩着,每一次他来,都不用弹指敲门,也不讲话,就像日本军阀一样,用脚一踹,"啪!"就把门踢开,接着"砰!"一声,看到我:"哦,你在啊!"我一看到他:"喔,林居士您来啦。"他一来,繁言赘语都没有,直截了当说想要做什么。

他也有几次的作为,确实让我感到非常地不欢喜,甚至难以忍耐。例如,我支持慈惠、慈容她们到台中学习幼教师资训练班。他就问:"你有帮助她们费用吗?"我说:"有一点。"他立刻朝桌子大力一拍:"你要死喔?你为什么要帮助她们?"

我听了这个话,除了觉得林松年太粗鲁之外,其实更叫人忧心的是佛教的前途,我们佛教送青年人去读书,培养人才,这有什么不好？现在天主教、基督教举办道德重生委员会,早就送了几百个人到海国留学去了,我们只送两个年轻人去学幼教,难道都不能支持他们吗？

后来想想,他也是爱护我,舍不得我花钱,因为他知道我没有钱,一时有这样的激动,我就原谅了他。

有时候客人来了,大家一起吃早饭,桌上放有三四盘菜,这也很正常,可是他当场就说:"你们吃得这么好！还算出家人吗？"我觉得他对客人实在很无理,对僧宝也有侮辱,这样出言不逊,实在欠缺礼貌。

有一年,雷音寺举办念佛法会时,大佛张开眼睛了！佛像怎么会开眼呢？我想,信徒的话或许有差错,于是就在绕佛之后把林松年从大殿里叫出来,问他佛像有没有开眼呢？

没想到,他就在大殿外对我大吼起来:"怎么会没有开眼啊！你不相信吗？"可见他性情极为激烈。我知道他的信仰很积极,他的意思是说,佛像真的开眼,你能不相信吗？对于他这种大吼大叫的行为,解释起来就是这样,我能了解也就不计较了。尽管那个时候的我,也相当年轻气盛,只有一忍再忍,平安无事就好。

还有一次,他激动地说:"你看！现在念佛都是一些老人,年轻人都不来念佛,都去唱歌,唱歌,唱歌,唱什么歌啊！"

我想,度青年需要循序渐进,我没有办法一下子就叫他们来念佛啊！只有让他们先唱歌,再慢慢让他们认识佛教,这其中必定会有一个过程。

但是,他向我这样吼叫,好似我是他的部下,连职员都不如,甚至像他的儿子、孙子一样,哪里有个法师的尊严呢？但是我总想到,毕竟他也护教爱教,虽然常常意气用事,我应该要冷静地对待他,所以也就不气他了。我们在幕后常常这样吵吵闹闹,双方持不同看法长达一二十年,但他不是跟我处不好,彼此也没有私人的过节。

有时候他出言不逊:"法师!你们都叫僧宝,把佛教都宝得没有了,你看,人家基督教都叫牧师,要牧羊啊!要度众啊!名字要更改啦!"我就顺应他的话回答说:"对的,对的!应该要度众!"我们也就争执不起来了。这就是这么多年,我们之所以能相安无事的主要原因。

有一次,他问:"为什么都要法师来讲经,难道在家人不可以讲吗?"我说:"可以,可以,你可以来讲。"于是他定了某天某时要在寺里讲《阿弥陀经》。到了那一天,所有信徒都没在寺院出现,他很不高兴,看到慈惠和慈容的时候,对他们大喊:"你们为什么不来听我讲经?"大家从他旁边走过去,边走边应付他说:"等一下!等一下!待会儿就来。"从此以后,他也就不再提要讲经的事了,因为大家都不来听他讲话。

虽然他热心佛教,但对佛教的信心还是不足,因此,他常常会受到新的见解及新的意见影响,或者经常看一些日本的书籍,就跑来跟我说日本的佛教这样那样,要跟我叙述讨论起来。他对中国佛教虽然尊重,有时不免视野狭隘,这算是他在信仰上的缺点了。

林松年对我极度不礼貌,大家顶多也只是觉得林居士没有风度,总之念佛会的大家都很畏惧他,没有人敢说他,只有我不怕。好比他的性情火爆,但二十年中,我没有和他发过脾气。只有一次,在他骂信徒的时候,我跟他说:"你的脾气一直得罪别人,从今以后,我要半年不和你讲话,以示我对你的不满。"

他对于我半年不和他讲话,感到非常痛苦。其实说来,这也是我对徒众的管理学当中,最佳的妙法了!

我记得林松年的太太李瑞娥相当贤惠,是一位贤妻良母,母亲也是一位老修行,林松年倒也很合乎做一个家长,三儿一女都非常孝顺也很优秀,大儿子林锡之在美国当议员,小儿子林锡勇在西来大学担任总务长,可以说,他们一家对佛教都很有贡献。只是说,我与林松年能和睦相处,都没有任何一点争执,大家相安无事,原因就是,幸好我还有一点忍耐的功力,不然如何能做得到?

"密勒学人奖学金"成长我的道行

沈家桢先生过去是航运公司的轮船大王,为人非常发心,对于佛教的发展相当关心。他曾在美国买下一个数十公顷的菩提园,邀请印顺法师驻锡弘法,也在台湾成立驻台译经院翻译佛经,曾经想捐助给佛光山,但我没有接受。之后,他又捐献一笔钱,成立"密勒学人奖学金"。

这是因为这段时期,张澄基教授将《密勒日巴尊者传》译成华文,介绍西藏密勒日巴尊者的修道过程,是现世证得神通的阿罗汉。出版后,一时洛阳纸贵,在初期的台湾出版界非常受到重视。

沈家桢为了提高佛学的研究及写作,就建立"密勒学人奖学金",邀请刘宗一、周宣德等十几位教授参与成立董事会,由南亭法师担任董事长,我也是其中一位董事。每次我都得从南部到台北开会,董事会赞助我六百块的车马费,刚好足够坐平快的火车。

第一年,密勒学人奖学金的征文办法规定,五万字的佛学论文,录取者得三千元奖学金。我觉得五万字的佛学论文并不容易撰写,加上奖金太少,引不起写作的欲望。真正的名家,写出论文如果没有录取,对于盛名有损,因此他们也不肯轻易投稿。所以,第一届征文并没有什么成果。

很快的,第二届又要开始征文了,董事会仍然按照老旧的办法

沈家桢(右六)曾设立"密勒学人奖学金",受邀与南亭法师等人成为董事,有心推动佛教发展(黄惇靖师姑提供)

办理。在会议中,我就发言了。

我说:"主席,现在的一张照片,如果参与比赛得奖了,多半是五万块钱的新台币,一首歌曲被录取了,也是五万元奖金。重赏之下才有勇夫,三千块恐怕争取不到什么好文章,我们是不是提高我们的奖金为五万元?"

我发言过以后,其他人就附和,都说这样很好,才能引起大家的注意。南亭法师说:"你们不要睬他,不要听他的,写一篇文章,我有三千块钱都觉得很多了,哪里要五万块?"大家听了也不敢开口,但是我想据理力争,我说:"老法师,现在社会的行情,奖金三千多块并不是很多。"

就这样子,我认为要五万块,他认为要三千块,来来往往的,后来那许多教授跟我一致,他们说:"老法师,星云法师讲的没有错,这个我们可以考虑。""不要听他的,就是不要听他的!"平时这么令我尊敬的一位长老法师,但是这个时候却倚老卖老。

最终我不能忍耐了,我一拍桌:"你凭什么这么老气横秋?我是拿六百块车马费来开会的一分子,也有发言的权利!你怎么可以说不要听我的,你这种开会,这么独裁,这个会议你自己一个人去开就好了,不必叫我们来!"

一时之间,他愣住了,大家也愣住了,我说:"以后这个会我不再参加了。"整理一下之后准备马上要走。

周宣德居士赶上来说:"不要走,我们马上要吃饭了。"

我说:"华严莲社的饭我不吃。"

周居士:"不是华严莲社的,我们是以密勒学人奖学金的会议名义在这里订了一桌素斋。"

我说:"地方在华严莲社我也不吃!"

后来想想我也觉得确实也给南亭老太难堪了,自己也很惭愧,不过以前的长老是有些专制、独裁。

虽没有正式地跟他行礼忏悔,但是我还是跟他保持很多的来往。因为我想起我应该和密勒日巴一样,要受尽很多苦行、挫折,才能增长我的道行。

长老的千锤百炼是我的逆增上缘

在我一生的知识中,长老知识里一直排挤我,而且是恶意排挤的人,就要算白圣长老了。我想大家虽然同样是佛教人士,确实也很难向大众表达,只希望长老可以多多关怀青年;但是,不关心也罢,如果长老一直压制青年的发展,这好像就不太正常了。

如李敖先生所说:"现在的前辈都不会提携青年,不但不交棒,而且还会给你当头一棒!"白圣老给我的不但是当头一棒,甚至当头三棒、四棒,但是我不计较,毕竟他有他的立场,有他的做事方式,因为我既不得他的欢心,他要给我一些为难,也是当然的事了。

他给我诸多的阻挠与压制不胜枚举,比方他一再设下种种的方法障碍我,就是不让我踏出台湾一步,我就像是被限制出境一样,只能待在台湾。有一次,越南的禅定法师看不下去了,就问我:"怎么每次在国际的场合开会,都等不到你来呢?"

我说:"我从来都没有踏出台湾一步啊。"后来禅定法师的内心充满了义愤,于是就在越南办一个"世界社会佛教服务会议",将邀请书直接转给我,没有给佛教会。

"中国佛教会"十几年来都不准我出访,因为那个时候如果要出访,都要由国民党中央召开出访会议来决议。这一次越南指明要我去,我高兴地从高雄搭乘夜车到台北已经是早晨,赶紧转车到善导寺开会,抵达时,会议正要开始。

会议室里,一张长长的椭圆桌,坐了大约有一二十人,我想来得正好,不如向大家一一打招呼。

这时,白老开口就问:"你来干什么?"

我说:"我被通知来参加出访会议的啊!"

他即刻就说:"你不行!大家都不高兴你,有你去他们都不要去了!"

我愣了一下,接着他又说:"你要去,我就不去!"

我说:"老法师,您是领导人,不能不去,您一定要领导大家去。"

他回答我:"那你就退席!不可以参加!"

平常我自忖是反应很快的人,但当时的我感到很惊愕,一时不知该如何应对这个局面才好,因为对方是佛教界的长老,又是佛教会的领导,也不好再说什么。最终我还是忍耐下来,心里虽然有火气,但依然还是默默地退出会议室。

有一位东北籍的"立委"莫淡云女士,她从里面马上追出来找我,她说:"星云法师,现在你要到哪里去?"

我说:"我回高雄啊。"

她说:"那你就这样走了吗?"

我说:"不这样走,那怎么办呢?"

她也很无奈,只给我一些同情,并没有想到什么方法帮助我,我只好向她告辞,又去买了十点多的班车票,马上坐车再回到高雄寿山寺,到了寿山寺已是晚上六点。一路上我的心情也很平静,因为毕竟出访是小事,有去可以为大家服务,不去也节省了一些时间,刚好能做其他的工作。

"是可忍,孰不可忍也",他在众目睽睽之下就这样驱逐我离开会场,这样的情形都能够容忍,我还有什么不能容忍的?我一介青年忍受下来,自己也觉得至少增加了五年的修行。

又有一次在善导寺,也是同样有关出访的会议,本来是国民党中央党部直接跟我讲,要我组团到美国庆贺建国两百周年,我说此事恐怕要在佛教会提议才行,承汪总干事好意,就在会议里提出。

汪总干事说:"你们佛教应该来组一个团到美国庆祝两百周年。"

我在会议上直接报告主席白圣法师,主席即刻说:"那我来组团,我会去!"

汪总干事很帮忙,他就说:"白圣法师你组第一团,星云法师组第二团吧,大家通通都可以去嘛!"

有了他这句话,我就有国民党中央的指示,可以名正言顺组织第二团。但是我还是觉得不好,因为到美国庆祝两百周年,佛教会只要有一个代表就好了,何必要两个呢?

等了一两个月后,佛教会都没有动静。因此我专程找时间直接到十普寺拜访白圣法师,他正在和一堆人讲话,这一次见到我,他说:"你请坐,有什么贵事吗?"

我说:"白老,上一次党部在会议里说要组团到美国庆祝两百周年,请您组织第一个团,叫我组第二个团,我想这样子,好像不大妥当,因为好像太重复,太浪费了喔。"接着又说,"老法师,您就做团长,我做您的副团长,帮您的忙吧。"

看看他没说话。我继续说:"如果您不以为然,那就我做团长,您做荣誉团长,这样好吗?"因为当团长的要为大家服务、要张罗办事、要安排行程等等,要牺牲的地方很多,所以我才这样说。

接着我说:"第三,您来组织团,那我就不要去,请白圣法师帮忙决策一下。"

他即刻说:"你组你的团!我组我的团!我们各行其是。"

本来我是无意于到美国去,但他这句话给我增加了力量,让我心里毅然决定要组团。我随即向他感谢,我说:"老法师,那我们分头办理了。"这就是佛光山组团第一次到美国,参加庆祝美国建国两百周年的经过。

另外,"中国佛教会"有一次选不出理事长,就用常务理事制度来办理会务。佛教会有九位常务理事,三个人一组,分成三组,每一组两位出家众加一位居士,我刚好被分配到和白圣老一组,果真是冤家路窄。那时,佛教会办公室所有的座位,他从来不准我坐,所有的公文,他从来不让我看;所有佛教会的事,也从来不跟我讲,视我如无人。

白圣法师顺利当选理事长,不过,没多久,因为管理方式无法让人认同,大众投书政府,"内政部"宣布选举无效,解散"中国佛教会",另成立"中国佛教会重整委员会",我也被指派为整理委员之一。重整时期半年,就在限期的前一天,有心人士利用突增的四百位人头会员操纵全局,白圣法师再度当选理事长,一做四十年。

其实,选而无选,赢而非赢,"中国佛教会"至此已失去公正、公平、公开的意义。我想佛教如果真的要发展,不能有万年理事长、万年住持,这样只会防碍佛教进步的空间。

还有很多类似的情形,白圣法师不论是在会议上就直接给我难堪,或在其他场合里,明显或暗中打压不知多少次,多年来我全都承受下来。因为我觉得这就是长老的风格,毕竟这许多可以说鸡毛蒜皮的事,我不要理会就好,不必放在心上。

有一次,世界佛教徒友谊会来询问我们"中国佛教会"要不要参加,当然应该回答要参加。但是白老说:"不参加!"可是到最后,又要我到日本去争取参加。像这一类的事情,我们除了不能把这些事情透露给社会大众知道之外,还能有什么办法呢?

今天,白圣老虽然已经归天圆寂了,回想他对我种种许多恶意的排斥及教训,我还是很感谢他,因为,如果不是他这样压制我、激励我,我也许不会激发出弘法的雄心壮志。可以说,我在佛教里弘法度众的勇气,就是他激发出来的。回想一个年轻人的成就,往往需要长老的千锤百炼及多方鞭策,这应该也是逆增上缘吧。

徒弟都是有缘人

在家的父母生儿育女,有喜悦,有欢乐,但是儿女多,所谓福气、福气,有福有气,这也是当然的。我有一千多个比丘、比丘尼的弟子,说来我应该也是很有福气,但是,有福就难免会有气。

我的弟子都是年轻人,也都是有缘人,他们都是为信仰而来。这么多徒弟中,我还没有发现哪一个是为了闪避债务而来信佛教,或是情场失意来信佛教,大家都是对佛教的前途有使命感,或者对修持有理念,为信仰而来出家入道的。

但是人数众多,难免有许多让我很为难的事情。例如有一位男众,他说要发心到海外开山,去了海外弘法没有几年,寺院建得非常大,负债了数亿元。我身为师父,除了佛光山以外,不能不去替他还债,可以说非常辛苦,因为完全不在预算之内。只有忍气吞声,慢慢替他还债务,天下才能相安无事。

在香港红磡体育馆举办弘法布教,约二十年之久,我每年都在那里进行三天的讲说,每年都很盛况。

有一年,有一个在香港服务的徒众对我说:"师父,你每一次到香港来,我们花了那么大的人力筹备,可是每一次都讲家庭人生琐事,您不觉得很无聊吗?"

香港的信徒对佛法是如此热忱地拥护,我每次见到信徒,他们告诉我他们听了都是法喜充满,对这个出家弟子说我讲的话很无聊,我做师父有什么尊严呢?但是不忍耐,又有什么办法呢?

几年前,佛光山办的《普门学报》,每一期都有我一篇学术论文在学报上发表。现在回想也不知道是哪一篇文章了,一位曾在英国获得博士学位的徒众,竟然批评我说:"那许多陈腔滥调有什么值得再说的?"

我听了以后不能忍耐,外界的人不论怎么说我,我都不在意,但是,你是我的徒弟,我的文章哪里是陈腔滥调呢?你有什么资格?怎么可以对你的师父出言不逊呢?他们师兄弟人多,知道我生气以后,即刻来跟我讲说:"这不是他的意见,他转述别人的言语。"

当然,有很多的徒众都维护我,多少徒众跟着我牺牲奉献,毫不吝惜为佛法服务,但是,有一些像这种难堪的事情发生,我也只能忍耐下去。

有的徒弟做典座,一二十年一点声音都没有,有的调到海外偏远地区二三十年,一句怨言也不会有。例如觉诚在南美洲,好几次遇到土匪用枪抵住她的太阳穴,叫她交出钱来,她也一点怨言都没有。

徒弟永光,在菲律宾遇到飞沙走石、地震山摇、枪击,她也忍受了十四年,一句闲话也都没有;像心平、心定、慈庄、慈惠、慈容,他们毫无怨尤一生都奉献给佛教;还有,像依来、永富、觉培、觉居等都怕我挂碍,经常都是一肩负起重责大任。大家都"为了佛教",真是牺牲生命都在所不惜,只为佛教争光荣。

也有另外一类的徒众叫人不能理解。有一位说要出去旅游,给他钱旅游过后,就还俗去了,理由居然是说:"我出家就是为了要旅游,现在世界都游过了,不离开做什么呢?"还有一位,一心一意跟常住要求攻读博士,让他到美国念博士,博士班毕业了,几次和他联系,从此杳无音讯,不知他到哪里去了?这种情况也有。

我曾嘱咐在日本留学的慈惠、慈容法师买一些日本佛书回来,佛教的书籍很昂贵,一本书都要日币好几千元,我们买回来,是为了将来想成立一座世界佛教图书馆的。我每天看着书橱,书都有在那里,心里很是欢喜、感动,觉得成立世界图书馆指日可待。有一天从书架上拿下来,居然只剩书壳了?后经查问,原来是有一个徒众的朋友喜欢日本书籍,他就一本一本地拿去送给他的朋友去了。你说这个能不忍耐吗?

有一些徒众不明因果关系,他把信徒的香油钱捐给穷苦低收入的人士,虽是三五千元,可是,那是信徒拿来添油香供佛的,你个人怎么能私自挪作他途呢?这个因果是不对的。徒众这样擅自行事,不忍耐又能奈何?

甚至有的徒弟,家里的父母、兄弟事业倒闭、债务缠身,出家几年后又要回去帮父母赚钱;有的是哥哥弟弟出了一点问题,亲情难忍,又回去帮哥哥、弟弟筹措。像这一类的事情,我不能说都要忍耐,只有说,不论好好坏坏都是我的有缘人。

总之，徒众里贤愚不等，一千多人里，怎么会都没有出事呢？佛陀的时代，也都因为徒众犯错而订定戒律。人难免会糊涂，这些都还在人情之内，哪一家的儿女不会犯错呢？

我曾在《释迦传》里写过，"忍"是解决万事争端的良方。我出家的岁月也有七十四年了，出家人的事业以修行最重要，忍耐就是修行。忍耐不但是力量，也是智慧，有"忍"，就不会受外力动摇。因为忍有巧慧，在忍的耐力之下，很多难关都会过去，不会受金钱诱惑，也不会受人情转移，更不受威权欺负。

无论什么事，为了佛教，没有不能忍的。

主持本山福慧家园共修法会

我的医疗团队

世间的一切都有因果关系,
但是信仰可以增加我们的信心。
所以生病时,要想到"佛在我心",
不要自己先倒下来;
也不要胡思乱想,
所谓"色身交予常住,生命付予龙天",
有的时候病痛来了,
不要去挂念它,
挂念了反而误事。
我认为,
人的一生,要自己做自己的医师,
你每天使用四大五蕴之身,
怎么可以不了解它,
不给它适当的照顾呢?

人生的价值,究竟是经济重要?还是健康重要?有的人不惜生命,就是希望拥有金钱。其实,一个人拥有了金钱,但是身体不健康,今天这里有病,明天那里不舒服,金钱又有什么样的意义呢?

我觉得我这一生很幸福,很少有什么疾病,纵有一点小病小痛,也都给自己良好的观念治疗好了。记忆中,我在出家前,好像没有生病的记录。那时候,好希望能生一场病,因为生病了以后,妈妈会呵护,哥哥、姐姐会关心,甚至,还可以有一点好东西吃。可惜,这个希望经常落空。我从儿童到青少年的期间,和医生从来没有来往过,都是靠外婆及母亲的照料;而外婆常常告诉我一些因果轮回、善恶报应的道理,我也从外婆的身上得到了印证。因此,身体哪里有一些小病小痛,自己就发明了用时间治疗。所谓的时间治疗,就是生病不去看医生，过几天病就自然好了。

出家后，十年丛林参学期中，我曾经有过蛀牙的经验。当时，牙齿蛀了一个洞，吃进去的米粒菜肴，都会卡在蛀牙里，非常痛苦。只是，生活在封闭的寺院丛林里，哪里有医院可以就医呢，也就任它能过就过了。不过，我也有对策，饮食时，我不经牙齿咬嚼，唏里呼噜地就把食物给吞了下去。有人说，这样狼吞虎咽对身体不好。但是，我的肠胃一直到现在，好像也没有出现什么毛病。我想，这不就是在青少年时期，把肠胃训练得有抵抗力的结果吗？所以，我经常对人说，自己拥有一副"铜肠铁胃"。

我十七岁时，染患了疟疾，全身忽冷忽热，极为难受。发冷时，即使是夏天，盖上两条被子，都嫌不够暖和。当初在大陆，疟疾一流行，根据老一辈人的说法，尤其是在秋后染上，存活的机会是很少的。那个时候，也不懂得要看医生，有了这种病，只有等待死亡。但是我非常幸运地，在鬼门关前走了一遭，看了一回，就给师父志开上人的"半碗咸菜"救回来，也不觉得这个病有什么了不起了。

比较辛苦的，是在二十岁那一年，我全身染患了脓疡疮，除了脸部没有疮以外，全身都长满了脓疮。历经几个月，都未见好转。时值夏暑，脓汁和汗水，紧黏着衣服，每次脱衣换洗时，身上的一层皮，都好像随着衣服一起剥了下来，其痛摧肝裂胆，真是苦不堪言。

当时，物质贫乏，三餐不饱，哪里懂得这种病是要给医生医疗的呢？后来，有一位同学介绍我吃"消治龙"药片，我一吃，隔天立刻消肿。自从那次之后，一直到我离开大陆之前，再也没有生过什么病。就这样大死一番后，我觉得疾病不再是我们的威胁，疾病是我们的逆增上缘，它激励我们要发心、忍耐，让我们的人生能更上一层楼。

我来到台湾的初期，虽然没有感觉到身体有什么疾病，可是却能感受到心里的疾病,贪、嗔、愚痴还是很多。例如,我曾经一度怀疑自己得了肺病,镇日笼罩在这种阴影下,不得开脱。后来,有一个人告诉我,吃番茄可以治疗肺病。当时,番茄的价钱并不很贵,于是我就买了一大箩筐回来。吃过以后,我心里想,吃了这么多的番茄,应该可以把肺病治好了吧!从此以后,就再也没有想过肺病这个问题了。

所以,一九五三年,我在凤山煮云法师举办的弘法大会上,以"如何医治人生的大病"为题讲说,也就特别强调"心病还需心药医"。

到了四十岁,我在佛光山开山后,因为爱好篮球,经常利用下午和徒众、学生们,一起在东山篮球场打球。但是我常常不到几分钟,就想去上厕所,那时候也不明白什么原因,只是感到奇怪,怎么老是要去上厕所呢?

除了频频上厕所,尤其很容易觉得饥饿、口渴,一直想要吃东西、喝水。当时还以为是活动量大所导致,加上也没有人告诉我,原来这就是糖尿病"吃多、尿多、喝多"的"三多"症状,我也就没有多加留意了。

直到有一次,我又感到非常口渴,拿起当时流行的"华年达"汽水,连喝了两三瓶,之后竟然就晕了过去。几分钟后苏醒,大家纷纷劝我去让医生做检查,那时候,我才第一次接触到医师。

当时,高雄阮外科阮朝英是名医,也是信徒,在他仔细地为我检查之后,立刻对我说了两件事,他说:"很奇怪,你的胃,方位长得跟别人不一样,应该说,五百万人当中,也没有一个人能有你这种肠胃。"这话听了,心里也不觉得有什么特别。

接着他又说:"你患了糖尿病。"我不懂这个名词,想到自己对医疗常识竟是这么浅薄,便问他:"什么叫糖尿病?"于是,他便娓娓地告诉我一些关于糖尿病的知识。

之后,我一直感到体力不支、全身无力,每天精神萎靡不振,身体非常不舒服。经过信徒介绍,我又前往台北荣民总医院内科部新陈代谢科就医,并由蔡世泽医师为我诊治。蔡医师,新竹人,一九四九年生,专长内分泌学、糖尿病、内科学等。四十多年来,我的糖尿病,都是由他关心、维持的。

透过仪器的检查,以及医师的解说,让我对这个病有了更进一步的认识。糖尿病患就像蔡医师胸前一枚"平衡杆"徽章所示,好比是走在钢索上的人,步行在血糖值钢索上,必须取得平衡,不能太高,也不能太低。他并且嘱咐我,平时要注意的相关事项,比如:不可以吃甜品、不可以吃含淀粉太多的米、面,不要吃太饱等等。

我一生不太重视吃,唯独对米、面,我无法听从他的指示;没有了米、面,日子怎么过呢?只有把生死置之度外,照常吃饭、吃面。他也了解我没有米、面,三餐难过的窘境,于是就说:"你可以用药物帮助控制。"这点我倒是还能做到。

因此,从四十年前开始,我每天吃控制血糖的药片,或吃一颗,或吃两颗。后来,大概血糖值逐渐增加,他就建议我打胰岛素来控制。

对于健康,我也不是完全不介意,但是我觉得自然是一个很伟大的定律。佛教讲缘起缘灭,自然与缘起缘灭,应该是异曲同工的道理,所以我也顺其自然。但我五十岁(一九七七年)的时候,记不起是什么原因,到台北荣民总医院做身体检查。医生突然发现,在我的背部有一大块黑影,医师认为它有癌症的嫌疑,但又不敢断定,他们很认真地组织了一个团队,为我安排了一系列检查,有核磁共振、X光摄影、切片、抽血等等,但都查不出原因。

另一位医师又问我:"你有跌倒过的记录吗?"

我也记不得自己什么时候跌倒过。后来我才回忆起来：有一年台风天，我巡视佛光山大雄宝殿的长廊，看到屋瓦似乎要被风吹掉了，就爬到栏杆上，想把那块瓦片修好。当时雨天路滑，我的脚一个没有踏稳，整个人就滑到地上去了。这一摔，背、腰痛了好几天，我也没有去理会它，想想，这大概就是形成脊背有黑影的原因吧！

这位医生一听，心理才觉得释然，阴影的问题就有了解答。

世间的一切都有因果关系，但是信仰可以增加我们的信心。所以生病时，要想到"佛在我心"，不要自己先倒下来；也不要胡思乱想，所谓"色身交予常住，性命付予龙天"，有的时候病痛来了，不要去挂念它，挂念了反而误事。

五十岁以后，我的体力恢复，足以应付长途旅程，早上从高雄坐火车出发，下午抵达宜兰，十多个小时之间，不用上厕所，也没有喝水。我心想，糖尿病应该没有了，已经不是病了。没想到，美国加州太平洋医疗中心妇产科沈仁达医生，给我一个当头棒喝，他打比方说："糖尿病怎么会痊愈？就等于头发白了，怎么会再变回黑色呢？"

他的话，诚然不错，但我并不觉得糖尿病对我有什么威胁，就如同我发明的一句话——"与病为友"，对于疾病，我关心它，但不必畏惧它。几十年来，倒也相安无事。

后来在一九九一年八月二十日，在台北参加供僧法会，我早上沐浴更衣后，准备参加供僧法会时，忽然房间里的电话一直响个不停，我怕对方有急事，就跑去接听，不小心滑倒而跌断了腿骨。我的徒弟与在家弟子李武彦居士马上为我联络台北荣民总医院，承蒙陈天雄主任为我开刀，放了四根钢钉进去固定。一直到今天，那四根钢钉仍在我的大腿里面，每次我进出海关安全检查，身上没有

我的医疗团队

台北荣总主治医师江志桓(右)及前台北荣民总医院副院长心脏科权威姜必宁(左)(二〇〇三年三月二十一日)

带任何东西,仪器却总是叫个不停。每次都要说明我身上有钢钉一事,他们也不容易懂得我的意思。所以我后来就不说,他们也无可奈何。如此钢钉与我就一直和平相处,与它为友了。

不过,慢慢地到了老迈之年,糖尿病还是带给我一些附加的麻烦,例如:心肌梗塞、视力减弱等。

说到心肌梗塞,这要从我六十七岁的那年说起。一九九四年,时值我在南非弘法,有一天晚上,我感觉到心脏非常疼痛。尽管如此,我仍然勉强地圆满行程,之后回到台湾,才到台北荣总做了心血管检查。

检查之后,台北荣总心脏科江志桓医师对我说,我的心脏冠状动脉阻塞,需要立即开刀。我一听,想到下一趟欧美之行,信众们还等着我去成立佛光会，所以我立刻就说："我不能开刀，我还要赶赴欧洲和美国。"江医师要我做慎重的考虑，我说："那不严重，延后几天再开刀吧！"他说："要开刀的不是别人，更何况你的心脏血管三分之二都阻塞了。"但是我一生信守承诺，觉得已经答应别人的行程，就必须兑现。因此，我带着一颗负担沉重的心脏，坚持完成欧美弘法之行。

行程结束后，紧接着，我忙于过年，之后又到菲律宾，出席国际佛光会世界总会第六次理事会。然而，说话感到费力的状况，以及在荣总那么多仪器前，检查出来的数据，我无法再为自己的身体多做辩论，只有听从医生的话了。就这样，我从菲律宾弘法回来之后，在一九九五年四月十九日这一天，住进了台北荣民总医院，准备接受心脏手术。

在手术之前，我在报纸上看到一则关于南非一位换心人医疗成功的新闻。只是那时的我，还不明白我的心脏开刀究竟要做什么。后来医师们才告诉我，这只是把血管阻塞清除的手术，不是换心。

就在这个时候，承蒙台北荣民总医院副院长姜必宁医师，主动表示要为我医疗。姜大夫，浙江江山人，一九二九年生，他是心脏科的权威，过去曾担任蒋介石、蒋经国的心脏主治医师。他告诉我，现在心脏方面的问题，依照台湾的医疗技术来说，并不是很重大的开刀。不过，你可以选择与自己有缘的医师。接着，他就向我介绍了七八位振兴医院、新生医院、荣总医院的心脏科医师。他说："每一个人都很相当，看你要选择哪一个？"

我不常看病，对医疗领域的医师不太认识，当他介绍到其中一位医师，曾在南非开普敦接受心脏开刀训练，是一位心脏外科主治医师时，我想起曾经读过南非世界第一个成功换心人的报道，虽然

我的医疗团队

台中荣总心脏血管外科主任张燕（二〇〇三年四月六日）

当时张大夫还不是主任，也不算权威，但是我直觉地就说："我选张燕医师。"

张燕医师是河北人，一九五四年出生于台北，专长心脏移植、冠状动脉绕道手术及先天性心脏病手术。事后我想，心脏开刀，时间耗费长久，且医术要精敏、快捷，年轻、体力都是重要的条件，也觉得自己做的选择应该适当。

住进荣总后，有一天，在院长彭芳谷、副院长姜必宁的主持下，院方为我召开了一个医疗小组会议，与会者近二十人，都是院内各科优秀的医师。我想，这应该就是我的医疗团队了。只是密集地介绍那么多的主任、专家、医师，我一下子也记不了每一个人的名字。只记得，我回到病房的时候，已经是下午三四点钟，有一位年轻的医生，拿了一颗心脏模型，走到我的病榻前，对我说："我叫张燕,是你心脏主刀的医生,在开刀前,我把心脏的结构、关系,向您说明一下。"

接着,他就指着心脏模型解说起来。过程中,他讲述了许多医学上的专有名词,那时候,我听得不怎么明白,也就想到,好比人家听我们讲说佛法,如果佛学术语太多,也是不容易让人了解的。

他对我讲说了一番话后,接着又说:"我不认识您是星云大师,我只知道您是我的病人。所以,不管您是不是大师,我只管关照病人……"待他离开了以后,我心想,这么一位年轻的医生,说话的口气这么率直。不过,我还是很欣赏他的坦诚、直接。事后,据张燕医师告诉我,他第一次见到我时,实在紧张得不知道要说什么,之后为了这事还感到遗憾。

他还说,从江主任那里得知我要在荣总做开心手术的时候,虽然不知道是否有因缘能为我服务,但是却充满了届时一定会由他替我动手术的信心。因为他分析了一下岛内许多能做这项手术的医师中,只有他会诵念《大悲咒》。果然因缘如此安排,这是他从医以来,最感荣幸的一件事。

之后几天,医院替我安排许多会诊、检查,并且耐心地讲说、分析。四月二十四日,开刀的前一天,麻醉医师陈瑞祥先生在为我说明开刀后恢复的情况时,突然问我:"大师,您怕死吗?"被他这么一问,我心想,出家人若说怕死,未免太没出息;若说不怕死,却又显得矫情,蝼蚁都要爱惜生命了,何况是一个人呢?

于是我回答说:"死倒不怕,但怕痛!"

这时候,陈医师愣了一下,反而安慰我说:"大师,健康的人有健康的尊严,但是对于生病的人来说,痛,是病人的尊严!"

经他这么一说,真觉得太好了,病人痛也能痛得"心安理得",不必一味地听劝说:"要忍耐啦!"这种温暖体贴、人性化的关怀,正是我要提倡的"人间佛教"啊!

四月二十五日,手术的日子来到。我记得,那天早上七点钟,开刀前的一切都已准备就绪,我很安心地等待进入手术房。时间一到,当护士来推我到手术房时,看到站在一旁的徒众,面露挂心的表情,我像要出征上战场似的,对他们竖起手来,说:"你们等我凯旋而归!"当下,我真的没有一点畏惧。我想,应该是缘于我有一个很好的性格,面对许多事情,很快地就能放下,不挂念未来,也不会排斥当下,因此一切都能过得很愉快。

开刀之后,也不知道是谁透露了消息,教界、信众、佛光会员乃至政界,每天都有人到荣总来探望或电话问安,包括印顺、悟一、广元、明光法师、田璧双喇嘛;各界人士,如蒋纬国、吴伯雄、陈履安、郝柏村、林洋港、许水德、吴敦义、郭嗣汾、沈家桢、曹仲植、严宽祜、游象卿先生,及本山佛学院历届毕业生等等。

由于张燕医师特别交代,尽量不要会客,以避免感染,或引起并发症,所以对于前来关心的各界人士,仅以签名方式留下大家的好意。但是,为了让大家了解我手术后的情况,我还是请开山寮书记室撰写一文向大众做报告。

这段期间,皈依弟子李武彦知道我要动手术,把休假全部集中在我开刀的这个时候。他说,荣总的环境他比较熟悉,需要跑腿的事,就由他来做,并且请我给他这个机会。我也很感念他的这份心意。

一个人能经得起心脏手术,应该可以称作"大难不死"了。经过了一天的恢复、一天的休养之后,第三天就觉得身体已经复原,于是我向医院请假,要求前往台北"国家戏剧院",欣赏由佛光山丛林学院演出的"梵音乐舞——礼赞十方佛"节目。医师团队们为了保护我的病况,借此机会也陪同我前往。

四十年来协助医疗的李武彦

当时,张燕医师不论到台北道场、荣总医院,或是在"小山兰若",只要我的弟子见到他,都要说一句:"你要好好照顾我们师父的心脏啊!"他也总是得意地对大家说:"你们都没有看过你们师父的心,只有我看过,我是全世界唯一'触摸'过大师心脏的人。"

事实上,他也告诉我:"你的心脏没有毛病,顶多只有四十岁。"并且说:"我相信在大师那么多的弟子中,只有我看过您的心,摸过您的心,知道您的心。所以,我懂得您的这份心意,我会把每一个病人都当成是大师,为更多的人服务。"

开刀以后,医师团队里最重要的张燕医师和江志桓医师,都成为我的好朋友。当时,我在阳明山特地订了一个房子,取名为"小山兰若"。他们知道后,向我表示:"师父住的地方,我们都要去检查。"因此,从洗澡间、房间、棉被、墙壁,乃至经过的路、上下坡度、出入内外等,他们一一视察,一丝一毫都不放过,好像拿了尺,在那里一寸一寸地丈量似的。

后来,张燕医师告诉我,当时在加护病房服务的人员,乃至负责打扫的员工,知道我要动手术,都吃素好几天,表示要好好照顾我,听得我很感动。按照医院的规矩,是不能收红包的,但身为病人的我,又不知如何表达谢意,所以手术后,我就邀约了与这次医疗相关的院长、副院长、主任、护士等近二百人,在台北道场设宴款待。我的徒众们也都很高兴,认为是荣总把他们师父的命救回来的,所以都怀着感恩的心,想要报答这许多救命的医师。

之后,承蒙主刀医师张燕的多方照顾,他说心脏开刀后,需要有运动,并且要做肺部深呼吸的训练,尤其透过散步来促进血液循环。所以,在我到加拿大落基山脉、巴黎、意大利等地巡礼时,他也陪同我一起前往。甚至在张燕医师调升到台中荣总担任心脏科主任时,我又承蒙他多方关怀,偶尔到台中时,也去做复健检查。

为了向台北荣总姜必宁医师和医疗团队表示敬意,我写了《荣总开心记》一文,并加入台湾心脏学会做会员,每年固定捐助一些款项。姜必宁医师每次见到我也都很开心,认为我的健康是他们的杰作。

除了心脏手术是由张燕医师主刀,后续照顾我的,还有心脏内科江志桓主任。江医师,一九四七年出生,香港人。他是基督教徒,但是,实在没有一点点宗教的成见,真正是佛手婆心。他发挥医生的大仁大德,十几年来,对我的健康一直都很关心,提供了不少保健常识。

记得有一次我到印度弘法,他还特地请假跟随我前往,亲自了解那里的环境是否适合我的身体,行程对我是否会有负担,实地看过以后,他才安心地搭机回台。他们对环境、空气,是非常注意的,而我这个人则是大而化之,凡事都没有那么样的细腻,总是乐天知

美国休斯敦美以美医学中心主治医师狄贝克,以九十高龄亲自为我诊治(一九九八年十月十二日)

命,得过且过就好了。

做过这次心脏冠状动脉绕道手术之后,我的身体状况维护得还不错。只是,手术时曾经取了左腿隐静脉的一段,借给心脏血管使用,从主动脉接到冠状动脉阻塞部位的下段,借以改善心脏血流的畅通。这么一来,加上糖尿病的缘故,后来我的左腿就发生了血管阻塞的情况。因此,一九九八年,承蒙在休斯敦的赵辜怀箴女士和先生赵元修的好意,一定要我到休斯敦美以美医疗中心(The Methodist Hospital),接受狄贝克(Debakey)医师的检查。

赵元修是企业家赵廷箴先生的二公子,一九四七年出生,江苏苏州人;赵辜怀箴,是前海基会董事长辜振甫先生的二小姐,一九五一年于香港出生,祖籍在福建惠安县。

当时,狄贝克医师已经九十多岁了,但仍然可以在电视屏幕前,为人做心脏手术教学指导。俄罗斯前总统叶利钦心脏发生问题时,就是特地用专机把他请到俄罗斯为叶利钦治疗的。这么一位在国际上享有盛誉的权威医师,愿意为我进行血管阻塞疏通手术,我也只有接受赵元修、赵辜怀箴贤伉俪的好意,花了一个星期的时间接受诊疗。

这段期间,就如同在闭关修养一般。不过,这家医疗中心有一个特殊的地方,就是让你感觉不到这是一家医院,而像是一栋家庭别墅。里面花草树木扶疏,亭台楼阁井然有序,到处洋溢着家庭的气氛。美国之所以在世界上能够强大,真不是没有原因的,我想他们对于这些微细的事情,都有在注意,并且不断地在改进。

我在人生的道路上,已经行走了八十多年,后半生的岁月里,虽然受糖尿病所引发的各种并发症所扰,不过一直以来,我"与病为友",也觉得很自在;虽然历经多次手术,但我从来都不以开刀为苦,深感人生有病也很幸福,住院休息也是人生的幸事。

不过,承蒙各界人士一再关心我的身体健康。在休斯敦美以美医疗中心医疗以后,二〇〇七年,又蒙赵元修、赵辜怀箴夫妇再次为我安排,到美国明尼苏达州的罗彻斯特城"梅约医疗中心"(Mayo Clinic)做检查。

因为赵廷箴先生对梅约医院有过相当大的贡献,所以院方对于赵家的请托,也就特别用心安排。这里的医疗人员和服务人员多达四万人,医疗技术高明,医院管理周全,听说不少世界各国的元首、达官贵人,以及每年三百万以上的人士前来检查、医疗身体。

当我请江志桓医师将我在台湾荣总的医疗记录提供给梅约医院为我检查的总医师罗斯·塔克(Ross Tucker)和他的团队参考时,他们看了都大为欣赏,认为台湾荣总医院的医疗在世界上已经有相当的水准了。

与美国洛杉矶罗嘉医师全家合影（二〇一二年十二月二十九日）

就这样，我在梅约医院又住了十天。承蒙赵元修先生每天替我查询相关资料，赵辛怀箴女士每天为我做翻译，这十天的医疗中，最大的收获有：

第一，医师说我患了睡眠呼吸中止症，这个病症，会让我氧气不足，而不时地想要打瞌睡，需要借助正压呼吸器帮忙肺呼吸，才能改善氧气不足的问题。但我嫌这个人工器材对睡眠不方便，就没有照做。总也觉得，虽然睡眠有一些障碍，但是多用点精神力、意志力，多少还是可以克服一些。

第二，梅约医院几位眼科医师说，我的眼底钙化，视网膜血管破裂出血后血块结痂，不能根治，终致看不见。这句话听在我的耳里，很奇怪，反倒让我非常放心，到底事情有个结案了，毕竟老化是很顺理成章的事情，也就不再去挂念眼睛的问题了。所以，我心中对此，是一点都不在意的，总觉得不看的世界也很美丽，更何况一

我的医疗团队

与长庚医疗团队合影。左起李志雄主任、苏翠玲物理治疗师、林祖功主任、梁秋萍主任、郑汝汾主任、陈肇隆院长、王文志专员、王梦玲营养师、陈荣福主任

个已经看了世间八十年的老人，难道还没有看够吗？

不过，承蒙过去洛杉矶眼科罗嘉医师对我的照顾，现在虽然不必再劳烦他了，还是要向他表示最大的感谢。

话说回头，二〇〇三年，有一天半夜，我因突发性的急性胆囊炎，承蒙张燕大夫特别南下，和国际佛光会中华总会吴伯雄总会长，把我接到台北荣总急诊室治疗，并由雷永耀副院长为我做检查。雷大夫是香港人，一九四七年出生。由于是急性胆囊炎，因此他立刻操刀，为我割除了胆囊。翌年，我在新春贺函"给护法信徒的一封信"上，回顾此段经历时，还自嘲地写下："自己已是无胆之人了……看起来似乎有病很好，引起别人的注意，但对于生命去日无多，身处复杂的人间，还是'胆小'谨慎为好。"

333

与台北荣民总医院院长、医生、护士合影。前排：内科主任李寿东（左一）、院长张茂松（左二）、副院长雷永耀（右一）。后排：感染科主任刘正义（左三）、117病房护理长沈志萍（左四）、主治医师江志桓（右三）、副护理长吴振娴（右一）（二〇〇三年三月）

我的医师团队，从台湾荣总医院的姜必宁、江志桓、张燕、蔡世泽、郭继扬、林芳郁、彭芳谷、李德誉、陈国瀚、余荣敏、蒋毅宏、游慧玲、李淑芬、李坤华，到美国眼科的罗嘉、皮肤科的沈仁义和他的哥哥沈仁达医师、牙科的李锦兴，以及梅约医疗中心的总医师罗斯塔克等，他们都曾为我召开医疗会议。

甚至，我在一九七〇年举办佛光山大专佛学夏令营，来参加的青年当中，也有许多日后在世界各地行医的。因此，每当我到世界各地弘法时，凡是有医疗上的需要，都能获得他们的帮助。可以说，他们也是我在海内外的另一个医师团队了。

我的医疗团队

高雄长庚医院陈肇隆院长（前排右一）召集的医疗团队。二排右起为林祖功、李志雄、吕镇中、傅懋洋、王金洲等医师

二〇一一年十月，第一次感到左手不听使唤，变得很重；到了下午，左脚也变得沉重，徒弟们当下帮我安排到高雄长庚接受检查。这一检查，确认是内血管硬化合并右侧额叶缺血性的脑中风。幸好，有陈肇隆院长领导的医疗团队，在他们专业的照护治疗下，中风的情况得以控制。

陈肇隆院长是一位细心、很为病人着想的医师，专攻换肝，到现在已经有千例以上的换肝经验，扬名海内外，可说是"亚洲换肝之父"。他是四十年前参加佛光山大专佛学夏令营的学员，所以对我特别有感情。当他得知我中风入住高雄长庚时，特别组织了医疗团队，如神经内科系主任林祖功副教授，神经内科系脑血管科主任陈伟熹，神经内科（颈动脉检查）黄启维医师，心脏内科主任洪

335

志凌、傅懋洋教授,放射诊断科主任郑汝汾医师,放射诊断科系吕镇中副教授,新陈代谢科主任陈荣福医师,胸腔内科主任王金洲医师,泌尿科陈彦达医师、高俪芳护理师,一般内科刘建卫部长、李志雄主任,眼科主任郭锡恭医师,耳鼻喉科主任林新景医师,整形外科主任黄慧芬医师;皮肤科主任何宜承医师,中医部主任黄升腾医师,复健科梁秋萍医师,物理治疗师苏翠玲、许嘉泰,药剂部王郁青医师,护理部主任黄珊,护理长施雅莉,护理师苏秋静、杨丽巧,以及糖尿病卫教师陈淑娟和营养师王梦玲等人,为我安排各项相关的身体检查及治疗。

陈院长在医疗照护方面,他的思想是很革新的。他说,在医疗的过程中,是仪器就人,而不是人就机器;只要可以移动的医疗仪器,都应该是迁就人去运作,以减少病人的不便。我也在他们严格的要求下住院治疗。

在这个过程里,院长及医师们为了让我这八十多岁的老人,免除重复受检查的折腾,不厌其烦地调阅我在台北荣总以及美国美以美医院和梅约医院的病历资料,可说是做到"医疗不分国界"。再加上护理师与卫教师贴心的照顾,让我很快又可以回到佛光山。

前些日子,我的脸上长了一些小暗疮,一直往肉里长,徒众希望把它取掉,以免发炎,因此要到美容科去处理。陈院长一听,马上说:"大师怎么能到美容科去?"想想陈院长与我四十年前所结下的缘,真是不可思议!所以我常说,人要广结善缘。另外,这段期间承蒙高雄长庚医院刘炎秋高专的帮助以及王文志先生的居中传达,他们团队对人的真诚以待,让人感到温馨,真是感谢不尽。

令人称叹的是,他们相当注重团队医疗,以病人的病情为主,因而联合了台大、台北荣总、台中荣总,以及台北长庚等相关科别的专家,为我评估未来相关的治疗方向;这让我感受到,未来的社会里,不管哪个团体、机关,甚至是个人,要寻求进步,一定是要超越个己的专业立场,重视团队精神的。

检查的情况,我的心跳稳定,血压也称正常,主要的问题,还是由于糖尿病引起的脑血管栓塞。他们嘱咐我,血糖必须控制,降低血脂肪,三餐要严格控制主食的分量以及加强菜类的均衡,并且配合手、脚相关运动。我像用功的学生——照做。两周后,他们这整组的团队又来看我,林祖功主任看了各项数据后,很高兴地对我说,我的"考试成绩"不是及格而已,而是已经到达高标准了。

在几次谈话中得知,原来,陈肇隆院长参加过我们早期的大专佛学夏令营;陈伟熹主任曾为我们的云水医院、佛光诊所建立制度化的义诊系统;长庚有许多医护人员与山上有着许多友好的往来,定期义诊、带领共修、读书会、院内佛诞浴佛等。

所以,我觉得生病也很幸福,可以受到这许多医师朋友的妥善照顾,结交这么多世界顶尖的医师。尤其,当我在患病的生死边缘时,能有他们来为我医疗,实在感谢不尽,感到人生也是值得告慰了。

我除了西医的朋友以外,也有少部分的中医师朋友。其实,我对中西医都没有成见,也没有觉得哪一个好或哪一个不好,毕竟中西医各有所长,但是替我医疗的,则是西医比较多。

若要相较中西医的诊疗,西医,长于外科,讲究准确、快速缓解病症;中医,长于内科,认为身体需要时间作调养。西医为人看病,都是根据血压计、X光机、电脑断层扫描、核磁共振等各种检查的仪器,来决定诊断结果,中医师则大部分都是根据自己的把脉望闻问切。

另外,西医讲究数据、检查、会诊,很少卖弄自己的技术,为自己吹嘘医术如何如何地高明,高明不高明只有让病患去判定。但是,中医师则不然,大部分都是靠自己行销,例如一说到什么病,他就说:"这是我拿手的,只要给你吃个三帖药、五帖药,就能包治!"可是也因为中医界自我推销的这股风气,使得一些真正的高手,反而不知道如何才好。

其实,医师固然需要给病患信心,但是毕竟他无法主宰人的生命,人的生命是由许多因缘关系来决定的,由不得人打包票。

我有很多的信徒、朋友,经常向我推荐这个医师、那个医师,但是,我从来对这许多说辞都不会动心。总觉得,让医师看病,除了医师的医术以外,还要有缘分。所以,对于人的生死、健康与否,也就不太计较于心了。

不过,我还是和一些中医师结了善缘。例如,在高雄行医的吴树益医师,一九六二年生,云林县人。他的诊所经常门庭若市,要想让他看病,都要好多天前就先登记。即使是当天到了他那里,也都要等上个一天、半天,才有机会轮到你。

当然,这都是由于吴医师的医术很高明。但是,其实他做人更好,非常谦虚,从不夸大自己的能力。也因为尊敬他的谦冲、虚怀若谷,所以,我也会接受他的意见和医疗。

另一位是女医师公会理事长胡秀卿女士,一九四八年生,台东县人。她的先生叫做黄民德,夫妇两人曾为蒋中正先生、蒋宋美龄女士医疗,也算是中医师当中的高手。只是胡医师的先生不幸于中年逝世,留下她孤单一人,令人感到惋惜。

胡医师通达佛理,经常用佛理来帮助患者做医疗,为人也非常谦逊,我曾经不知为何,左手数月不能伸举,经由胡医师针灸治疗,一针下去,即刻病除。只不过,胡医师也是在人生正值年华岁月开展的时候,忽然因病逝世。

人生真是奇妙,这对夫妇医师都是懂得保养之道的人,世寿却都不长,反而像我这种不懂医道,也不知道保养身体的人,能在世间胡乱地生存。若真是要说命运,不如说是因缘如此。

除了中医师和我的因缘关系之外,也附带一提我现在的健康状况。我的眼睛,视力模糊,几乎只有零点二三的视力;我的腿部,走上三五十步,还勉力可为,若是百步以上,则已经有点勉强;所以,以百分比来说,腿力只能算百分之三四;我的脑力,因为岁月不待人,记忆力也已大不如前,但还有百分之六十的功能。唯一性能好一点的,就是肠胃了,能吃、能睡,还有百分之八十的作用。

我认为,人的一生,要自己做自己的医师,你每天使用四大五蕴之身,怎么可以不了解它,不给它适当的照顾呢?

近年来,常有人一见到我,就关心地说一句:"大师,你要好好地保重身体!"这个意味我听得懂,表示我老了。但是,我一个出家人,难道还要怕死吗?应该视死如归啊!

现在我吃饭也不过半碗;看书,因视力退化而变成听书;写字,也因为中风,字写得不甚好看;行动,因为体力不足,而用轮椅代步;走路,最多也只能走十步左右。光阴依旧往前行,我这色身又岂能长久?尽管如此,我从未忘记"人生三百岁"的承诺!

其实,生死不是严重的问题,好比季节有春夏秋冬;冬天,不是生命的结束,不久之后,风和日丽的春天又会来临。所以,虽然在阶段性的一期生命里,要完成人生的使命不简单,尤其一个修道者的完成,更不是那么容易,但是,如同植物的种子,你一旦播种下去,因缘际会,阳光、空气、水、土壤俱全了,又会开花结果。既然人生有无限的未来、无限的希望,那么,还要顾忌什么呢?

黄金不动道人心
——谈我不为金钱诱惑的想法

世间的人，
或许认为拥有金钱才是富有的，
但是金钱有时候也会带来烦恼，
所以佛教说，钱财为"五家共有"，
甚至说黄金是毒蛇。
我不拥有金钱，但我拥有欢喜，
我拥有满足，
我拥有书城，
我拥有人缘，
其实都比黄金贵重！

我出身贫穷，小时候虽然家里有几亩薄田，但是经常是吃了今天，没有明天，就这样度过幼童时期。到了七八岁的时候，看到父母的辛苦，就感觉到赚钱很重要。我曾经拣破烂，甚至做过童工，就是要帮忙补贴家用，因此也获得大人的赞许，我感到虽是清寒之家，如果没有吃喝嫖赌等不良的嗜好，尽管家徒四壁，家庭也会其乐融融。

　　虽然我从小知道金钱的重要，但并不羡慕有钱的人家。只是看到邻居的儿童，兴高采烈地背着书包得意洋洋上学去，我却因为家境清贫，没有办法跟别人一样上书坊，或者上学堂。不过，我并不气馁，觉得不读书也不要紧，我想我可以做工，我在做小工里也能学习，不一样也是读书吗？

　　有时候，父母也会送我们到书坊里去拜师学习。那时候，在私塾里教书的人，都称

"先生",不称老师。先生他也不太讲究来者是谁,只要你每天交一定的学费,他就让你入学。我记得最初母亲带我进入一间私塾,每天要交四个铜板。在那时候,四个铜板可以买两个烧饼了,我觉得花这个钱读书很可惜,如果买两个烧饼,就可以吃饱一顿早餐。

在我幼小的心灵中,虽然知道有这样的想法不妥,左右邻居的大人常常也讲说读书的重要,甚至,偶尔自己心中也会生起应该要读书的想法,但是现实的环境,就是逼迫你只想到赚钱更要紧。因为在当时,有钱才有饭吃,有钱才能有衣穿,有钱才能上学,钱财是不会白白地从天上掉下来,是需要每个人刻苦勤劳地去赚取才行的。

为了赚钱,我学会帮父母做许多别人认为卑贱的事情。例如:早晨拣狗屎,傍晚拾牛粪,偶尔也去拣洋钉,我觉得或许这称不上是一份工作,但只要不偷窃、不诈骗,正当的劳动换取钱财,应该都是很正当的。所以,就这样,我度过了我的幼年生活。

十二岁的时候出家,不知道更穷苦的日子才要开始。那个年代,正是抗战不久,难民潮不断地四处流窜;中日两军,经常在我们的家乡周边展开拉锯战。你来我往,我往你来,老百姓的日子真是过得民不聊生。就是在寺院里,也经常断炊。即使在有"六朝圣地"赞誉的南京栖霞古寺,往往也会遇到锅里的水已经煮开了,却没有米下锅的窘境,一直要等到从米行里赊一点米、面回来,才有办法煮来供应大众食用。

当时,寺院常住也想从事生产来帮助大家的生活,于是就叫我们学僧上山采摘无花果。那是一种可以入药的植物,一天采下来,论斤计两,其实也卖不到几个铜板来补贴。几乎三餐吃的都是糁籽粥,大家常常彼此自我解嘲说,每天喝糁籽粥,喝得嘴皮上都可以挂猪肉,因为把嘴都喝尖了。所谓"糁籽粥",就像浆糊一样,有办法的人家,在糁籽粥里还放有几粒米,喝起来比较有咬嚼的感觉;至于贫穷的人家,每天吃的糁籽粥,真是比现在猪狗所吃的都还不如。

在那样的苦难岁月里,就不觉得生命有多么的宝贵。生有何乐？死又何悲？回想起来,在一个青少年苍白的生命里,有这种感受,也适合做修道的人了。

及至一九四五年抗战胜利,我转学到镇江焦山定慧寺就读焦山佛学院,在那里,生活稍有改善,每日三餐也才有正常的生活。不过,在我前后十年丛林生活的记忆里,几乎很少吃到一块豆腐,也很少吃到一碗蔬菜。豆腐是留起来给客人吃的,我们学生大部分吃的是豆腐渣、萝卜干。那些豆腐渣,都是经过太阳晒干后储存起来的,里面夹杂了麻雀的粪便；而萝卜干里则有爬动的蛆虫。中午喝的菜汤,菜叶子没有几根,可是浮在菜汤上的微生物、小虫倒是不少,我经常是闭起眼睛,屏住呼吸,呼噜呼噜地一口吞下。我们就是用这许多东西填饱肚皮。

二十一岁,我回到了祖庭宜兴大觉寺,担任宜兴白塔小学校长,有了一些薪水待遇。但是因为没有用钱的习惯,忽然有了钱,也不知道怎么用法。

回想起在栖霞山读书时,因为没有邮票,一封信从今年放到明年,都寄不出去。在这样的年代里,师父志开上人曾经跟我说:"给你两个钱,也不是太困难,但是就是不给你。你现在不懂,将来你会懂的。"说来惭愧,师父的话,说得我心里不服气,我想:"您的意思就是不给钱,不给就好了,何必讲这么漂亮的话？"现在回想起来,真是感谢恩师的苦心,他养成我淡泊的性格,养成我不买、不用的习惯。我觉得一个人可以不用钱、不要买,那就是富有了。

在白塔小学服务一年多的期间,所赚的薪水都交给了师兄。而国共对立的情况渐渐激烈,每天双方都派人到处搜捕可疑的分子。有一天,我无缘无故地被强行带走,关了十日之后,终于被架

黄金不动道人心——谈我不为金钱诱惑的想法

往刑场。一路上,天色灰蒙蒙的,想起抗战时,出门经商,就再也没能回家的父亲,还有师父、外婆、母亲……他们一定还不知情,觉得人命真是如朝露一般,许多理想都还没有实现,一下子就没有了,真是可惜啊!

想着、想着,忽然有个人走过来,接着就带我走出了刑场。回到寺里,据师兄告诉我,他就是用我做校长时交给他的薪水替我赎身,才拣回一条性命的。

二十一岁时,曾在白塔国小担任校长

宜兴的形势日趋严峻,不得已,我又回到南京,和智勇法师计划参加"僧侣救护队"到台湾来。感谢师父,给了我二十块袁大头,那时候的袁大头价值很高,二十块的袁大头,就等于现在二十万台币一样了。我得了这二十块袁大头,就这样,漂洋过海到了台湾。

记得大约是初到台湾那年的五六月,从台北十普寺想要到善导寺讨单,经过上海路,正遇上倾盆大雨。路面的淹水,让我辨别不出路在哪里,我不慎滑落到琉公圳里。还好我自小水性不错,随着滔滔的流水载沉载浮,但是跟着我掉到水里的随身小布包,却漂走了,里面有我的二十块袁大头啊!

我一时情急大叫:"我的钱!"身无长物的我,那二十块银洋,可是我未来的保命钱啊!我努力追回那二十块袁大头,并且奋力地游到圳边,爬上了岸。一般人说"落水要命,上岸要钱",而我却是落水要钱,因为我知道在水里我不会没有命,但那二十块袁大头对我而言,却是非常重要的。

所幸,洪水没有淹没我,上天无绝人之路,虽然我经过了一些困难,总算跟贫穷、艰辛搏斗过来。慢慢地,我在台湾能有身份证、报了户口,渐渐有了一席安身之地。虽然在这么样贫穷无有的情况,但生性不爱金钱,不想赚钱,见钱也没有贪心的性格。这也感谢东初法师的开示,他常常在我们这些青年僧跟他亲近的时候,告诉我们说:"有钱是福报,用钱是智慧。"又说:"钱用了是自己的,钱不用都是别人的。"我非常相信他的话,一生都奉行这个理论,并且受益无穷。想来,东初法师说得不错,而我确实有做到。

说到钱财,有私有的财富,也有公有的财富。我纵然没有私有的财富,不过,公有的财富,我也享受不尽。寒冷了,我可以晒晒太阳;太炎热,我可以到树下吹一下凉风。我在公园里面漫步,公园不是像我们的吗？我可以在公共的道路上散步,公路不是像我们的吗？所以我就想到,在世间上应该没有穷人。

所谓财富,有个人的财富,有别人的财富。别人可以怎么拥有,而我可以享有。别人的财富,他建了大楼,大楼不是我的,我可以在大楼的"亭仔脚"(国语:骑楼)躲个风雨;别人有钱,买了电视机,他坐着看,我站在旁边也可以欣赏一下。所以,不必拥有,享有也是富贵。

所谓钱财,有"有形"的财富,也有"无形"的财富。有形的财富,如金银、钞票、有价证券等;无形的财富,就好比我们有理想、有道德、有真心、有乐观等等。尽管别人拥有许多有形的财富,我们自己个人可以拥有无限量的无形财富。

感谢父母生养了我的身体,感谢扬子江孕育我人生的观念,感谢栖霞师长们教导的恩惠苦心,让我拥有许多无形无相很好的观念财富。

话说回来,到了台湾,历经一番短暂的苦难后,我就一直非常的顺利了。没有拿过单银,也没有收过薪水,不过,靠着写文章,也能多少有点补贴。记得在一九四九年时,有一次,台北《青年》杂志征文,我的投稿得了奖。记不清楚是第二名,还是第三名,获得一百元奖金。用它买了一部《辞海》,因为有感于过去自己读书不多,这一本《辞海》对我的帮助很大,我在首页写上:"这是一本无言的老师。"非常感谢社会的公义,举办这样的活动,能够有这位无言的老师伴随着我,让我感到很幸福。确实,那一本《辞海》帮我认字,帮我认识很多名词的定义。我不只在不懂的时候查阅,甚至没有书读的时候,我就拿起《辞海》来读。

好运气不断地来到,台北三重埔大同南路的一信堂,是一个在家修道的地方,拥有土地四百坪。一信堂的主人阿随姑,看到我会写文章,听到我还会讲经,就自愿要把它交给我。感谢诸佛菩萨的加被,真是"黄金不动道人心",细细思量,我不能因为些许的利益,就廉价地出卖我的人生。我谢谢阿随姑他们一家人的好意,但我宁愿守着贫穷,以贫穷为乐,我也不能接受。之后,也有不少人像这样,说要我跟他们结缘,他们哪里有一栋楼房给我,或者哪里的一栋住宅给我,"我"不是物质,我不能用自己来交换这许多财富啊!

那个时候在台北,生活条件还是很艰难,一不小心就很容易为金钱、名利所诱惑,而会陷身于不拔之中。加之,要应付的外缘太多了,我便放弃希望无穷、热闹繁华的台北,在一九五三年春节左右,我来到台湾东北部的小城——宜兰。

就在准备去宜兰之前,慈航法师有意介绍我到嘉义接受天龙寺。他说,能元法师(陈登元)会把天龙寺交给我做住持。我想,我可以献身给佛教,但我不卖身给寺庙。又一次,我婉谢了这许多长者的好意。

当时的宜兰,也是一个穷困的地方。可能是因为刚结束日本殖民时代的统治,或是光复未久,社会上一般的经济都很萧条。我去挂单的雷音寺,一百多坪土地上所建的寺庙,就有三家的军眷住在其中。只有一位老太太和一位老尼师相伴住在里面。

我是应当地的居士之邀,借用这二三十坪的佛殿作为讲经的场所,实在说,没有条件居住下去。为什么?饮食倒是其次,没有大小便的厕所才是严重。我第一天到达的时候,为了上净房,要走二十分钟到火车站才能解决问题。不过,这也是弘法的缘分,或者是那个时候,我看到有几位年轻人肯来参加念佛会的活动,觉得未来会有无比的希望,就这样我在宜兰住了下来。

在宜兰,地方虽小,可是需要人念经消灾、解冤释结的佛事却很多。每次念一点经文,都会获得一些供养。当时,我是抱定了不做佛事、不做经忏的决心,只做讲经弘法的工作。

记得我已经担任宜兰县佛教会理事长的时候,我想要在宜兰北门口兴建一座讲堂。正在筹备时,宜兰县政府一位张科长来到雷音寺找我,他告诉我,员山有一位企业家林先生,是一家水泥公司的常务董事,他说,假如我能代表宜兰佛教会,前去为他往生的母亲拈香三支,所有讲堂的水泥,他都愿意捐献。

我那时候也是年轻气盛,一听,很没有礼貌地对张科长说:"张科长,你以为水泥是了不起吗?用黄金来替我建讲堂,我都不会去做经忏的。"这对出家人而言,可以说是断绝了其中的一种财务来源,但我有不做经忏佛事的愿心,我也就豁出去,不计较这许多了。

类似的情况,也曾经发生在高雄。一位居士家里有了丧葬的事情,要找我去诵经。言明说假如我去诵经,要捐助佛光山五百万。我回答他说:"很抱歉,你花了五百万,买一个佛光山的人替你

黄金不动道人心——谈我不为金钱诱惑的想法

去念经,这功德很少,只有五百万。其实,你不必花钱,只要你有心、恭敬佛教、心意虔诚,比金钱重要。"

回想初到台湾时,我的同参他们一出去为人诵经做佛事,常常回来时,手上提的都是一大包一大包的供养,或是买了什么东西回来。大家彼此观看、欢喜、笑闹一番,我在隔壁房间闻声,一点都不动心。

甚至后来,因为我人在宜兰,经常有事要到台北接洽。我坐在善导寺的客堂里,坐在沙发上等待,看到他们的当家师因为少一众念经,东打电话、西打电话,左右找不到人,他也不敢来跟我开口,要我权充帮助一下。他也知道,什么忙我都愿意帮助,只有念经,我不能帮助,因为那是我的人格。就好像一名女子爱惜自己的羽毛,不愿意下海一样,我要保持我弘法利生的志愿。

我很高兴我这样的想法,早期的弟子如心平、心定都能理解。因为我自知五音不全,我就想到他们要补我的不足,就叫他们到台北学放焰口。我说,我们不一定要去为人做经忏佛事,但是我们不能不会。因为佛光山这样一个道场,将来总会需要跟信徒结缘的。

心平、心定两人到了台北,不到半个月就回来了。我说:"你们学会了吗?"他们说:"焰口没有学会。"我问:"那你们怎么可以回来呢?"师兄弟两人告诉我:"师父,台北的诱惑力太大了,放一台焰口两千块、三千块,你叫我们住半年,半年以后,我们不会再回来了。"我很感动,心想:你们不愧是星云某人的徒弟,有其师必有其徒。对的,我们不能为黄金随便动了道人心。

其实,做经忏佛事也是度众的法门之一,不是不好,只是不能把它做成是职业性的。记得有一次,几位男众在台北普门寺跟随我出家,第二天,就有一位信徒要我们到殡仪馆,替他的家属举行告别式。我就跟那几位初出家的男众说:"你们出家了,我们去跟信徒结个缘吧!"他们个个面有难色,认为怎么才剃度就去做经忏?

似乎心有不甘。

这种心情,我非常能够了解。于是,我就同他们说:"我们出家,要是为了金钱、为了什么其他目的去做经忏佛事,都不可以。不过,为了'了生脱死',这是非常要紧的。我们不是去做经忏,我们去,是让死者得到往生,让生者得到安慰,这是一件'了生脱死'的好事!"他们听我这么一说,再说我也是师父,就说:"我们愿意去,去完成一件功德。"对的,功德是非常可贵的。

把经忏做成买卖的佛事,让佛教里多少的寺庙失去了清规,让多少年轻的出家人,为了经忏而堕落,这不是社会一般大众所能了解的!我现在讲到这里,读者们就是不能了解,我也只有保留一些教内的内容想法,不再多说此中的道理了。

当然,后来在佛光山海内外个别分院,除了每周定期的共修以外,也会举行一些拜忏的法会,像"大悲忏"、"三昧水忏"或"梁皇忏"等;甚至,逢到佛教节庆的时候,也会施放焰口,这是信徒最乐于参加的。但是,我总会告诫弟子们,要把佛法当功德做,可不能做成商业行为的买卖!

记得《联合报》的发行人王惕吾先生过世的时候,家属决定在台北道场做功德佛事。像王老先生这样的人,我们能为他服务,这也是荣幸不已的事情,我们非常乐意与他结缘。佛事结束之后,王先生的公子王必成先生来找我,一见到我就说明,感谢我们为他的父亲做的佛事,无以为谢,左思右想,只有开了一张支票给我。

我没有看,也不知道多少,就即刻阻止他。我说:"王先生,人和人之间,有时候可以说是看个交情,帮忙做个事;有时候是我有多少钱,请你来帮我做个事;或者是在道义上,请你给我一些帮助。但是,难道交情、金钱、道义之外,人和人都没有别的东西了吗?我看了几十年的《联合报》,我觉得尊翁对社会大众的贡献,我们也

黄金不动道人心——谈我不为金钱诱惑的想法

与王效兰女士分别代表《人间福报》、《联合报》于台北道场签订印报合作仪式。左一为《联合报》社长王文杉,中为《人间福报》社长依空法师(二〇〇〇年三月二十七日)

是难以感谢得了!不过请你在这之外,就作为未来的友谊吧!"他立刻把支票收起来,并且说:"我懂了,谢谢,谢谢。"

后来,在二〇〇〇年四月,《人间福报》创刊,至今十几年来,因为我们没有印刷厂,都是靠《联合报》帮我们承印。我想,人与人之间,不一定要靠金钱建立关系,很多的事情,都可以彼此相互来往的。

我在一九六七年就开始建设佛光山。虽然当时买建材、施工等,金钱来往的情况比较多,但是在佛光山,我从来不管钱。

记得公路局第三工程处的处长倪思曾先生,在开山初期曾到山上旅游,当时我们用简单的便餐招待他们。他吃过以后表示要添油香,我就说:"处长,你假如要添油香,不如添多一点。"他听到我这句话,非常紧张,不知道我说的是什么意思。

我就赶快说:"处长,从凤屏公路的砖仔窑,到我们佛光山这里,都是泥土路;假如你能比照一般公路,把它铺个柏油,让来到这里的交通、行人更为方便,那就是你最大的功德、最多的油香了。"

他一听,马上说:"做得到,做得到。因为这条路是县有的,但归我们公路局管理。我们第三工程处的业务,正要为这许多地方服务。你早一点提醒我,我依教奉行,依教奉行。"后来,这一条路多次发生才做好就给山上的洪水冲毁的情况。到现在,从砖仔窑到旗山的这一条柏油路,恐怕是跟随佛光山的年代,不知道已是第三次,还是第四次进行路面的翻修工程了。

开山最初,由一位杨慈满师姑负责财务,后来又由萧慧华师姑负责。她们都是秉持"十方来,十方去,共成十方事;万人施,万人舍,同结万人缘"的理念在管理。尽管财务上非常的艰困,佛光山还是很顺利,虽然日日难过,还是日日过了。从佛光山开山到现在的佛陀纪念馆,一般人常说:"这是有品牌的。"也不错,我们也敢讲我们是有品牌的。

记得旅美船王沈家桢先生,得知我要创建佛光山、开办佛学院,便托人表示说要捐献五千万元给我。那时候的五千万元,应该已经超过现在五亿元之上的价值。我心里想,他给我这么多的钱建设佛光山,佛光山就变成是他建的了,以后在历史上,我会对不起台湾。台湾的信徒,他们十块钱、二十块钱,点点滴滴积聚起来,这是万人的心血共成的佛光山,我能抹煞他们,让历史上说,佛光山是船王沈家桢居士发心建造的吗?宁可以吃万家的饭,我也不吃一家的饭。

后来,我婉谢沈家桢先生的好意,在万般困难中,慢慢地、一步一脚印地奋斗、发展。经过了四十多年,佛光山创办大学、中学、电台、报纸,还有建了这么多房屋,发展全球几百个别分院,这不就是众人共成共有吗?所以,这也必须要领导人能了解到,我们修道者是不可以给黄金打动的。

前几年,香港一位杨先生有一尊两吨多重黄金铸造的观世音圣像,说要送给我。两吨多重的黄金,我不知道价值多少,他要我亲自到他的公司把观音像请回台湾,但我终究谢谢了他。

事隔两年,我坦白地跟他说,那尊菩萨的圣像还是留着他自己供养。在我心中,有比黄金更贵重的观世音,那是千千万万信徒护持的观世音,不在两吨重的观世音。惭愧如我,没有什么值得信徒这样护持,但我也骄傲地说,"黄金不动道人心"确实我是能做到的。

几十年来,在佛光山建造的过程中,要感谢许多人的成就与护持。像潘孝锐先生给我一颗印章,并且说他可以担保,如果需要钱的时候,带这颗印章到银行就能拿到钱。但是那颗印章,在我这里存了好多年,从来没用过。曾经,人称"张妈妈"的日月光集团创办人张姚宏影女士,发心要出一笔很大的款项让我办大学。我说:"等到我要办大学再说。"她问我:"等到你办大学的时候,我没有钱了怎么办?"我回答说:"现在还是不能要。万一,我接受了你的钱,你见到我就问我:'大学呢?大学呢?'我受不了啊!感谢你!我们慢慢地等待时间、等待因缘吧。"

在一生岁月中,我遇到许多发心的大施主,像吴修齐、曹仲植等人,我也为他们的发心刻石,表扬其功德。但是有一些施主,比如像嘉义的丁瑞霞,几十年来,每个月都给我一千块,一直到上个月,我都还收到她寄来的一张千元大钞。我也没有特别谢谢,也不知道究竟她要寄到什么时候。

宜兰大学的教授林清志、林秀美夫妇,每个月寄给我三千元,我也没有回函谢谢,就替他们把钱转存常住去,但就是他们的恒心非常难得。佛门里有谓"菩提心易发,恒常心难持",他们的这份恒常心,是很可贵的。

与林清志(左二)、林秀美(左一)伉俪阖家及林清志教授胞姐林美月师姑(右一)合影(二〇〇八年二月二十三日)

所以,我在发起百万人兴建大学运动的时候,主要就是希望每人每个月出一百元,以三年为期,三年缴完,就是大学委员了。有人说,一个月一百块,三年才三千六百块,我一次交给你就好了。我认为不妥,一次交三千六百块,有钱不难,但是你能够每个月一百块、一百块这样的缴交,你要三十六次才会缴完,这份恒心就已超越一时的菩提心了。

我一生中,比较不喜欢的事情就是收红包,可是,红包却是几千年来的中国文化之一。尤其是佛教里,法师和信徒之间的往来,在信徒的想法中,他们对佛祖可以上香、献花,对一个师父,他只有送个红包表示心意。可是,像佛光山有一千多个出家人,假如信徒要送红包,真是送不了。因此我鼓励大家,你只要送一个红包就好了。常住会把它聚集起来,过年过节了,再分给大家。

可是信徒们不知道各自为了什么,总是喜好要送红包,我就不来这一套。比方我在台北普门寺,有的信徒要给我的红包,几年都送不到我手上。偶尔给他遇到了,放在皮包里的红包拿出来,都已经烂了。这份心意实在是让人感动。

不过,信徒们也不必要给红包,在佛门里,布施供养,是初品的功德;假如出一点力气,那是二品的功德;如果能可以说好话,那就是三品的功德。其实,不一定用钱,也不一定出力、说好话,只要肯得随喜欢喜,看到人家做好事,我们随着欢喜,那是上等上品的功德啊!

五十年前,我所以从繁华的台北,来到比较乡村的南部高雄,我心里就感觉到,平安比金钱重要,无求比金钱富贵。钱不用,只是自己积聚很多;能施舍,就能广结善缘。因为钱财如水,流来流去,所以中国古代的记账叫做流水账,既是流水,流动、广结善缘,才是金钱的价值。

当初佛陀建立僧团依"六和敬"共住,当中有一条是"利和同均",也就是说大家的经济要均衡。而我建设僧团后,也一直希望要做到这一点。曾经,在筹建佛光山时,我设计了一个制度,每个月集合徒众一次,在我座位屏风的后面放一笔钱,每个人轮流经过一次。我告诉徒众们,要多少钱都可以拿,不要拿的就不拿。不过,拿钱的人并不是很多,可见得出家人的性格还是不贪。

之所以会这样做,是因为我看到僧团里,虽然同是出家人,有的人,因为用具皆全,有钱,对他而言也没有用,你给他单银一百元,他也用不上。但是对有些徒众来说,他就是得到一百元,想买一双鞋子,一百元也买不到啊!我感到僧团里的贫富还是不均的,所以,我就实践"用者所需"这个制度,我觉得这才是公平。其实,这也可以说是真正地做到一种"共产主义"了。

我一生没有存款,也没有走过银行,为什么?因为我的口袋里经常是囊空如洗。当年舞文弄墨,有了几个稿费后,就不知道如何处理了。后来,积聚到一点数量,就在高雄市五福二路买了一块地,办起幼稚园来。哪里知道,不到一年,这块地就涨了十倍的价钱。后来由于要兴建佛光山,于是决定把土地卖了,也把幼稚园让给信徒承办。

也曾经在建西来寺的时候,在台湾筹募美金带到美国,从美国回来,口袋里面装的是各种常用的卫生纸。平常的卫生纸,我舍不得一张把它用完,把它撕成两半,半张半张地用。信徒们见过我的母亲,他们说我的母亲也是这样,我想,节俭可能是我家的遗传吧。

世间上的人,或许认为拥有金钱才是富有的,但是,金钱有时候也会带来烦恼,所以佛教说,钱财为"五家共有",甚至说黄金是毒蛇。我不拥有金钱,但我拥有欢喜,我拥有满足,我拥有书城,我拥有人缘,其实都比黄金贵重!

有人说星云大师很有钱,我也很难说。最近,一些拙作在大陆发行,有一年大陆传出,我列入了大陆作家版税富豪排行榜。惭愧,我从来都没有拿过一块钱,也不知道版税长什么样子,因为当初我都交代相关的徒众,那许多钱,要用来捐助大陆祖庭的兴建,和两岸学生交流往来的奖学金之用。

在台湾,我写一笔字,曾经有人出过六百万的高价买一张字,一幅喊到一两百万的也经常有,二十万的更是千张以上了。但是,有一位小朋友为佛光大学建校基金,出一百块买了一张,我很欢喜卖给他,又再送他一张。

对于这许多钱财,我从来没有看过,因为每一笔钱都汇归到由徒众成立的"公益信托教育基金",成为社会共有;说我富,确实,我富有大千世界;说我穷,我也确实是身无分文,确实是一介贫僧。

也有人说星云大师恰巧是出家人,假如不出家,他就跟王永庆

黄金不动道人心——谈我不为金钱诱惑的想法

佛光山台北道场初成立,春节期间举办艺术品义卖会,刚就读国中的王翊,以一百元买下当时已喊价到六百万元的墨宝。现今近三十岁的王翊,仍继续参与台北道场活动。图为受邀出席"一笔字"特展,再度感谢我让他有了一份珍贵的传家之宝(二〇〇九年十二月十八日)

先生一样。王永庆先生是台湾的经营之神,他的财富台湾无人能比,我哪能跟他并论?的确,世间的财富,我们不能和王先生比,但是出世的财富,虚空所有都在我们的心中,我想,这样的观念思想信仰,我们就和王先生不一样了。

六十年前,阎锡山先生在台北做过一次讲演,详细内容我记不得。不过里面有几句话说:"一个人不要给金钱买动,不要给爱情诱惑得动,不要给威势吓唬得动。如果不能,金钱来买你,你的生命就在金钱里;爱情能诱惑你,你的生命就在爱情里;威势能吓得动你,你的生命就在威势里。"我认为,诚哉斯言!

像我们修道的人,应该以贫穷为骄傲,以无有为安住,以"黄金不动道人心"为其龟鉴。

心香一瓣 合十人生

我的人间性格

我每次出外弘法,
在观光区难免会遇到兜售纪念品的小贩,
我想和他们结缘,买一些纪念品,
但是看来看去,
没有一样是出家人所需要的。
心里想:如果买了这些东西回佛光山,
要摆在哪里呢?可以送给谁呢?
假使不买,我又很挂念,
心想他们的生计一定很困难,
他们一天能卖出多少个石头?
能销售多少条贝壳项链呢?
但是,如果光买一家,
其他的小贩怎么办呢?

每一个人都有自己的性格,性格也都有所不同。孔老夫子讲的中国固有之道德,忠、孝、仁、爱、信、义、和、平八德中,有的人是忠心耿耿的性格,有的人是孝顺齐家的性格,有的人有仁慈的性格,有的人有普世爱心的性格等等;而我,也有一些性格,就是父母生我与生俱来的性格。

许多人经常会问我是一个什么样性格的人?从小我勤劳、我节省、我慈悲、我结缘、我正义,若要用文字描述,很难表明我性格上特殊的地方,只有以二十二则小故事,略表我做人处事的性格了。

缺嘴小鸡

七岁那一年的冬天,我见到两只小鸡被雨水淋得全身湿透,心中非常不忍,于是设法将它们引到灶前,想借着火的温度将羽毛烤干,没想到一只小鸡因为惊慌过度

我与小鸡（李自健绘）

而误入灶中，等到我把它从火里抢救出来时，全身羽毛已经烧光，连脚爪都烧焦了，只剩上喙。

看到奄奄一息的小鸡，为了让它存活下来，我每天耐心地用杯子装满谷类，一口一口喂食，并且经常以爱语安慰它。过了一年多，小鸡不但没有夭折，后来还能长大下蛋，亲友邻居都视为奇迹。其实我只是感同身受，把自己也当成小鸡，处处为它们设想而已。

买鞋加价

一九六四年的夏天，叶鹏胜的父亲背了一袋僧鞋，顶着烈日，汗流浃背，来到寿山寺兜售。我当时为了筹措办学经费，经济也十分困难，但是想到当年出家人很少，僧鞋的生意一定不好，于是上前问他价钱，他说："一双二十五元。"我掏出三十元向他购买，他疑惑地说："别人都要求我打折扣，为什么你不还价，反而还要加价？"

我说："贩卖僧鞋很困难，如果你们不做生意，我们就很难买到僧鞋，如果你能多赚一点利润，拿这些钱来改善品质，大量生产，可以便利我们购买。所以我这样做，不只是为了帮忙你，更是在帮我自己,你安心收下吧!"

"我从来没听过世间上还有这种道理的!"他摸着脑后勺,欣然地成交了这笔生意。后来,他将自己的儿子叶鹏胜送来就读沙弥学园。

心香一瓣

一九九二年七月,我应拉达克佛光协会邀请,前往当地弘法。第一天的行程是拜访拉达克首席喇嘛及印度驻蒙古大使库硕跋库拉仁波切所驻锡的寺院。车子行驶近山门的坡地时,我看到当地佛学院的数百位儿童,顶着烈日,夹道鼓掌欢迎。好几次我请求司机停下来,无奈言语不通,车子一劲往前走。

两个小时的法会结束,已近中午,在回程中,我看到这些儿童居然还站在原地,合掌恭送我们离开。拉达克七月的阳光是晒不到一分钟就足以令人头昏脑涨的高温,他们在这里站了数小时,为的只是献上心香一瓣,实在是太令人感动了。

我要弟子送给他们一些纪念品,随行的弟子异口同声地说:"师父!纪念品在来的时候,全部都发完了。"

"赶快看看身上还有什么东西可以结缘的。"

我一声令下,大家开始掏衣袋、翻皮包,将随身的钢笔、书签、手珠、钥匙圈、菩萨项链……全都给了他们。回到旅馆,虽两手空空,但是一颗心却是满满的。

喂海鸥

我从小就很喜欢动物,尤其在悉尼喂海鸥的那一幕,最令人难以忘怀。

有一天黄昏,我和弟子来到海边,将吐司面包撕成一片一片,

我的人间性格

与慈容法师于澳大利亚佛光山南天寺喂海鸥（二〇〇〇年十一月二十七日）

掷向沙滩上、海面上。渐渐地，海鸥蜂拥而来，甚至在面包还没落地前，就已经被它们在半空中接住，一块面包很快就被分光了。

虽然明知怎样都不够填饱这么多海鸥的肚子，但是心中还是感到很抱歉。在回程的路边小店，我们买了十几袋的面包。老板看着我们问："你们要举办大型聚会吗？"

第二天一大早，我们带着一整车的面包，浩浩荡荡往赴一个稀有的"聚会"。这一次大家混熟了，也就不这么客气了，有时群鸥在空中争食，有时干脆飞近我们，将手上的面包衔走。

只有一只长得很瘦小的海鸥，每次探头想吃，但都被其他同伴抢去，为了让它吃到面包，我们对准它的嘴喙丢掷，乃至跟着它飞翔的路线,从海岸的这头跑到另一头,想尽种种方法,总算让它啄了一小口面包。临走时,小海鸥特地飞到我的面前,围绕三匝。

回台湾后,听澳大利亚的弟子们说,位在高地上的南天精舍一向没有海鸥出现,可是几天来,却有一只瘦小的海鸥老是高踞在佛堂的窗口上……

宇宙寺

公路局第三工程处处长倪思曾先生,第一次到佛光山来的时候,朝山会馆还没有建好,山上各处也在工程中。我请处长在佛学院的斋堂吃饭,他说要添油香,我连忙说不必。他于心难安,总觉得在寺院里用斋,一定得添油香才可以。

后来我就说:"既然处长您这么诚心诚意,那就添个大油香吧!如果能够把大树乡这条泥土路铺成柏油路,对地方建设将是一大贡献。"

倪处长立即回答:"做得到!做得到!大师,我现在才知道您的道场原来并不只限于佛光山,宇宙寺才是您的道场,全地球人都要为您添油香啊!"

白雪溜冰团

四十五年前,我担任丛林学院院长时,白雪溜冰团远从美国来到高雄表演,造成全市轰动,听说学生廖秀姬很想去看,甚至还告诉同学:"这一次要是没能去看,我会终生遗憾。"但是佛教学院的学生在上课期间,是规定不准请假外出的。

过了两天,我请她到院长室来,我说:"你帮我去高雄买一些文具用品,买完以后,剩下的三百元,你就顺道在市区玩玩再回来,不必再去向老师请假了。"

这时,她笑得好开心,欢喜地说:"是!谢谢院长,我明白您的

沙弥学园的沙弥们,不论早晚课诵或出坡劳务,皆有板有眼,不输大人(一九七〇年)

意思了。"从此以后,她安住在学业上,努力用功。

玻璃丝袜

黄秀美是一个美丽、活泼的女孩,即使在佛光山读佛学院,仍然带着一点红尘的梦想。

有一次,有人随口问她:"秀美啊!想不想出家?"

她却认真地说:"我还没穿过玻璃丝袜呢!"

后来,有机会到美国访问,我托人买了几双玻璃丝袜。海关人员检查我的皮箱时,露出不解的异样眼神,仿佛在问我:出家人买玻璃丝袜虽然不犯法,但是买玻璃丝袜做什么呢?我心里想:为了满足一个学生穿玻璃丝袜的梦想,为了对一个徒众发稀有的出离心表示鼓励,你哪里会晓得出家人也有天下父母心啊!

不舍一人

四十多年前,佛光山沙弥学园刚刚成立时,有些家长将家中智能比较低,无法管教的孩子送来,我本着佛法不舍一人的信念,全部收容下来。这些孩子虽然反应差,不念书,但是顽皮好动的本性比起一般儿童来,却有过之而无不及。一些老师向我反应,这些孩子只会捣蛋坏事,不知感恩,不如将他们遣回。我说:"让我来教他们吧!"

我经常拿文章给他们抄,并且不时以爱语鼓励。几年过去了,他们从抄写中了解读书写作的脉络方法,渐渐变得聪明,并在《觉世》旬刊投稿获刊登,高兴地捧着佳作给我看。

后来我在东山建了一个篮球场,每天下午和他们玩篮球,久而久之,他们从打篮球中,学到了遵守规则、忏悔认错、礼让对手、群我合作的观念。还有些沙弥无师自通,竟然成为山上最会修理水电的技工,连外面请来的工人看了都自叹不如。

有一次,沙弥乘福骑着摩托车出外找水电材料时,不慎被来车撞上,昏迷不醒。在医院急救,睁开眼睛的第一句话是:"请你告诉师公,我已经好了。"谁说他们只会捣蛋坏事、不知感恩呢?

住持下厨

四十多年前的一个盛夏,午后两点,有九个年轻人来到佛光山朝山会馆,和柜台小姐说:"我们都是大专学生,趁着暑假期间,从北部特地来此一游,因为是第一次来,人生地不熟,问了好几次路,转了好几趟车子才到达这里,没想到耽误了午餐时间,不知道还有没有饭可以吃?"由于已经过了供应餐点的时间,知客师就为他们每人煮了一碗面充饥。

当时我担任住持,刚接待完一批客人,从朝山会馆后面经过,看到这九个身体高壮的男孩子狼吞虎咽的模样,心想这么一点点面,怎么够他们纳胃,于是即刻到厨房为他们炒了一盘饭,并加热四道菜。

当热烘烘的饭菜端上桌时,九个年轻人一阵惊喜,其中一人问:"这样要多少钱?"

"不要钱,是师父送给你们吃的。"柜台小姐回答。

临走时,他们添了九百元油香钱。在当时九百元是一笔大数目,柜台小姐好欢喜,赶紧向我报告,其实我当时只是想让这一群疲惫的孩子们饱腹,不料居然得到十倍以上的报偿,对于弘法事业不无小补。而最令我高兴的,是从门后过道的窗口,看到他们每个人都带着跳舞般的步伐走出大门。至今想起,心中还是充满着无限的喜悦。

广结善缘

我每次出外弘法,在观光区难免会遇到兜售纪念品的小贩,我想和他们结缘,买一些纪念品,但是看来看去,没有一样是出家人所需要的。心里想:如果买了这些东西回佛光山,要摆在哪里呢?可以送给谁呢?假使不买,我又很挂念,像每次到了澎湖,只见每个帆布帐篷下,堆满了大大小小的石头、贝壳加工的摆饰品,心想他们的生计一定很困难,他们一天能卖出多少个石头?能销售多少条贝壳项链呢?但是,如果光买一家,其他的小贩怎么办呢?左思右想,干脆广结善缘,请徒众到每一家摊贩布施,一家一百元。

直到现在,我到世界各地云游弘法,都不喜欢空手穿过市集,总要请人随意买点什么和小贩们结缘,才觉得安心。

小费是欢喜钱

过去香港的计程车司机拒载出家人,因为他们认为出家人光

不论在何地弘法,只要路过市集,总会随意买点什么,和小贩们结缘(慈容法师提供)

头,会使他们一出门就赚不到钱,乃至赌钱、赌马也会输得光光。为了改变香港人的成见,每逢搭计程车,我都在车资以外,附上丰厚的小费,给他们欢喜,让他们发财。

有一次,我在香港红磡体育馆演讲时,对听众们说:"出家人就是财神爷,能带给众生物质与精神、世出世间的财富。"台下一片掌声雷动。经过多年的努力,香港人现在很喜欢出家人,尤其喜欢听闻佛法,因为闻法会改变观念,好的观念就能获得财富。

我主张给小费,因为我觉得小费是小小的布施,小费是欢喜钱,给小费就是有人情味的表现。现在我在香港坐计程车,司机反而不收我的费用了。

用赞美代替批评

六十几年前,我初到台湾,在宜兰雷音寺弘法时,有一位熊养和老居士，经常到寺里来义务教授太极拳。他是江苏人，曾任阜宁县县长，在宜兰县颇有名望。

他在台湾唯一的侄子熊岫云先生，是宜兰中学的教务主任。有一天，正逢熊老居士七十大寿，熊岫云先生特地准备了一份大礼，向叔叔拜寿。熊老居士见了侄子，语重心长地说道："我不需要你任何的孝敬供养，只要你肯在佛菩萨面前磕三个头，念十句阿弥陀佛，我就心满意足了。"

熊岫云先生是一位虔诚的耶稣徒，哪里肯磕头拜佛呢？于是拔腿就跑，但是回头想想，叔叔是他在台湾最亲的亲人了，因此心里又感到十分懊悔。为了想知道佛教究竟用什么力量，让威德并具的叔叔心悦诚服，从此以后，他每逢周三、周六的共修法会，都会坐在宜兰念佛会的一个角落里听经闻法。

起初，他双手抱胸地听我开示佛法，渐渐地，他见到我，会合掌问候。我从来没有特别招呼他，也不曾劝他信佛。如是六年过去了，在一次皈依典礼中，我看到他跪在众中忏悔发愿。典礼结束，他告诉我："六年来，我不曾听您批评基督教不好，甚至您还会赞美基督教的好处。您的祥和无诤，是我在基督教中不曾见过的，因此我决定皈依佛教。"

面的价值

五十多年前，我经常坐上十个小时的车程，来往宜兰、高雄之间讲经说法。那时素食并不普遍，为了解决中餐，我都在彰化下车，到一个陋巷里的小面店吃阳春面。

老板是一位木讷寡言的人，我从来没有看过他和顾客说过一句话。他的阳春面每碗定价一元五角，我每次去，都要他卖五元，他说："五块钱一碗，没人要吃啊！"我说："别人不吃，我吃。"所以，我每次都拿五元给老板结账。久而久之,他不要我的面钱,我说:"当初是我主张卖五元的,现在你怎么可以不收我的钱?"因此,我还是坚持照付。

五十年过去了,目前他已经在那里建起大楼。然而一向勤劳作务的他,仍然以卖面为业,只是随着物价上涨,一碗卖到三十元,因为料好价实,生意还是和以前一样鼎盛,客人络绎不绝,而他也依旧和往昔一样沉默不语,只顾着煮面端面,唯独看到我来的时候,才兴高采烈地主动上前招呼。

加护病房的水果

一九九五年四月二十五日,我到荣民总医院做八个小时的心脏手术,等麻醉苏醒后,被送往加护病房观察。

主持"中华电视台"视听中心画廊"章金生水墨画展"开幕典礼。右二为章金生画家(一九九四年六月二十一日)

来到加护病房头一天,偶然睁开疲惫的双眼,看到一位欧巴桑来往于各病床间拖地,为了感谢她维护环境清洁,也为了不想错过与每一个人结缘的机会,我勉强在身上找纪念品,却遍寻不获。突然看见对面桌上一篮水果,于是对看护的侍者说:"拿个水果给欧巴桑吃!"

"哪里有水果呢?加护病房是不能带水果进来的。"

"那不是吗?"我指了对面。

哎!原来是章金生教授为了来探病,连夜赶工画了一幅水果油画送给我。虽然这一次我没有送成,但是住在加护病房的二十几天里,我天天都忙着把访客送来的鲜花、水果转送给别人,让大家缘缘相结。

沙弥睡觉

沙弥多半玩心很重,不爱读书,所以每次一上课就打瞌睡,还有的竟然从第一堂睡到第六堂,让老师伤透脑筋。

到花莲四维高中参观,黄英吉校长(右一)介绍教学设备

有一天,教授天台学的会性法师气冲冲地跑来找我说:"除非你把那几个爱睡觉的沙弥退学,否则我不教了!"

我说:"请您息怒,不妨想想,这些沙弥正是好玩好动的年龄,本来就不喜欢读书,他们肯待在教室里,就已经很不错了,况且能坐着连睡六小时,也是不容易的功夫啊!"

会性法师听了以后,笑了起来。我继续告诉他:"沙弥虽然睡着了,但心念还是沉浸在佛法的梦乡里,睡间或醒来,听到一字一句,也许对他们的一生受用无穷,这样不是比他们在外面嬉戏游荡,沦为坏孩子更好吗?"

我的爱徒

三十几年前,在佛光山的普门中学校门前,我与黄英吉先生偶然相遇。他问我办学之道,我叙说自己的理念及建设人间净土的构想。在一番交谈之后,才知道他是花莲四维高中校长,慕名前来普门中学观摩。

从此,他对佛光山有了坚定的信心,不仅全家皈依佛教,而且经常出钱出力,支持佛光山的弘法活动。在学校教育方面,他一再强调:他的治校理念、办学精神全部来自"人间佛教"理念,所以他要求所有老师都要阅读佛教经典及我的著作,并且举行考试,此外更鼓励学生禅坐,每学期都邀请教界大德来校演讲。如今四维高中的办学成效之佳,可说是有口皆碑。

有一天,他来佛光山,我刚好与全山大众普参,便邀请他一起参加,向大家介绍时,我称他是"我的爱徒",这一句话让他深深感受到佛门平等无差别的慈悲心。

回到学校以后,他把老师、学生也视为一家人,每次只要和学生集会讲话,开场白一定是:"各位爱徒!"

有人问他:"你为什么把学生称为'爱徒'?"

他回答:"我是佛光山星云大师的爱徒,我的学生自然也是我的爱徒。"

我看到了大家

一九九五年四月底,我住院开刀,因为怕大家担心,所以一直不敢对外宣布,但是消息还是走漏了。承蒙大家爱护,开刀后不断有人来访、来电,关怀我的病情。为了答谢大家的眷顾,六月十九日,我在台北阳明山中山楼举办"恳谈会",借此也让爱护我的人放心。

在"教育部"任职的郑石岩教授应邀致辞时,说了一段禅宗公案:

洞山良价禅师卧病在床时,弟子曹山本寂禅师前往探望,他问道:"老师身体有病,不知是否还有不病之体?"

洞山禅师说:"有。"

曹山禅师再问:"不病之体是否看得见老师呢?"

洞山禅师回答:"是我在看他。"

曹山禅师不解,问道:"不知老师看到了什么?"

洞山禅师说:"当我看的时候,看不到有病。"

郑教授说完,回过头来,问我:"师父!不知您在病中看到了什么?"

我回答:"我看到了大家。"台下一片如雷的掌声响起。

以爱赢得爱

五十多年以前,一位沈太太来到寺院里,一见到我,就哭着说:"师父!我以后不能来参加您的法会了!我不想活了,我的先生金屋藏娇……"听完了她的诉苦,我说:"我有办法能够挽回你的婚姻,不过,你一定做不到!"她赶快收起泪水,央求我传授她锦囊妙计。

我严肃地说:"先生之所以有外遇,不外是太太在家抱怨唠叨,嫌他这个不好,嫌他那个不对,所以只好在外面找欢乐,但是你不但不自我反省,还变本加厉,对他种种批评,你这样谩骂,只会使先生觉得家里像地狱一样,让他更加厌恶摒弃……"

"那我该怎么办呢?"她又掉下哀怨的眼泪。

"你要对丈夫更加地好,以恨怎么能赢得爱呢?以爱才能赢得爱啊!"

过了半年,对于佛教毫无好感的沈先生突然来访,感谢我挽回他濒临破碎的家庭。原来,沈太太照着我的话去做,回到家里对丈夫百依百顺,甚至即使知道他要外出和别的女人相会,也不撕破脸,反而对他更加体贴。久而久之,沈先生觉得还是家里温暖,因此又重回妻子的怀抱。

有一天,沈先生忍不住问太太为什么突然改变态度,对他这么好。沈太太说:"因为我师父说'以爱才能赢得爱'。"

新加坡四位少女

一九七四年佛光山举办大专佛学夏令营,知客师带着学员巡山,有四位远从新加坡来此一游的女青年也请求一起参观,当大家来到朝山会馆唯一一间的高级客房时,一阵惊叹声飞扬起来,其中一名青年说:"如果我今天能在这里住上一夜,真是死也甘愿!"刚好我在旁边听到这种渴求的声音,不顾管理人员的意见,就答应她说:"你可以住在这里。"

这四位年轻人,后来在佛光山每一年的法会,她们都大力地捐献、拥护,实在难得。其实,我只不过是随缘给别人一点欢喜,从未想过这样的回报。

为义工服务

朱家骏原本是军队里的通讯官,为宜兰"救国团"编辑刊物时,我发现他优异的编辑才华,便请他为我编辑《今日佛教》与《觉世》旬刊,由于他的版面设计新颖,标题引人入胜,突破陈年窠臼,因此被《幼狮》杂志网罗,发挥他的才干,在当年台湾的杂志界,可说无有出其右者,对于编辑艺术的改进有卓著影响。

记得他每次到雷音寺为我编辑杂志时,我总是预先将浆糊、剪刀、文具、稿纸等准备妥当放在书桌上,甚至晚上睡觉的枕头、被单,也都是新洗、新烫,干净整齐地叠在床铺上面。他经常工作到深更半夜,我都在一旁陪伴,并且为他下面、泡牛奶,准备点心。

他常和我说:"师父!您先去休息吧!"我还是坚持等他完工,

以身作则当义工,于本栖寺搬运拜椅(本栖寺提供)

才放心回寮。遇有寒流来袭,我怕他着凉,每次都将自己仅有的一床毛毯拿给他盖。

记得当年有些人知道我对他如此关爱,惊讶地问我:"您是师父,怎么倒像侍者一样对待弟子呢?"

我答道:"他如此卖力地为佛教奉献所长,对于这样的弟子,我怎么能不做一个慈悲的师父呢?"

护航

佛学院的院规规定:夜晚十点"开大静"以后必须就寝。当时我还担任院长,偶尔深夜巡视院区,看到几个同学偷偷地开夜车,有的人藏在楼梯角落写功课,有的躲在大殿暗处拜佛,回想过去自己不也经常如此? 不禁哑然失笑,"真是自古皆然,哪个学生没有开过夜车?"因深恐巡寮的老师会干扰他们,于是我就在附近绕来绕去,替他们护航。有时方便的话,还会送上一些点心,嘱咐他们安心用功,但是也要注意身体健康。

小人物

盛隆大理石工厂的负责人余福隆先生与我素昧平生,有一天寄了新台币五万元支票给我作为建设佛光大学基金,里面附了一封信,说他只是一个微不足道的小人物,但盼这一点小小的心意,能对佛光大学的筹建工作有些许帮助。我当时想到大理石是一片一片慢慢切割而成,要赚五万元实在很不容易,所以特地打电话向他致谢,并且问他:"有什么需要我帮忙服务效劳的地方吗?"

电话那头传来余太太惊喜的声音,她很诚恳地说:"……我们很卑微,实在不敢劳烦大师,只希望大师能拨空到我们的工厂来普照。"

我立即允诺,徒众们在一旁七嘴八舌地说:"师父!行程已经排满了,不要去了,何况路又不熟,万一耽搁了时间怎么办?"

此刻我已经动身走出门外。

我的车子才刚到余先生工厂门口,余太太就带领工厂里的员工到办公室来和我见面。我主动和他们握手问好,只见一个个都急着在身上把手擦干净,才伸出手来。真是一群最纯挚的赤子!

临走时,我邀余先生第二天带领员工及眷属,全部到台北道场用午斋。

读者也可以透过《百年佛缘》来认识我的人间性格

当他们参观台北道场时,发现道场的地板居然是他们工厂的产品,都觉得与有荣焉,随即看到十二楼中庭正在装修,余先生立刻表示要发心捐献这一片地方的石材。

鹿母夫人因卖嫁衣捐作东园鹿子母讲堂的基金而得到时人尊敬;须达长者以黄金铺设祇园精舍而名垂青史;余福隆夫妇怎么会是卑微的小人物呢?

"我的人间性格"收录在我的《人间佛教》丛书里面,现在为了在《百年佛缘》一书中,让读者完整地认识我是一个什么样的人,是好、是坏,是真、是假,是善、是恶,就把它摘录表达于此,让读者为我评价了。

心月孤圓
光吞万象

与佛菩萨感应记

我一直相信:
"只要发心,佛菩萨不会辜负我们。"
这一句话看似简单,
实际上,在我一生信仰当中,
确实是这样体会:
发心,不是坐着等的,
不是光用要求来的。
发心,还是要流汗、辛苦、勤劳,
不然,哪里能成就呢?
经常有很多人祈求菩萨给予感应,
但菩萨也不一定来无影、去无踪,
他可能就是你身边帮助你的人。

有宗教信仰的人，都希望能有宗教的体验。宗教的体验不一定从外来的灵感，主要的是来自内心的升华，如果把自己一味地依赖给所信仰的教主，以他作为依靠，那就会失去自我的助力。佛教禅宗有云："不着佛求，不着法求，不着僧求。"已经为我们做了说明，更重要的当务之事就是："自己做自己的教主！自己做自己的贵人！"

我一生接触许多宗教人士，佛教徒、异教徒、神道信徒，都各自叙述他们的灵感。当然，像我在宗教七十多年的岁月里，也有许多超世俗人情的佛教感应，但是不好说。尤其，我倡导人间佛教，如同孔子所讲不语怪力乱神，但是灵感在宗教里，确实是平常、稀松见惯的事。

你很渴，吃一杯茶，不渴了，这不是感应吗？你很饿，吃一碗饭，不饿了，这不是感应吗？冷了,加一件衣服,就会暖和,这不是感应吗？别人一句赞美的话,引得我心花怒放;别人的一句批评,叫我灰心丧志,这不都是感应吗？感应,不一定从佛菩萨那边要求,生活里面到处都有感应。

所谓"灵感",就是感应,你敲钟,钟就"当!"一响;你打鼓,鼓就会"咚!"一声。敲钟、打鼓,当、咚各响,这不就是灵感吗？

我勤于读书,以智慧抉择事物,智慧就是我的感应;我慈悲待人,别人也回报我友谊,慈悲就是我的感应。原来,感应不一定是向佛菩萨祈求,自己也可以创造自我的灵感。

我也常想,我们的感应究竟在哪里？我帮助别人,别人也会帮助我;我服务别人,别人也会为我服务,这种交流不就是感应吗？所以,灵感是有因果的,你有善因好缘,怎么会没有感应呢？

关于灵感,在《法华经·观世音菩萨普门品》中,有显益及冥益二说。所谓"显益",就是观世音菩萨的三十二应化身,应以什么身得度,就现什么身而为说法,这就是显益;现在生气烦恼,自己的嗔恨之火正焚烧自己,假如称念"南无观世音菩萨"圣号的时候,嗔怒会消逝,这就叫冥益。

《普门品》中提到的三毒七难。比方:"若人多于淫欲,称念观世音菩萨,便得离欲。"淫欲心重的人,只要称念观世音菩萨,自然就会离欲。别人骂我们,如同刀剑一样刺激我们,心中称念"观音菩萨、观音菩萨",我不感觉难堪,甚至顺着对方的话"你骂得好",继续称念"观音菩萨、观音菩萨",那么,责骂的刀剑,伤害不了我们,这就是冥益。

又例如,文中提到的"二求愿"也是冥益。经文中:"若有女人,设欲求男,礼拜供养观世音菩萨,便生福德智慧之男;设欲求女,便生端正有相之女",说得实在巧妙,求男要具有"福德智慧",

因为对男生来说,福德智慧很重要;求女时要求"端正有相",因为对女孩子而言,庄严漂亮是最重要的了。

其实,这也是一种胎教。因为母亲怀孕时,心怀慈悲、善意,情绪平和、理智,生下的儿女,性格会不一样。倘若母亲的情绪暴躁,胎儿也会受到影响,这也是老一辈的人为什么说怀孕的女孩子,要在家休养,不要做事。不过我想,重要的还是内心要培养慈蔼、和气、温柔才是。

有人问有没有观世音菩萨?何以证明有观音菩萨?具体来说,佛教里有五量:现量、比量、譬喻量、神通量及圣言量;唯识学家也有现量、比量、非量等三量可以说明。

"茶杯在哪里?""茶杯在这里。""卫生纸在哪里?""在那里。"这很容易了解。因为看得到,我能证明存在,你不能说没有,这就是"现量"。

有人问:布有多长?你拿尺一量就知道了。这个东西有多重?你用秤一称,就晓得了,这叫"比量"。

什么是"譬喻量"?你说木头棍子很硬,到底有多硬呢?我找一支很硬的铁条给你看,就是这么硬。"盘子有多大?""桌子有多大?"我告诉你就像什么东西一样大。什么叫"无我"、什么叫"舌灿莲花",我用一些譬喻来说明,让你能明白懂得,这就叫"譬喻量"。

至于"神通量",我不知道神通,也没有神通,不过,有神通的人会知道。例如,晋朝佛图澄大师为了感化石虎、石勒兄弟不要再杀人,他对着一盆水念念有词,盆里缓缓地长出一朵莲花来,石虎、石勒看了惊叹不已。从此,无论他们性格再怎么凶残,都相信佛图澄的话了。这就是神通量。

又例如吴国孙权,原本他也不相信佛教,康僧会对着铜瓶焚香礼敬,过了三七日,最后瓶子终于"咯!咯!"声响,生出了舍利子来。至此,孙权也不得不相信康僧会了。不过,神通也不是人人都相信,当场见到的人相信,没有见到的人就不一定相信。

最重要的是"圣言量"。这是指圣人的言语,没有一句是乱说,也没有一句话是不对。例如,释迦牟尼佛是圣者,他说有观世音菩萨,你能不相信吗?当然,有人会说:"念观音、拜观音,不如自己做个观世音。"观世音菩萨就是我们自己,反观自性,这就说明有观世音。

观世音菩萨有谓"三十二应遍尘刹",到处随缘应化,这就是感应。但是,感应也要合乎因果。比方《阿含经》中有个例子,一块石头要沉下去,你祈求:"神明,神明!让这块石头浮起来吧!"这是不符合因果的,你祈求也没有用。油是浮在水面的,你祈求:"神明,神明!让油沉下去吧!"这不合乎物理,你祈求神明也没有用。因此,讲神通、灵感,都是要有一定的因果法则。

佛教讲五戒,你能持守五戒,用行动奉行,就会获得感应。有的人跪在佛菩萨、神明的前面,祈求自己能够长寿。其实不必,只要你受持五戒中的"不杀生",不侵犯人的生命,甚至积极护生,不必佛菩萨帮忙,你自己就会帮自己长命百岁了。

也有的人跪在神明前面,祈求神明让自己发财、富贵荣华,你说,哪一位佛菩萨、神明来赏赐给你呢?你必须借助信仰的力量,不偷盗而喜舍布施,好比你在田地里播撒了种子,还怕不能生长?不能有收成吗?

经常有很多人祈求菩萨给予感应,但菩萨也不一定来无影、去无踪,他可能就是你身边帮助你的人。

好比国共战争发生时,这是国家的大事因缘,我没有办法抗拒,只能随着人潮来到台湾。过去,我并没有到台湾的念头,台湾在哪里我也不知道,但就是这样随着大时代环境来到这里。虽然我在台湾无亲无故,无处安身,但是因缘很好,感谢中坜圆光寺的妙果老和尚,当时大部分的人都离开了圆光寺,却有些少数的人得以留下来。你说这不是感应吗?他不是活菩萨的示现吗?

我在台湾留了下来,吃住都解决了,但实在不得穿。刚好有一位老太太给我一条她的长裤,乡下老太婆的裤子都是很宽大的,我也没觉得很"歹势"(不好意思)就接受了下来。后来,她又给我一件女众穿的海青,像条裙子一样,倘若现在拿出来看,一定会给人取笑,但我也就这样穿了。北台湾的冬天,天气还是很寒冷,妙果老和尚给我一件旧夹袄,我没有嫌弃,反而很高兴。衣、食、物,我不嫌弃它,这许多东西就会跟我很亲,便会自动出现。我少了什么,它们就自动跑来,这不是生活上的灵感吗?

后来,有人给我一块布料,我做了长衫、海青,着手缝制时,也有人自愿前来帮忙。那时候,有一位性定法师对外省人不是很好,但是奇怪的是,却肯帮我这个外省人做这许多事。这不都是因缘吗?

那时候心想,我无法一直寄居在圆光寺里,未来前途该怎么办?不久,就有台北广播电台找我写文章,随后又有《自由青年》找我编辑写文章。如果现在有人来找我做广播节目、要我写文章,这是很稀松平常的事;但在那个社会局势都还不是很稳定的时代,就有因缘来找我,这实在也很不可思议。

有一次,顾正秋女士在永乐戏院演出《火烧红莲寺》,内容涉及诋毁佛教,我在刊物上写了一篇《致顾正秋小姐一封公开信》表示抗议。当时,顾正秋是剧坛名伶,假如她不高兴,只要跟蒋经国先生讲一句,恐怕我的头就掉地了。但即使如此,为了护法,我也要勇敢地去做。其时,类似这样的事情发生过多件,也不及一一去叙述了。

建筑师姚仁喜(对面)汇报佛陀纪念馆设计方案(二〇〇四年三月十五日)

前几年,我和顾正秋女士还在佛光山台北道场见过面。她送我一本她的传记,我请她吃一顿素斋,席间相谈热络。她的女婿姚仁喜、女儿任祥也都支持我们,还帮忙我们建设佛陀纪念馆,因缘也是相当奇妙。

说来,妙果老和尚、顾正秋女士都是观世音菩萨给我的感应,他们一个以比丘身说法,一个以妇女身说法。因此我常说,从内心去体验,只要我心中有佛,看到的世界都是佛的世界;只要我心中有佛,耳朵听到的声音都是佛的声音;只要我心中有佛,我的语言都是佛的语言;只要我心中有佛,看到的这个世界,到处都是佛、都是菩萨,我的周遭都是与佛菩萨为邻。这就是我的灵感。

在我年轻时,心里有一股为教的热忱,应该是可以进到"中国佛教会"服务的,因为他们需要人,我也需要"中国佛教会"。但是,如果我进了"中国佛教会",就会变得肤浅、世俗。那个时候,本来宜兰对我来说,也是没有来往的因缘。但是有一天,慈庄法师的父亲李决和居士,在佛教会见到我,于是邀请我去宜兰弘法。我真是把李居士看成真的菩萨,他流露的慈祥、爱语,给人感觉就是一个好人。我十分感动,决定要前往宜兰,从此展开我在台湾数十年的弘法历程。这能说不是灵感吗?

在此之前,初到台湾时,由于被密告是匪谍而被拘留起来,那许多在外面为我们奔走,想法子营救我们的人,由于他们的搭救,才有我后来的这种种弘法。说来,他们不都是佛菩萨?他们不都在救苦救难吗?

到了宜兰以后,实在讲,倘若今天给哪一个人去驻锡弘法,可能都住不下去。为什么?不管他有什么天大本领,第一个面临的问题就是:没有厕所。过去,我们在大丛林里面生活,设备、环境再怎么坏、乱、不好,必定都还有厕所。一个人内急之时,没有厕所可以使用,第一个条件就住不下去了。

第二,没有电灯。这对我而言倒还不要紧,因为我也不曾用过电灯,只有短期停留在南京华藏寺时曾经使用过。像我住过的栖霞山、焦山、宜兴大觉寺、中坜圆光寺、新竹青草湖灵隐寺等处,都没有电灯。

第三,没有住的地方,床也只有用几张桌子拼凑起来,简陋的床铺,让人一坐下来,声音就响亮得吓人;而书桌只能用裁缝机充当桌子来写文章。我在大陆做学生时,至少都还有张桌子可以写字。现在请我来讲经,连一张桌子都没有,这实在太没有条件了。

此外,我经常形容的,吃饭的时候,四方形饭桌是用二块木板钉起来的,中间还有一条五公分宽缝隙;汤匙则是用薄薄的铝片自己做成的,风一来,很容易就吹走了。

我是在刚过完年的农历正月到了雷音寺,那时候,一走出佛殿门口,就可以看见丹墀上挂着许多腊鱼、腊肉,大概是寺里的三户军眷人家,他们过节吃不完的腊货,准备晒干之后慢慢食用。甚至还有男男女女、小孩子的衣服、小裤,也通通都挂在一起,可以说,环境条件比过去的大杂院还不如。

别的不说,一般人光是看到这种情况,想必是不想留下,放弃走人了。当时,雷音寺确实没有生活上的条件,如果我不接受也是可以,因为也没有人强迫我一定要接受。但奇怪的是,我并没有被这个艰困的环境打倒,反而很自然地就接受了。想到地藏王菩萨"我不入地狱,谁入地狱"的誓愿,如果我不来宜兰度众生,谁来度呢?我想,这正好可以给我有个用武的机会。

后来,我在寺旁边加建了一个小型的讲堂,但是宜兰包括头城募善堂和罗东、苏澳等地的各个神庙,都是金碧辉煌。宜兰县议会开会时觉得很奇怪,怎么宜兰这么多的寺庙纷纷复兴要重新建设?

在当时,其实我还没有力量重建,但信徒他们有办法修建,只不过县议会不了解,寺院的重建,是我们弘法的效果。因为大家听经闻法,生起信心,不断发心做功德。我在台湾各处弘法,撒遍这许多菩提种子,才有这种发展的基础,但他们哪里会想得到这与我是有关系的呢?

宜兰,真是一块极乐净土,那里的歌声梵呗嘹亮,童男童女围绕,将军身、梵王身等各界的人士,我没有见过,并不认识,但他们全都来了。佛祖慈悲,以种种因缘方便,让那许多的善知识、善护法一起前来护持道场。

我在宜兰弘法来来去去前后二十多年,但世间无常,总要有离开的时候。当时没有人传灯,没有人出家,因此这盏灯也不晓得传给谁?宜兰的寺庙,在我初到时曾经算过,没有一家寺庙的出家人不是半路出家的。他们大多是在中年时期,带儿带女、携家带眷出家。

后来,我决定去发展佛光山,舍不得的,是宜兰一直跟随我的那许多老先生、老太太和年轻人,他们都是跟着我,经过许多苦难的岁月一起走过来的。我放下了他们就离开,正是大家道心坚固、已经形成一个道场的时候。这许多信徒学佛需要人领导,我只有告诉他们,依法不依人,学佛不在一时;我在台湾弘法也遇到一些挫折阻碍,不过总是一一克服化解。因为尽管这娑婆世间如污泥,只要我们自己做一朵莲花,污泥也会成为修道上的灵感。

在宜兰弘法的感应事迹,除了上述说的"显益"外,也有一些"冥益"的事情。

首先,一位姓曾的退伍军人,因患风湿症瘫痪了八年,两条腿瘦到仅存皮包骨而已。一九五八年我在宜兰念佛会主持佛七,每一天他都坐在旁边随众精进念佛。到了第七天,清晨早课念佛的时候,我坐在佛前领众共修,他竟然站了起来,走到我前面向我三拜。我吓一跳,心想,曾居士往生了吗?怎么这时候灵魂来跟我礼拜?不过,也不必害怕,有这么多人在这里念佛,就是鬼,也不值得我惊吓。他满面红光,就像喝过酒一样,三拜以后,我说:"好了,三拜就好。"

曾居士看着我,我想,他是想跪下来跟我讲话。但我那时候还不晓得怎么回应他,这太突然了,便说:"回去再念佛。"这时候,大众正在念诵《弥陀经》,念过之后,接下来就是绕佛,他也站起来跟着大家绕佛。

他瘫痪了八年,双腿早已没有知觉,完全要靠两张短小的竹凳子协助,先把二个小凳子摆到前面,再用双手撑起身子,整个人才能往前移动。他信佛虔诚,家就住在距离雷音寺不远,每次都会来参加共修。所以到了要念佛了,我都叫人去把他背到寺里来。这件奇妙的事情就这样传了出去，轰动整个宜兰。

后来我问他："你怎么忽然会走路的？"

他说："我也不知道，只是感觉到有一股热气冲上来，两腿突然觉得有力，我就试着站起来，然后很自然地就走去向你礼拜了。"

第二件事就是雷音寺的大佛开眼。

一九六四年雷音寺举行佛七，供奉在佛殿中央的是刚从香港塑造回来的佛像，非常庄严。一天清早，有一位名叫邢大军的退伍中校，他问我："师父，这个佛像里面是不是有机关？"

"佛像怎么会有机关？没有啊。"我回答。

邢大军说："可是，我看到他的眼睛睁开。"他是一个很正派、虔诚的佛教徒。我就说："大概是你看到佛前的蜡烛光影在飘吧。"

过了一会儿，又有很多人谈说："佛像开眼了！"一时之间，大家纷纷传述。

到了晚上，法会即将开始，我也在外面准备好即将上殿，等待司法器人员敲磬后，就进殿里拈香主法，但是隔了好久都没有动静。平常，法会都有一定的时间、程序，这么久了，怎么还不敲磬让大众礼佛三拜呢？原来，每个人都在大殿里争看大佛开眼。

就在这时候，有一位五六十岁左右的女众信徒，跑来一把抓住我："师父，你来看，佛祖开眼了！佛祖开眼了！"这个当下，我怎么可以听她的话，让她抓着我进去看大佛开眼呢？

我说："好啦，你去看就好了。"

她又说："走不进去啊！"

我说："你敲引磬，大众就会让路了。"于是，他们就敲引磬，让引礼师六人进去引导大众开始唱诵《香赞》。法会前的三拜，每一个人礼拜，都像是朝着天在拜似的，因为大家看到佛像开眼了，心情都很激动。他们三拜过后,就是轮到我要进殿了。我心想,佛像究竟有无开眼呢?

那尊佛像很高,一般我们都不会特意朝上看。我想,如果我看到开眼,当然就要照实说有,可是就会有人说你宣传,毁谤你。算了! 不要看吧! 我也就特意不去看佛像了。

但是,人心还是很矛盾的。我走到佛前拈香礼拜的时候,很自然的,往上看了佛像。"咦? 没有开眼啊?"三支香拈过了,我回到主法的座位上,很安心地随着法会程序唱《香赞》、诵《弥陀经》、绕佛。

绕佛的时候,我走出大殿,同时也把念佛会的总干事林松年喊了出来。他是一位新潮的人,但是对佛教相当虔诚。我问他:"佛像有开眼吗?"

我只是想,等一下绕佛后的开示,一定会讲到这件事,我必须要求证一下。

林居士的性格冲动,马上大声地责备我:"怎么没有开眼!"

我也不多作解释,只是说:"好啦,我知道了,进去念佛。"

于是,绕佛结束后,大家坐定下来,我为大家开示说:"佛陀开眼不开眼,不重要;重要的是,要开我们的心。我们的信心门要开,要找到自己内心的宝藏,这个才是重要。"

我不知道这件事对我有什么样的影响? 但是事隔好多年,再回到宜兰念佛会的大雄宝殿,念佛的人数也没有减少,不管有没有法师领导念佛,都不要紧。为什么? 在信徒心中:这尊佛像是开过眼的。

所以说,佛菩萨都在帮助我教化众生,让我可以代他到各方去弘传教法。直到现在,宜兰信徒的信心,仍然坚定不变。

我一直相信:"只要发心,佛菩萨不会辜负我们。"这一句话看似简单,实际上,在我一生信仰当中,确实是这样体会:发心,不是坐着等的,不是光用要求来的。发心,还是要流汗、辛苦、勤劳,不然,哪里能成就呢?

一九六七年我来到高雄佛光山开山,因为我有心想要办学。那个时候,凭我个人,哪里能办学?又无寺庙,又是外省人,也无任何基础,只可说是穷光蛋一个。但我是真心想要办学,虽然我们只是一个小小的寿山寺,我也要很认真。而且我办的佛学院,不要像别人办一期三年就不办了,是要一直办下去的。后来因为学生增多,寿山寺不得地方住,越南华侨褚柏思夫妻来找我,给我一块土地,就是现在的佛光山。

当时,我到山上来勘查,发现这是一块荒丘之地,水土都给雨水流失了,到处是深沟,我哪里有办法建设呢?虽然我也知道这块土地贫瘠,但是我也没有能力再去找更好的地方。土地虽不好,总是我的,当然也希望获得信徒的了解和支持,于是便带人一同前来察看。哪知道,他们看过之后,竟回应说:"这种地方,鬼都不来。"

我听了以后,一点都不伤心难过,心里头想:"鬼不来很好,只要佛祖来就好了。"后来我想,当时的这个念头,就是佛祖给我的灵感,不然,怎么说得出来呢?

那个时候,连现在大雄宝殿的那块地,都还没能力买下来,从朝山会馆往后的地界都是别人家的,虽有平地,但我不能动啊!而属于我们的地,仅仅只是从现在男众学部的水塔处到万寿园,形状就像一把刀一样。再从"大海之水"这个地方到朝山会馆前面,绕到大悲殿,往下到现在的香光亭、西来泉,这也都是长形的山沟地貌。你想想,这哪里有平地?没有办法可建啊!

就是现在不二门、灵山胜境这块平地,也是非常勉强,艰难地开发出来的。过去都是土丘,只有慢慢地把土推到两旁,整平而成。那时候也没有水土保持,就这样做起来了。

佛光山大悲殿落成开光,人潮行经宝桥盛况(一九七一年四月十一日)

看起来好像也没有什么了不起,但很奇妙的,在整地的过程中,我们发现现在大悲殿的所在,是一块平地。"有希望了!终于可以建一座佛殿了。"

于是,先从这块平地的下方建设东方佛教学院的院舍开始,建好之后,再建大悲殿。过去,院舍落成的时候,一般人说有十万人前来,我想五万人是少不了的。后来又过了两年,大悲殿落成了,也不只五万人以上参加,满山满谷的人潮,真是盛况空前。

经济上的困难,使得院舍还没有办法装修,不过总之盖了屋顶,也有了门窗。

佛光山刚开山的时候,我在高雄欠了很多的建筑材料费用,再加上举办第一届大专佛学夏令营(一九六九年),我也担心未来还债,恐怕会是一个严重的问题,想不到就在夏令营开营的第三天,从不平的土堆山丘工程中,不知从哪里走来一位打着赤脚、拿了一顶斗笠的老太太，竟然用报纸包了五万块给我。那时候的五万块，价值应该是现在的五百万以上；我才将款项收下转给负责会计的徒众，转身要找这位老太太，却怎么找都找不到了。你说，佛光山不是到处都有菩萨？到处都有这许多感应吗？

深刻的印象中还有这么一件事：一九七二年，有一天晚上，我在佛教学院慧明堂外的阳台上，朝向大佛城的方向欣赏夜色，大约是在九点半前，我看到一道光照在龙亭上。这道光，并不是一般的阳光或是电灯的光线，而是像鸡蛋黄一样，很柔和的金色光，把整个亭子都显现出来了。我心里想："怎么那么亮呢？大概是卡车的光打到上面去了吧！"因为那时候，山下的道路上，会有很多卡车在夜间行驶。

"但是，卡车的车灯照映上来，应该打在下方，怎么连屋顶都是亮光呢？"我正在想着，一位郑宝秀同学跑来向我问事情。因为九

佛光山大众在大悲殿兴建工地（一九六七年六月十八日）

点半正是接近佛学院打安板,学生准备熄灯要睡觉的时间了。我讲了二三分钟,交代以后,她就走了。我回头再朝龙亭一看,刚才的亮光没有了。

这一件事情,让我联想到栖霞山的无量寿佛。我就读的栖霞律学院后山,有一个地方叫千佛岩,是南齐明僧绍夜晚讲《无量寿经》时,忽见岩边放光,因此发愿在那里开凿了千佛岩,其中最大的一尊佛即名无量寿佛。我想,现在看到那一道光,是不是佛菩萨要我在那里建一尊大佛呢?可是,以我眼前的情况,哪里有这个能力建大佛?不可能的,我连买个茶杯都困难了,怎么有力量建大佛?

但心念一转,佛像艺术雕塑家翁松山不是在这里吗?不妨问他一问。我说:"翁松山,你能做尊大佛吗?"他回答说,"我先把佛陀的模型做出来给您看看吧!"就这样,后来果真用水泥塑灌成功。从此,佛光山接引大佛就站立在东山上,迎接着每日的第一道朝阳,也迎接着每一位有缘众生。我想这都是灵感所成,该你成就多少,就是成就多少,也不要妄求。

佛光山的开山建设,可以说就是在"日日难过日日过"中进行着,幸好有千千万万的信众人士共同护持成就。记得初创的时候,旅居美国的沈家桢居士托人带信说要捐我五千万。那时候的五千万,已不只现在的五亿元,至少也十亿以上了。他并且说:"我帮你建佛光山。"在这样的条件下,有谁会不要呢?但是我回复说:"谢谢,不用了。"

为什么我会有这一个念头呢?我想,我自己在台湾收人家十块、二十块的捐助,累积万千人的发心,慢慢地建佛光山。假如建成以后,人家说佛光山是美国沈家桢建的,只因为他钱出得多,那么,我会对不起台湾人。所以,不要这五千万,我宁可要五块、十块,因为佛光山是大家发心建起来的。现在想来,我认为这也是我的灵感。

台湾佛光山寺——大佛城

（慧延法师摄）

大佛城

大佛城坐落于佛光山东山，居高临下，与大智殿相毗邻，是来山信众必到圣地。接引大佛高一百二十余公尺，面向东山日出，俯瞰高屏溪。我为此作偈："取西来之泉水，采高屏之沙石，集全台之人力，建最高之大佛。"可见建设大佛城的工程及投注的人力。四周有四百八十尊阿弥陀佛围绕，入口回廊墙上，塑有大忏悔文、毗尼经三十五玉佛，四周为五方佛、无量寿佛等，飞天舞跃其间，护法金刚排列，神情生动，栩栩如生。另有毗卢遮那佛、文殊、普贤菩萨，迦叶、阿难二尊者，象征南北兼扬、显密融通，明镜高悬，光光相映。中央须弥座下，设有"大佛法语"，为参礼者开示，增长慧解。

与佛菩萨感应记

率领弟子们至日本访问立正佼成会。前排左起：杨慈满、慈容法师、慈庄法师、慈惠法师、依严法师、心舫。后排左起：萧顶顺、翁松山、心定法师、心平法师、煮云法师、本人、圣严法师、宽裕法师

自从开创佛光山以来，从信徒的口中，就不断地传说大雄宝殿佛祖的灵感、接引大佛的灵感、观世音菩萨的灵感，那里有现世的因果、好心好报、恶心恶报等等许多灵感的例子。我们要知道，灵感的发生，不能只靠祈求，不能只想到助缘，一定有很多的因缘果报关系。在佛光山发生的灵感事迹不少，我也不方便叙述过多，仅举出几个例子，把这许多感应的故事略微记录下来。

早期，心定和尚也跟随着我参与开山建寺，他经历了两件事，都是在开山之初所发生的。一九七〇年，联邦德国有一位青年叫何吉理（Gehard Herzog），他是美国哥伦比亚大学人类学硕士，因为仰慕中国大乘佛教的教义与修持，特别申请来台，并且住在佛光山，研究寺院丛林所见。喜爱梵呗诵经音声的何吉理，为了让居住

在联邦德国的母亲也能听一听中国佛教的梵呗,有一天晚上,他找到心定法师为他诵念一部《心经》,以便录起音来寄回去给母亲。

当他们诵完《心经》时,何吉理站起来,沿着大悲殿周围走来走去,好像在找什么东西似的。心定问他:"你在找什么?"

何吉理说:"刚才那三棒大磬的声音,是从哪里来的?"被他这么一问,心定也有点惊讶。"是啊,刚才那三棒大磬声是哪里来的呢?"在佛门,通常在唱诵赞子之前,要先敲三次大磬收摄身心,那么清脆幽远的磬声,确实不知从何而来。我想,菩萨或许是被何吉理先生的一片孝心、诚心所感应的吧!

另外一件事,是在一九七一年大悲殿落成的前几天。当天晚上八点左右,我在大悲殿瞻仰菩萨圣容,忽然听到钟、鼓、铛、铪等敲击的声音,清晰得仿佛就在耳边。但由于有空间的回音,那声响,仿佛有一种恢宏的气势,听起来特别的深广,似乎遍于一切虚空之中。

第二天,慈庄、慈惠、慈容法师等人随我到大悲殿,也同样听到梵呗的声音,当时在场的人感受到好似万佛围绕。惊讶之余,当时还是学僧的心定,刚好走了出来,我就问他是否有听到?他淡淡地说:"我每天晚上在大悲殿抄写信徒功德芳名,都会听到这悠扬的课诵声啊!"

还有佛光山的灵感事迹中,一直以来最令大众津津乐道的,应该就是大佛转身了,不少信众来山参加万缘水陆时,都曾亲眼见过。

一九九四年,慈嘉法师的弟弟郑秀雄老师上山来参加水陆法会。那一年,大佛很慈悲,在法会期间,几乎天天转身,大概是想增加信众的信心吧!

有一天晚上,郑秀雄老师与慈嘉法师走在一起,走着走着,大佛又转身了,当许多人不约而同就地礼拜的时候,郑老师身边有一位五十岁左右的女众信徒,一边缓步走上来,一边嘟囔着说:"奇怪?我怎么没看到大佛转身?"

"不是大家都有看到吗?只有她没看到,怎么这么奇啊?"虽然郑秀雄心里这么想着,但也没有多说什么。

佛事进行到圆满送圣的那一天,他因为有事迟到,便排在大雄宝殿前丹墀的最后一排。仪式开始,突然听到背后大佛城的方向,发出隆隆的声音。郑秀雄老师和大家回头一看,原本背对大雄宝殿的接引大佛,正缓缓地转过身来,佛颜含笑,金色的佛身,通体大放光明,连身上一条一条的袈裟褶痕,都清晰可见。不少人至今仍然啧啧称奇。

同样也是接引大佛的灵感,侨居香港的李志定居士,由于工作关系,经常往来香港、美国之间。一九七九年某一个晚上,睡梦中,见到一尊非常高大的佛像对他说:"我是从佛光山来的,衣服已经破损不堪了,你能发心为我修补吗?"

醒来后,梦境历历如绘,李志定居士不断思索:"佛光山在哪里?"因为他不曾听过佛光山。经过打听,得知在台湾高雄,于是千里迢迢前来一访。走上大佛城,赫然发现,大佛右下角的油漆已剥落,于是向知客法师表明来意,并且发心捐赠,让大佛重新粉刷。

刚刚述及大悲殿里的灵感事迹,而关于观世音菩萨灵感事迹,不得不在此一提。曾经听住在山下的居民说,他们看到大悲殿上空,出现了五彩伞盖,观世音菩萨从天而降;也听闻观世音菩萨经常到外面去度众,不少人都是因此仰慕而来山朝圣。甚至不少善男信女求子得子,求女得女,所求如愿,尤其观世音菩萨的现身,也是众人所乐于谈论。可以说,观音菩萨的感应,实令人敬仰。

一九八二年暑假,有不少的信众来山礼拜挂单。有一天晚上,

为参加佛光山万缘水陆法会的信众开示。把参加法会当作"六根"训练班,修好一颗心,让心能够作主,就是最好的感应(蔡荣丰摄,二〇一二年十二月一日至八日)

我正在丛林学院圆门,为学生讲授"僧事百讲",隐隐约约,听到背后宝桥的方向一片喧哗。

原来,大悲殿东侧的山壁上,出现似黄似红又带点白紫,说不出是什么色彩的光环,吸引了不少信徒、游客的驻足围观。当中,有人看到光环中有观世音菩萨的现身,有人只看到一闪一闪、柔和美丽,又呈辐射状的光环。这道光环的出现,大约是在晚上八点半至九点五十分左右,共历时一小时又二十分,所有见到的人,无不满心欢喜。

说到这里,我想,所谓"灵感",也不全是好的事情才算感应。比方:财神爷送钱来了,意外获得奖金了,这才叫感应吗?不是的。其实,苦难、考验、艰辛,也是一种感应,一切感应都要经过考验,才能获得真正的感应。

佛光山很多不可思议的缘分,例如:佛光山没有人出去化缘,不要钱,也没有钱,但需要的时候,它就来了。像过去朝山团从台北到佛光山,一趟行程三天二宿,只酌收二百元。当时台北高雄的火车票价都还要三百块,可以说,连过路费都不够了。不过我想,只要有人来了,就有感应。

后来,佛光山外来的因缘促成开枝散叶,到处要求要建寺院,可以说,真是佛菩萨三十二应化身,无处不现身。所以我说,佛光山的别分院不是人要的,都是佛菩萨要建的。

因此,假如把感应用神通来解释,就可惜了,那只能叫神乎其技。而感应,应该是一种发自内心的挚诚,才叫做感应啊!